De mères en filles

Alice

*

Dominique Drouin

De mères en filles

Alice

*

ÉDITIONS FRANCE LOISIRS

Cet ouvrage est une œuvre de fiction ; toute ressemblance avec des personnes ou des faits réels n'est que pure coïncidence. Tous droits de traduction et d'adaptation réservés ; toute reproduction d'un extrait quelconque de ce livre par quelque procédé que ce soit, est strictement interdite sans l'autorisation écrite de l'éditeur.

Édition du Club France Loisirs,
avec l'autorisation des Éditions Hugo & Cie.

Éditions France Loisirs,
123, boulevard de Grenelle, Paris
www.franceloisirs.com

Le Code de la propriété intellectuelle n'autorisant, aux termes des paragraphes 2 et 3 de l'article L. 122-5, d'une part, que les « copies ou reproductions strictement réservées à l'usage privé du copiste et non destinées à une utilisation collective » et, d'autre part, sous réserve du nom de l'auteur et de la source, que les « analyses et les courtes citations justifiées par le caractère critique, polémique, pédagogique, scientifique ou d'information », toute représentation ou reproduction intégrale ou partielle, faite sans le consentement de l'auteur ou de ses ayants droit ou ayants cause, est illicite (article L. 122-4). Cette représentation ou reproduction, par quelque procédé que ce soit, constituerait donc une contrefaçon sanctionnée par les articles L. 335-2 et suivants du Code de la propriété intellectuelle.

Édition originale :
© Dominique Drouin, 2014
© Les Éditions Libre Expression, 2014, pour le Canada.
Groupe Librex inc., une société de Québecor Média

© 2015 Hugo & Cie

ISBN : 978-2-298-10835-4

À mes enfants, Gabrielle et Jean-Michel.
À mon amour, Bernard
À ma famille.
À ceux qui ont eu le courage
de tout quitter pour recommencer...

1

Été 1890. À quelques kilomètres du village de Gassin, au milieu des mas et de leurs vignobles, se cache une villa somptueuse. Le soleil tout juste levé chauffe déjà tout ce qui se trouve sur son passage, et ce inlassablement jusqu'à la nuit, qui survient tard… Les stridulations des grillons fendent le ciel. L'opulente demeure semble endormie dans la torpeur ambiante. Ici, sous la chaleur et la luminosité accablantes, tout aspire au repos, au relâchement. Rien ne presse, personne n'exige quoi que ce soit.

Jeanne Martin, alanguie, somnole dans la salle de séjour ouverte sur le plan d'eau décoré d'angelots à jamais immobiles, et se demande combien de temps encore elle pourra préserver cet état de plénitude dans lequel elle se complaît. Elle tend la main vers le plateau en argent, posé sur l'élégante table de fer forgé, garni en permanence de pêches, de prunes et de figues gorgées de soleil, cueillies à même les arbres du jardin. Elle saisit un fruit juteux, le savoure lentement. De sa main libre, elle agite en un mouvement régulier un éventail d'ivoire finement ciselé qui envoie vers son visage un souffle d'air frais. Si tout pouvait rester ainsi, figé dans la chaleur et la beauté.

Par habitude, elle porte une main caressante sur son ventre et réconforte le petit être lové en elle, l'enfant qui l'accompagne partout où elle va, cette vie qui l'habite et à qui elle s'adresse, constamment, pour un oui ou pour un non... *Le jardinier est encore soûl, ce matin... Il vient de tomber, les quatre fers en l'air, au beau milieu des roses...* La jeune femme commente tout ce qui fait son quotidien, comme si elle se confiait à quelque ami imaginaire. Depuis plusieurs mois, aucun de ses camarades d'autrefois n'est venu ni la saluer ni prendre de ses nouvelles. Elle s'est exilée. Elle n'a d'échanges qu'avec les employés de la maison, gentils, polis, mais distants. *Quelle importance, se répète-t-elle pour se convaincre, tous ces gens qui se disaient mes amis m'ennuyaient, de toute façon ! Je n'ai que ce que mérite une femme adultère, une maîtresse qui s'est offerte à un homme interdit, son propre beau-frère, l'époux de sa sœur unique et adorée !*

Jeanne ne peut réprimer un soupir que Mariette, la femme de ménage assignée à l'entretien de la villa, remarque :

— Si vous avez envie de quelque chose, madame...

— Avez-vous des enfants, Mariette ?

— Bien sûr, madame, j'en ai trois déjà, des garçons bien costauds.

— Puisque vous avez l'expérience des enfants, vous devriez pouvoir m'aider. Je voudrais empêcher que le mien vienne au monde.

— Au point où vous en êtes, il est beaucoup trop tard... D'ici un mois, deux tout au plus, vous serez libérée ; et je me trompe rarement là-dessus.

— Vous ne saisissez pas. Je veux garder ce bébé en moi, qu'il vive en moi, toujours…, implore-t-elle tandis qu'une larme roule sur sa joue rosie par le soleil de Provence.

— S'il existe un moyen, je ne le connais pas, madame, et vous m'en voyez bien désolée. Je vous jure que si je savais…, rétorque la pauvre Mariette, gênée par les lubies de plus en plus étranges de sa patronne.

— Faites qu'il ne naisse pas, Mariette, et j'assurerai votre avenir…

Pendant ce temps, à Paris, deux hommes attablés de part et d'autre d'un magnifique bureau d'acajou devisent à propos du téléphone, cet appareil magique désormais disponible dans la capitale et qui facilite tellement leur travail. Le service a d'ailleurs été étendu à d'autres villes, dont Lyon, Rouen, Marseille et même Bruxelles ! Les hommes cherchent à éviter le sujet de la grossesse plus que gênante de celle qui est la fille de l'un et la belle-sœur de l'autre, et qui constitue pourtant le motif de leur rencontre. Dans leurs rêves les plus fous, l'enfant ne parviendrait jamais à son terme ou, mieux, il n'aurait jamais existé. Au milieu de cette pièce, qui pourrait loger facilement une quinzaine de familles pauvres comme on en croise tant dans la ville ces derniers temps, Maurice Achard et Jean-Jacques Martin, son beau-père, bavardent de tout autre chose pour tromper la réelle raison de leur réunion, cet enfant à naître, pour lequel il faudra bien prendre des dispositions.

Ils discutent longuement de la chute du prix des denrées alimentaires aussi inexplicable qu'imprévisible, de ces tissus qui se vendent au rabais, non sans aborder ensuite la qualité de plusieurs caisses d'un cru exceptionnel qui s'est avérée décevante. Ils maudissent les socialistes, s'attardent enfin sur la chaleur des derniers jours et le temps qu'il fera cet été pour les vacances. À l'évocation de la mer, un malaise interrompt la conversation. Dans l'esprit des deux banquiers, un visage se dessine avec une netteté que ni l'un ni l'autre ne veut admettre. Exilée en Provence, Jeanne implore la faveur de garder son enfant. Pourtant, cela rendrait la vie impossible à Maurice, et il l'a maintes fois répété. Jean-Jacques Martin propose une solution :

— Je crois que le mieux, ce serait encore d'envoyer le nouveau-né en Italie. Car les Italiennes sont de bonnes nourrices et ne sont pas voraces sur leurs gages.

Pour toute réponse, Maurice Achard se racle la gorge ; concentré sur cette gêne qui le force à avaler sa salive, il n'ajoute rien, ce qui constitue une sorte d'acquiescement. Jean-Jacques respire mieux et pousse un soupir de contentement. L'atmosphère dans la pièce devient soudain plus légère : voilà un problème bien résolu ! L'Italie, c'est un joli pays ! Les gens qui en viennent sont à jamais empreints d'une énergie joyeuse. Et puis, cela donnera une belle occasion de fournir à une personne en grand besoin de quoi gagner son pain aisément ! Car ces nourrices, on le sait, sont faites pour allaiter, élever, chérir les enfants. Les Italiennes, encore plus que les autres, ont cette vocation et ne manquent jamais de lait. Ainsi, la décision s'apparente à une bonne action !

Un fiacre passe dans la rue, juste sous la fenêtre. Jean-Jacques se lève aussitôt pour se consacrer à son incontrôlable manie, celle de parier sur la couleur du cheval. Un jour de chance s'annonce, la bête est blanche… Maurice Achard, fatigué et soulagé d'en avoir terminé avec cette rencontre mille fois reportée, ferme les yeux et pense au jour où toute cette histoire ne constituera plus qu'un mauvais souvenir. Il déteste éprouver cette tension physique, l'ombre de cette culpabilité, comme une brûlure qui remonte à sa gorge. Il déglutit de nouveau, espérant vainement éteindre le feu du remords qui noircit sa vie depuis qu'il s'est épris de la sœur de son épouse légitime. Mentalement, il demande pardon pour ce faux pas qui met beaucoup de gens dans l'embarras. Heureusement, sa femme ignore tout de « l'accident ».

À quatre cents kilomètres de là, Marianne Achard, assise à son secrétaire, déplie une feuille de papier blanc et odorant, dans un geste qui la réconforte : écrire à ceux qu'elle aime lui procure en effet une satisfaction profonde. S'échappant de la feuille parfumée au lilas, un effluve de printemps se répand quelques instants autour de l'encrier. La brume des petits matins de Londres ne s'est pas encore dissipée, même si midi approche. Marianne s'installe confortablement, prend le temps de se remémorer le visage de son époux, qui lui manque. Elle se demande pourquoi elle habite cette ville de brouillard et de bruine, alors que son mari passe de plus en plus de temps en France. Combien de fois a-t-elle posé la question à son conjoint sans obtenir de réponse cohérente ? Ne pourrait-elle pas, à tout le moins, accompagner Maurice quand il voyage à Paris pour affaires ? Cela lui donnerait l'occasion de rendre visite à sa famille, à son père, Jean-Jacques Martin, à sa mère, Élise, et surtout à Jeanne, sa sœur chérie, de seize ans sa cadette, presque sa fille, qu'elle n'a pas vue depuis bien trop longtemps, près d'une année. Quels motifs expliquent les refus de Maurice et son entêtement à la maintenir ici, dans cet appartement immense, aux sols de marbre toujours glacés, dont les fenêtres donnent sur un ciel trop souvent nuageux ? Perdue dans ses questionnements, elle caresse du bout des doigts les plumes colorées et tente de dominer le sentiment de frustration qui l'étreint. Marianne Achard doit se l'avouer : aucun palace, fût-il le plus somptueux, ne lui fera oublier celle qu'elle a pour ainsi dire élevée, et le terrible manque que son absence lui cause. Le vide de son existence lui semble d'autant plus grand qu'elle doit faire face, mois après mois, année après année, à son incapacité à mettre une descendance au monde. Marianne a l'impression de tourner en rond dans une cage, à tel point qu'elle crie parfois pour éloigner la folie de se sentir toujours si seule. Les larmes lui picotent les yeux, mais elle se ressaisit, se redresse, inspire longuement. Comment ose-t-elle se plaindre ? Elle qui vit dans un luxe presque écœurant, bien à l'abri du besoin, au milieu de soieries brodées d'or, de piqués aux motifs les plus complexes et de dentelles importées. Elle qui se nourrit des aliments les plus coûteux et les plus rares, qui a accès au meilleur, à ce qui est hors de prix, et qui parfois s'en lasse.

Marianne s'assied bien droite sur la chaise, saisit une plume bleue, sa couleur favorite, pose le poignet sur le coin de la feuille et se met à écrire : *Mon irremplaçable et tendre sœur…*

Après quelques mots, la jeune femme s'interrompt. Incertaine, elle se demande s'il est judicieux d'aborder avec sa benjamine un sujet aussi douloureux mais obsédant que celui de ses grossesses difficiles. De tant d'années sa cadette, Jeanne ignore probablement tout des soucis qui préoccupent sa sœur aînée. Ne risque-t-elle pas, en lui parlant d'une situation aussi délicate, de bouleverser sa sœur en l'éveillant à des réalités qui l'effrayeront ou, pire, la dégoûteront du mariage et des hommes ? Toutefois, Marianne ne peut, sur la question, s'ouvrir à personne d'autre, pas même à son mari, de peur de le décevoir une fois de trop. *Je rentre tout juste d'une visite chez le médecin, vous savez, le Dr Borden que je vous ai tant vanté. Il m'a annoncé une nouvelle à laquelle je ne crois pas encore, mais qui me transporte d'une joie si grande qu'il me faut la partager. Je tremble fort à la simple idée de vous l'écrire et de l'officialiser sur un bout de papier…* Tandis qu'elle aligne les mots et sent grandir son bonheur, elle perçoit, au loin, la voix d'un chanteur qui fait ses vocalises ; ce sont les premières notes d'une répétition pour le spectacle qui aura lieu au Royal Albert Hall, tout à côté de chez elle. Le chant des hommes est certainement, d'entre tous les arts, celui qui lui apporte le réconfort le plus intense et qui lui donne la force de voir le côté positif des choses. *Le Dr Borden m'a appris que, cette fois, la grossesse a passé le cap fatidique, celui qu'habituellement je ne franchis pas. En d'autres mots, ma chère sœur et amie, si tout se déroule normalement, je devrais enfin devenir mère d'ici quelques mois. Je n'ose encore y croire et vous demande de ne dévoiler à personne cette nouvelle pourtant si réjouissante. Ni à notre mère ni à notre père, et surtout pas à Maurice si, par hasard, vous le croisiez à Paris. Laissez-moi le privilège de me charger moi-même de lui faire cette annonce qui lui procurera certainement le plus grand des plaisirs ! Car existe-t-il sur la terre fonction plus essentielle que celle de devenir parent ? Dire mon exaltation d'y accéder enfin m'est impossible, après tant de tentatives déçues, tant d'années à entretenir l'espoir, à craindre que la vieillesse ne me ravisse à jamais mon rêve, voilà que mes prières seront exaucées, si tout se poursuit comme cela a débuté.*

Marianne relève la tête. Les vocalises se sont tues pour céder la place aux éclats de voix des instrumentistes venus s'installer. Marianne regarde autour d'elle, presque étonnée de ne pas trouver Jeanne penchée au-dessus de son épaule, lisant sa lettre et se réjouissant avec elle de cette annonce tant espérée. Dans un geste brusque et sec, elle attrape la feuille noircie de toutes ces paroles d'allégresse, la chiffonne en boule et la lance au panier. Son intermède est terminé : seule et revenue dans la réalité, elle entame une nouvelle missive, sur un ton beaucoup plus posé cette fois et conforme aux propos que doit tenir une aînée de bonne famille à sa sœur de seize ans sa cadette. *Ma sœur chérie, que je n'ai pas vue depuis beaucoup trop longtemps…*

l'écriture, mécanique, se poursuit sur le papier, effaçant la Marianne joyeuse.

Tandis que sa sœur lui écrit de Londres, Jeanne, suffoquée par l'intensité de la douleur, s'appuie sur la colonne à quelques pas devant elle. Par terre, les dalles de terre cuite se couvrent d'une flaque d'eau. Ouf ! Elle respire à fond et appelle à l'aide, tout en s'asseyant sur cette petite chaise de fer forgé délicatement dessinée, qui lui plaît tant. Une fois de plus, une vive douleur lui déchire le dos. Un spasme violent la traverse et la force à se replier sur son ventre.

— Le travail commence, madame. Je vais chercher le médecin pendant que Lucette s'occupera de vous.

— Aidez-moi à me rendre à ma chambre.

— Agrippez-vous à mon bras.

Jeanne comprend vite que, entre deux fortes contractions, elle ne dispose que de quelques instants de paix. Elle en profite pour avancer d'un ou deux pas avant de devoir s'arrêter encore pour attendre que le mal la parcoure. De pause en pause, elle met plusieurs minutes à traverser la maison, de la grande terrasse dallée jusqu'au lit, qui sera, pense-t-elle, plus confortable. Mais elle mesure rapidement son erreur : à peine sa tête posée sur l'oreiller, elle constate à quel point la station horizontale lui est insupportable. Elle se remet sans attendre sur ses deux jambes, la position la plus tolérable. Un nouveau séisme la secoue ; elle tremble du bout des pieds jusqu'au sommet de la tête, tandis qu'un cri strident s'échappe de sa gorge. Jeanne a perdu ses bonnes manières et hurle comme un putois ! Lucette, la dame de compagnie, jeune et ignorante, s'effraie. Elle jette un regard d'angoisse vers l'allée de cyprès, espérant apercevoir une lumière annonciatrice de secours.

— Je m'en vais au petit étang. Dites-leur que je suis là.

— Mais, madame, vous ne devez pas, il faut rester ici…

Jeanne ne l'entend pas et mobilise ses dernières forces pour se diriger, aussi vite que ses moyens le lui permettent, vers le plan d'eau qui trône au milieu des arbres fruitiers et des fleurs. Elle se glisse dans l'onde chaude et réparatrice. Un mouvement s'impose en continu, accompagné d'une douloureuse contraction de tous ses muscles. Une irrépressible envie de pousser gagne Jeanne, qui émet un cri guttural et libérateur, puis ressent un relâchement, une paix bienfaisante. Quelques secondes d'immobilité, et la souffrance revient.

Elle qui a l'habitude de n'en faire qu'à sa tête a bien tenté un moment de résister aux forces qui la brisent. Mais rien ne sert de lutter, elle est contrainte d'admettre que, cette fois, elle ne gagnerait pas et que résister ne pourrait que lui nuire. Le travail de son corps ne conduirait qu'à une seule issue : l'expulsion de ce bébé devenu trop grand, trop lourd.

Pour la première fois de sa vie peut-être, Jeanne, la forte tête, doit abdiquer. Et c'est ce qu'elle fait. Jeanne se soumet, et ne serait-ce que pour cette leçon-là, l'expérience en aura valu la peine, pense-t-elle, non sans s'en étonner elle-même. Une nouvelle contraction, plus forte que toutes les autres, signale un changement.

Le bébé arrive, gémit-elle.

Prenant appui d'une main au fond du bassin, elle se tourne sur le côté pour se laisser flotter. Comme si une épée l'avait fendue tout du long, elle s'abandonne à une force qui ouvre ses jambes et expulse une boule chaude et ronde, une tête humaine. Puis, une poussée puissante et magistrale finit de sortir l'enfant. Jeanne, au milieu du plan d'eau, a la présence d'esprit d'agripper le nouveau-né, de porter sa tête au-dessus de l'eau et de serrer le petit être vivant contre elle. Quelques secondes plus tard, le bébé fait entendre son cri. Celle que Jeanne aurait tant aimé garder en elle vient de faire son entrée au monde : une fille déjà magnifique aux yeux de sa mère, la plus belle merveille de l'univers.

Jeanne se dit qu'elle ne pourra plus quitter cet être précieux à qui elle a donné la vie, ce bébé adorable, son œuvre ! Plus brûlante encore que la déchirure de la naissance, celle de la séparation à venir la bouleverse déjà. Son malheur est si vif qu'en posant les lèvres sur le front de son poupon elle éclate en sanglots, coulant comme une cascade dans la nuit. Elle pense à Marianne, à Maurice, à elle, à l'enfant, et regrette leur malchance à tous. Ce serait plus simple si tout le monde se détestait.

Quelques jours après cet événement duquel il s'est tenu éloigné, mais qui le touche tout de même un peu, Maurice Achard, de retour à Londres, s'installe à table comme il le fait toujours à l'heure du souper. Cette fois, il déroge un peu à ses sacro-saintes habitudes, déplie avec lenteur le papier blanc que son épouse croyait avoir définitivement jeté. Marianne ne remarque pas le geste de son mari.

— On m'a apporté ça, ma très chère amie, trouvé dans la corbeille de votre secrétaire. Quelqu'un a reconnu votre écriture. C'est bien de vous, ce mot ? Corrigez-moi si je fais erreur…

Surprise, Marianne bafouille une réponse maladroite. Elle se rattrape aussitôt, jugeant inutile de nier l'évidence.

— Bien que je me trouve fort heureux d'apprendre une nouvelle aussi inespérée, il reste que, venant de mon épouse, je me serais attendu à une transparence et à une honnêteté absolues. En cela, je suis un peu déçu, il m'est difficile de vous le cacher, très chère.

À quoi bon rechigner ou se défendre quand tous les faits sont contre soi ? Marianne enrage d'avoir été trahie par l'une ou l'autre de ses femmes de chambre, qui, malgré leur tendresse à son égard, ne respectent que le pouvoir mâle. Une femme doit la complète vérité à son mari, même si l'inverse n'est pas requis et que cela constitue, en toute logique, une injustice.

— Je ne désirais que vous épargner, une fois encore, une fausse joie…

— Dommage, car au lieu de cela, vous avez agi d'une manière qui me déçoit amèrement. Mais bon, disons que, si vous me jurez de ne plus recommencer, je suis disposé à vous pardonner et à retrouver ma bonne humeur.

Marianne le lui promet, car elle regrette désormais sincèrement d'avoir osé dissimuler quelque chose à celui qui la protège, la loge, la nourrit, lui offre un statut que la majorité des femmes d'Europe lui envieraient. Elle a, en effet, eu le privilège d'épouser un gentilhomme, un banquier de la troisième génération d'hommes d'affaires influents, un sang bleu. Leur mariage, conclu à la satisfaction de leurs familles respectives, a permis un enrichissement considérable pour les descendants de leur lignée. Encore faut-il qu'ils naissent ! Et que Dieu accorde au couple la faveur d'avoir au moins un garçon.

2

— Quel dommage que ce soit une fille ! murmure Jeanne au-dessus du berceau immaculé. Un garçon m'aurait fourni une mince marge de manœuvre. Tandis que là…

La nouvelle maman caresse doucement la petite joue rose. Instinctivement, l'enfant tourne le visage, tend et entrouvre les lèvres, avide de téter. La jeune femme offre son petit doigt, rapidement aspiré par la succion. Le bébé suçote quelques instants puis, prenant conscience de la duperie, se met à pleurer avec colère. Comme les cris s'intensifient et deviennent plus stridents, la mère ne peut résister à la pulsion de prendre la petite pour lui donner son sein gorgé de lait. Suit un moment de satisfaction mutuelle.

— Allez, ma jolie, calme-toi, ça vient, pas la peine de te jeter sur moi comme ça ! Qu'est-ce que ce sera quand…

Jeanne s'interrompt net. Une boule dans sa gorge l'étouffe et un nœud dans son ventre lui coupe presque le souffle. Il ne faut pas évoquer l'avenir. De son père, elle a obtenu la permission de terminer l'été dans la villa de Gassin, sur la Côte d'Azur, avec sa petite fille. Elle doit savourer chaque minute de ce privilège, obtenu à force d'insistance, de chantage et de séduction. Elle profite donc de ce bébé tout chaud posé sur elle, admire les contours de ces traits finement ciselés et plus magnifiques que tout ce qu'elle a vu dans les musées de Paris. Elle touche, sans se lasser, la peau si délicate, les mains minuscules et les longs doigts de pianiste. Cette fillette lui semble, et de loin, la plus merveilleuse et la plus parfaite des œuvres, éclipsant tout ce qu'elle a connu en seize années d'existence.

— Vous n'avez pas mangé, constate la servante.
— J'ai des crampes, je ne peux rien avaler. Merci. Laissez-moi.

Des journées entières s'écoulent sans que Jeanne ingurgite le moindre aliment, ne s'occupant de rien d'autre que de contempler celle qu'elle nomme « ma merveille », lui parlant sans arrêt, lui chantant des airs d'opéra, la traînant partout, dans les jardins, jusque dans son lit à baldaquin, duquel une chute risquerait d'être mortelle... Parmi les membres du personnel, aucun n'ose intervenir devant ce comportement jugé étrange et excessif. Il n'est pas recommandé de remettre en cause les excès des maîtres. Il vaut beaucoup mieux, en effet, effectuer son travail en maintenant le regard dans le vide et éviter d'adopter toute attitude pouvant suggérer un certain malaise... *Ça va pas, la tête ? Il va mourir étouffé sous les couvertures, votre môme !* n'en pense pas moins la femme de chambre, se demandant en un éclair de lucidité si ce ne pourrait pas être l'objectif inconsciemment recherché.

À l'âge de seize ans, cependant, une fois l'attrait de la nouveauté passé, on découvre immanquablement l'ampleur des responsabilités qui accompagnent une naissance, alors le plaisir s'émousse, un élément de l'équation que Jeanne Martin n'avait pas calculé. Elle croyait que l'amour maternel la guérirait de tout, que la dépendance inconditionnelle de ce petit être issu de ses entrailles réglerait ses insatisfactions. Elle pensait que mettre un enfant au monde la ferait renaître plus autonome et différente… Mais hélas ! plus les semaines passent, plus elle sent gonfler l'angoisse d'avoir été oubliée dans cette maison en pleine campagne. M. Martin, son père, ne lui a pas rendu visite. Maurice Achard ne lui a donné aucun signe de vie non plus, lui qui avait l'habitude d'envoyer tantôt des fleurs, tantôt des chocolats ou des bijoux. La déception, si vive à l'égard des deux hommes, lui redonne un goût de vengeance, de folie, de légèreté, d'excursions dangereuses, de liaisons interdites et de vie mondaine étourdissante.

Cachée à Gassin, au sud de Fréjus, dans cette villa maudite louée à des importateurs vénitiens, elle a complètement disparu de la société mondaine et de la vie parisienne. On l'a laissée seule avec cette petite fille qu'elle aime, certes, mais qui lui impose une existence dont elle commence à mesurer les sacrifices. Et, plus la fin de l'été approche, plus se mêle à la fébrilité des premiers moments une certaine inquiétude…

La jeune mère, souvent prise d'angoisses, manque de patience et confie de plus en plus la petite à ses employés. Sans que cela soit conscient, elle s'habitue au fait que la chair de sa chair puisse trouver le bonheur dans d'autres bras que les siens.

Ayant quitté une épouse épanouie par une grossesse de plus en plus affirmée, Maurice est de nouveau pour affaires dans la capitale française. Après avoir découvert que ce qu'ils avaient convenu n'a pas été respecté, outré, il profère contre son beau-père, quoique sur un ton très posé, des menaces à peine voilées.

— C'est une catastrophe, monsieur Martin ! Comment avez-vous pu laisser ainsi traîner les choses ? Je vais me rendre à la villa et me charger moi-même du transfert de l'enfant s'il le faut. Quelqu'un doit régler cette fâcheuse question comme cela aurait dû l'être il y a longtemps ! Nous nous étions entendus ! Plus le temps passe, et plus tout cela risque de se compliquer !

— Je vous demande instamment, au contraire, de ne surtout pas intervenir. Les nouvelles que j'ai de là-bas me semblent tout à fait conformes à ce que j'avais prévu. Je connais ma fille : six mois d'isolement sont en train de venir à bout de son prétendu attachement.

En prononçant ces mots, Jean-Jacques Martin a une lueur d'ironie dans le regard. Il sourit à son gendre, fier de son bon coup. Celui-ci ne met pas de temps à saisir l'astuce du vieil homme.

— Quoi donc ? Elle souhaite rentrer à Paris ?

— La requête n'a pas encore été faite, mais ça ne

saurait tarder. Sa dame de compagnie a remarqué à quel point notre jeune fille s'ennuie et demande souvent des nouvelles de ce qui se passe en ville.

— Dans ce cas, cela change tout…

— Encore quelque temps et le fruit sera mûr, j'en suis presque assuré.

— Convenons que, pour la fin du trimestre, l'affaire devra être close. La prochaine fois que je viendrai à Paris, Marianne m'accompagnera, car elle tient beaucoup à voir Jeanne. Je ne réussirai pas à l'en empêcher.

— Je vous entends, et nous sommes d'accord. Je prendrai les dispositions au moment opportun.

— On m'a vanté les mérites d'une nourrice anglaise qui ne demanderait pas mieux que d'accueillir un bâtard de plus sous sa garde. Elle habite le Yorkshire. Elle prendrait l'enfant tout de suite et aurait plus de classe qu'une Italienne.

— Ne pressons rien, je vous en conjure. Si ce n'est celle-là, ce sera une autre. Les nourrices de qualité ne manquent pas, par les temps qui courent. La grande difficulté à mon avis ne réside pas là. Et en ce qui concerne notre problème, je parie ma chemise que ma fille le réglera d'elle-même sous peu.

— Ce serait inespéré. Je souhaite de tout cœur que tout se passe comme vous le prévoyez. J'en tirerais un grand soulagement.

— Moi de même, mon ami.

La chose étant réglée, la conversation se poursuit, sur un ton plus grave, à propos d'un scandale dont tout le monde parle et qui risque de rejaillir sur les plus grandes banques, voire de fragiliser la position de certaines, dont celle que dirige Maurice Achard. L'émotion et l'inquiétude des deux acolytes, bien que retenues et contrôlées, n'en sont pas moins persistantes. S'il est un domaine qui importe, c'est bien celui-là ! Car ce que l'on détient implique tout ce que l'on est : la place d'un homme, de sa famille, de sa femme, de ses enfants, de son personnel... Oui, voilà, à l'évidence, ce qui compte vraiment. Et il n'y a que les rêveurs et les inconscients pour ne pas l'admettre ; lorsqu'un grain de sable se coince dans l'engrenage, il faut que les banquiers s'en occupent et exécutent leur travail de protecteurs de l'ordre social si fragilement établi. Ce que les deux interlocuteurs font, avec toute l'attention possible, heureux d'avoir écarté les vulgaires considérations domestiques et familiales.

L'avenir donnera raison à Jean-Jacques Martin, cet homme intelligent et habile, qui laissera passer encore trois longues semaines avant d'aller retrouver sa fille dans cette maison du bout du monde, située à plusieurs kilomètres de toute activité importante, tenue par un personnel temporaire et de second ordre. Lorsqu'il se présente aux immenses grilles de l'entrée, des chiens accourent, crocs découverts, défendant rageusement leur domaine. Le jardinier, surpris par la visite impromptue, s'avance en boitant puis se confond en excuses, que le patron écoute distraitement.

— Je connais une dame Jeanne qui va être contente ! Elle parle de vous tous les jours.

— Eh bien, ça fait plaisir à entendre. Allez me la chercher.

D'un pas ralenti par l'âge et par une douloureuse

crise de goutte, le banquier se dirige vers le salon ouvert, où un feu a été allumé. Décidément, il avait oublié à quel point l'endroit est confortable et combien, en d'autres circonstances, il serait plaisant d'y passer les vacances. Les pleurs d'un enfant interrompent le cours des pensées de Jean-Jacques Martin qui, en tournant la tête, entrevoit le visage rond de son illégitime petite-fille. Un instant, il croit revoir Jeanne au même âge, et il a un pincement au cœur. Mais il inspire et recouvre ses esprits, refusant de céder d'un pouce à l'émotion. Le bébé est déjà reparti dans les bras d'une bonne, vers l'une des chambres du fond. Elle s'est tue, endormie, apaisée par le roucoulement continu et tendre de sa gardienne.

L'été, fort chaud, annonce des vendanges riches. Cela donne les meilleurs vins, ceux que l'on boira bientôt. Jean-Jacques se promet de faire la tournée des domaines des alentours, une fois qu'il aura parlé à sa jeunette. La beauté ne tarde pas à se montrer, vêtue comme pour une sortie, gantée en dépit de la chaleur et souriant à son père comme autrefois, avant que les fâcheux événements ne brisent la belle harmonie qu'ils avaient toujours connue ensemble.

— Père ! Comme il y a longtemps ! Que vous me réjouissez ! Vous auriez dû me prévenir.

— Je tenais à vous faire une surprise, justement, et à m'assurer que vous vous plaisiez toujours ici. Elle est jolie, cette maison. Il y a des pêchers, des figuiers, ai-je remarqué en arrivant.

— Oui, le jardinier y travaille du matin jusqu'au soir…

— Pourquoi dites-vous cela en grimaçant ?

— C'est que… la compagnie des arbres et des fleurs n'est pas tout à fait aussi agréable que celle des êtres humains.

— Ah bon ? Je croyais que vous en aviez assez des bourgeois et de leur stupidité.

— J'ai changé d'avis, mon père. Encore quelques semaines ici, et je crois que je vais devenir folle.

— Si vous rentrez à Paris avec le fruit de votre faute, jamais vous ne pourrez refaire votre vie, aucun homme ne voudra de vous.

— J'ai songé à cela. J'y ai pensé longuement. Et c'est une décision difficile, mais il me faut admettre que vous aviez raison. Et puis, je veux reprendre mes activités.

— Comme il me plaît d'entendre ces paroles sensées…

— Je me fie à votre jugement, il a toujours été sûr.

— Je veillerai à tout, je me porte garant de l'enfant. Je vous l'ai promis. Elle ne manquera de rien et aura la meilleure vie possible.

Une fois leur accord convenu, le père et la fille ressentent le besoin d'alléger l'atmosphère en abordant des sujets liés aux vacances et à la région. Les cures thermales, par exemple, auxquelles Jeanne a eu accès à satiété depuis son arrivée, lui semblent une question beaucoup plus intéressante maintenant qu'elle sait qu'elle ne risque pas de finir ses jours fripée comme une datte séchée et morte d'ennui, oubliée de tous. Son interlocuteur l'écoute avec une bienveillance paternelle, tout en savourant un petit rosé, légèrement refroidi, et des crevettes géantes à l'ail, son plat favori associé aux rares moments de farniente qu'il s'autorise.

Au cours d'un repas copieux sans la moindre friction dans leurs échanges, Jeanne, heureuse de se sentir libérée d'obligations trop lourdes pour elle, se permet de boire plus de vin que de coutume. Elle rit comme autrefois, évoquant Paris, ses études, ses amis, sa vie. Souriant au cuisinier et au personnel chargé du service, tous étonnés par sa bonne humeur peu habituelle, elle a l'impression de revenir à l'existence, à la normalité. Mais elle ne sait pas comment elle fera pour tenir dans cette résidence de malheur durant les longues semaines qu'exigera encore la préparation de son retour.

Pour la première fois depuis presque une année, Jeanne monte dans sa chambre sans éprouver le poids de cette oppression qui bloquait tout, qui l'empêchait de respirer, d'avaler, de vivre, telle une ceinture trop serrée en permanence. Oui, son corps lui en donne la preuve, elle a pris la bonne décision. Et ce, en dépit de cette enfant confiante qui sommeille derrière la porte à côté et pour laquelle elle a juré sur son âme qu'elle ferait tous les sacrifices. Elle s'est trompée. Elle doit le reconnaître et constater que c'était un mirage, que sa fibre maternelle s'est effilochée quelque part. De même, son amour pour Maurice Achard, qu'elle croyait à jamais sincère et intense, s'est envolé en fumée avec les mois d'isolement et d'attentes déçues. Il lui faut admettre que les sentiments changent et s'usent. Elle devra trouver la force de modifier l'itinéraire qu'elle s'était autrefois tracé, car il ne lui convient plus.

Dans le calme de la nuit, rassurée d'entendre son père, toujours aussi insomniaque, qui va et vient d'un pas égal et bien réglé, Jeanne s'abandonne à avoir de nouveau seize ans, triste tout de même de n'avoir su être à la hauteur des responsabilités que la maternité imposait. Tandis qu'elle pleure en silence, le visage de son enfant se forme dans son esprit, ses yeux, son nez, sa bouche, son menton, ses joues, et elle se jure de ne jamais l'oublier. Seule dans l'obscurité, implorant le pardon de ce bébé de l'amour interdit, qui n'a rien demandé à personne et qu'elle confiera bientôt à une autre, elle pense qu'il aurait été préférable que tout cela n'arrive jamais. Elle se désole de ne pouvoir revenir en arrière, puis finit par s'endormir sur son chagrin. Se réveillant en sursaut avant l'aube, elle ne résiste pas à son désir de se rendre jusqu'au berceau pour écouter longuement le souffle régulier de sa fille qui dort. Les souvenirs de ces moments de complicité s'imprègnent dans sa mémoire, à jamais gravés dans son cœur. Quand elle retourne à sa chambre sur la pointe des pieds, Jeanne a fait ses adieux à sa fille…

À la fin de la journée, Jean-Jacques Martin s'apprête déjà à repartir. Il prépare ses effets, remplit une boîte de friandises qu'il rapportera à son épouse, Élise, toujours souffrante, restée à Paris et tenue dans l'ignorance du fâcheux chapitre que leur fille a écrit et qui prend enfin un tour sensé. Il n'a pas entendu que celle-ci s'approchait et sursaute lorsqu'elle pose la main sur son avant-bras.

— Que faites-vous là, jeune dame ?

— La prochaine fois que vous viendrez, vous me ramènerez avec vous, n'est-ce pas ?

— Je vous en fais la promesse. Donnez-moi une dizaine de jours, le temps de dénicher une nourrice compétente et respectable, et que je fasse préparer les ententes légales…

— Si je vous comprends bien, elle ne portera pas le nom d'Achard…

— Bien sûr que non ! Quelle folie ! Elle sera confiée définitivement à autrui, il faut que cela soit tout à fait clair. Je vais m'organiser pour brouiller à jamais les pistes qui pourraient permettre de retracer la lignée de ses père et mère. Vous étiez d'accord et vous devez me donner votre parole sur cette question.

— Vous l'aurez. À la condition que ma fille s'appelle Alice. C'est le prénom que je veux lui donner.

— Soit. Mais sachez que jamais vous ne retrouverez sa trace ni la reverrez.

En silence, Jeanne réitère son acquiescement.

Le banquier est reparti vers Paris, satisfait d'avoir obtenu le revirement tant espéré. Il ne lui restait plus qu'à trouver une famille qui aurait des recommandations et qui prendrait l'enfant en charge de façon adéquate. Il avait tout d'abord pensé à l'exil, à placer la gamine en Espagne ou en Italie, et avait entrepris des démarches en ce sens. Mais il n'avait pas mis longtemps à se rendre compte que la famine et la misère augmentaient les possibilités d'escroquerie et que, une fois le bébé placé, il deviendrait difficile, voire impossible, de vérifier son état et ses conditions de vie. Sensible et désireux de pouvoir rendre visite à l'enfant de temps à autre, il était revenu à son plan initial et s'était tourné vers les Italiens immigrés, tellement nombreux à habiter en France et prêts à tout pour mettre du pain sur leur table. Son plus fiable ami lui avait parlé justement de ces Pratto, trois frères qu'il avait embauchés dans son usine de tissu, qui n'avaient pas peur du travail, avaient d'excellentes manières et dont l'une de leurs parentes, une femme de confiance, accepterait sans doute de servir de nourrice. Plus il y pensait et plus cette idée lui apparaissait comme la meilleure solution. Il devait l'admettre : il avait du mal à abandonner complètement sa petite-fille. Et la placer chez des gens qui ne parlaient pas la langue constituait une option idéale. Ainsi, l'enfant resterait en sol français sans que sa famille adoptive pose trop de questions sur ses origines. Jean-Jacques Martin avait donc commencé ses démarches.

À Londres, Marianne, allongée sur son lit, prie tous les saints pour qu'ils lui permettent de garder son enfant. En vain. Une fois de plus, elle sent le sang s'écouler entre ses jambes. Elle a atteint son cinquième mois mais n'ira pas au sixième. Vaincue, elle appelle ses gouvernantes à l'aide…

3

Les Italiens sont nombreux à traverser les frontières au cours de ces années-là. Comme leur pays n'offre pas à tous de quoi se nourrir, ils partent s'établir ailleurs, espérant éviter la famine. Mais cette immigration massive n'est pas sans conséquences, car même si les Italiens occupent les emplois les plus durs, ceux dont personne ne veut, les Français ne manquent jamais une occasion de les accuser de voler leur gagne-pain, et les invitent à retourner dans leur pays au plus vite. Cela, sans prendre en considération la main-d'œuvre courageuse et peu chère que ces gens fournissent à la France.

Claudio Calvino fait partie de cette main-d'œuvre. À quinze ans, il grossit les rangs de ceux que l'on nomme avec mépris les « Ritals ». Fils de maçon, il a pour tâche de déplacer, du matin jusqu'au soir, des pierres qui seront ensuite fendues à la taille et à la forme requises. Il œuvre à l'édification des murs du conservatoire de Lille, où d'importants travaux d'agrandissement ont été entrepris. Jeune, énergique, les muscles tendus sous l'effort, Claudio ne passe pas inaperçu. Lorsque les étudiantes franchissent le parvis de l'institution, leurs partitions sous le bras, elles semblent n'avoir rien à redire quant à la présence d'un aussi beau modèle italien en sol français !

Comme chaque jour, dans le matin baigné de rose et de bleu qui éclaire leur cabane, l'adolescent, accompagné de ses frères, parcourt le chemin pour atteindre le chantier sur la grande place où leur père les a fait engager. Les jeunes s'affairent sans rechigner. Entre son aîné et son cadet, Claudio a beau faire de son mieux, fournir tous ses efforts, il reste gauche et malhabile comparé aux deux autres. Si le travail d'ouvrier lui paraît routinier et sans surprises, ne lui inspirant rien d'autre que de la frustration, il permet à sa famille de manger, imposant, de ce seul fait, le respect. N'empêche que, en secret, Claudio rêve de voyages, de pays lointains et de terres exotiques.

Lille contribue à nourrir les fantasmes du jeune homme, car la ville commerçante, située à la croisée des itinéraires ferroviaires français, point de convergence des arrivées et des départs, incite aux voyages. L'adolescent se promet qu'un jour lui aussi, comme le flot des passagers que les trains de la ville emportent au loin, il s'en ira. Tandis qu'il laisse libre cours à ses pensées, les douze heures de travail lui semblent s'écouler plus vite.

Les frères Calvino ont dû rester plus tard ce jour-là. Ils ont dû achever de déplacer un chargement déversé par erreur au mauvais endroit. Leur père les attend à la maison, imaginant qu'à trois, ses fils viendraient rapidement à bout de ce travail supplémentaire. Mais il a fallu user de précaution pour transporter les pierres, qui avaient des arêtes coupantes comme du verre. Si bien que la tâche a demandé quelques heures de plus que prévu, et que les gars n'ont pu quitter le chantier qu'une fois l'obscurité bien installée.

Il est dangereux pour des Italiens de circuler la nuit, les frères le savent bien. Mais Benito, Claudio et Filippo n'ont pas le choix et doivent parcourir le plus rapidement possible les rues sombres du quartier. La menace, encore plus présente une fois le noir venu, plane, prête à surgir de n'importe où.

Alors qu'ils parviennent à quelques rues de chez eux, retrouvant, non sans un certain soulagement, leurs repères, quelqu'un les apostrophe sur un ton sans appel. Benito, l'aîné, stoppe net, cherchant dans la brume à distinguer le visage de l'interlocuteur. L'homme leur demande avec mépris ce qu'ils fabriquent à cette heure et qui ils s'en vont cambrioler. Claudio, inquiet, rejoint son frère, lui fait signe de se taire, car son fort accent risque de le mettre en danger. L'aîné ne veut rien entendre, prend la parole, décline haut et fort leurs prénoms et nom de famille. L'autre rétorque qu'il fait une ronde, qu'il y a eu des vols dans le quartier récemment, et que ces larcins ont été commis par des Italiens. Un poing sur la hanche, il se poste devant Benito. Filippo, un coin de rue plus loin, ne comprend pas ce qui retarde ses frères ; revenant sur ses pas, il appelle les deux autres, en italien. Cela suffit à provoquer le colosse, qui sort une arme de dessous sa chemise. Il s'approche, pistolet à la main et la hargne dans la voix.

— Charognes… Allez-vous-en ! Puants !

Le jeune Filippo, effrayé, pousse un cri et détale à toutes jambes. Le mouvement a pour effet d'augmenter d'un cran l'énervement de l'homme. Le voilà qui agite son arme et met Claudio en joue.

— Nous ne faisons rien de mal. Nous travaillons avec notre père sur le chantier tout près.

— Ah oui, c'est ça. C'est vous, les malfrats, les voleurs ! Je vais vous en foutre, moi, un chantier au cul !

Et, disant cela, avec une détermination rageuse, il vise Claudio et s'apprête à tirer.

Benito, en aîné protecteur, plonge devant son cadet et prend la balle en pleine tête, tandis que se dessine sur la poitrine de Claudio une giclée de sang chaud ponctuée de quelques éclats de cervelle. Benito s'écroule avec fracas. L'assassin, silencieux tout à coup, s'enfuit par une ruelle.

Quelques secondes passent. Claudio, abasourdi, met du temps à saisir l'ampleur de ce qui vient de se passer. Son grand frère, celui qu'il aimait, son ami et complice, Benito, est allongé sur le sol, le crâne ouvert, au milieu d'une mare de sang. Mû par l'instinct, disposant d'une force qu'il ne se connaissait pas, il agrippe Benito à bras-le-corps, le hisse sur son épaule et part en direction de la rue qu'ils habitent. Ralenti par le poids du corps lourd sur son épaule, il met quelque temps à croiser Filippo. Celui-ci revient, accompagné de leur père, Pietro, très en colère, toutes griffes dehors, s'époumonant déjà contre ses fils et leur imprudence. Mais ses réprimandes ne durent pas. Elles sont remplacées par les sanglots d'un être au cœur brisé à jamais, qui vient de comprendre à quel point les hommes peuvent devenir cruels. Pietro rejoint le corps inerte, encore chaud, de celui qui était plus précieux, plus cher encore que lui-même.

Claudio regarde son père se pencher sur son fils, chercher par terre les morceaux du puzzle, récupérer les bouts de cervelle pour les remettre en place. Puis, réalisant l'absurdité de ses gestes, il s'écroule, cherchant son souffle comme s'il venait de recevoir un coup de couteau au ventre. Devant le spectacle de la fragilité de cet homme qu'il a toujours cru invincible, Claudio, proche de l'évanouissement, bafouille quelques paroles futiles de consolation. Il distingue les pas de sa mère qui s'approche, suivie par tous ses petits qu'elle a tenté en vain de laisser à la maison. Il ne veut pas que cette femme, qui n'aime que ses enfants, souffre autant. Il regrette que cela soit inévitable… Il donnerait sa vie pour lui épargner la peine immense de se faire arracher son *grande*, son préféré, le bras droit du père. Mais déjà, elle tire sur ses cheveux, sur sa chemise, poussant des cris déchirants qui montent vers le ciel. Claudio, totalement impuissant, s'adresse tous les reproches.

La suite des événements se déroule comme une cascade d'embûches de plus en plus lugubres. Au moment de disposer du corps, la famille, qui ne possède ni biens ni argent, ni quoi que ce soit de monnayable, doit faire face à la dure réalité. Elle est incapable de payer les obsèques. Espérant éviter la fosse commune à son fils, Pietro se démène comme un fou, allant chez l'un et chez l'autre pour emprunter de quoi assurer une place décente sous terre à son garçon qui, en attendant d'être enterré au cimetière, se décompose rapidement au milieu de la maison surpeuplée. Comme les amis des Calvino sont tout aussi pauvres qu'eux, le malheureux père doit se résigner à conduire lui-même son grand, sa fierté, dans un trou et à l'empiler sur d'autres corps inconnus. Aucune stèle ne marquera le passage sur terre de Benito. De cela, presque autant que de la tragédie de sa mort, on ne se remettra pas dans la *famiglia*. À l'injustice et l'indifférence, puisque personne ne cherche à trouver ni à punir le meurtrier, s'ajoute la promiscuité d'un repos éternel mêlé à la misère des autres pauvres et à l'anonymat le plus complet.

Fortement ébranlé par la perte de son frère aîné et grand complice, Claudio reprend le chemin du chantier, l'âme en lambeaux. Il ne parvient pas à chausser les bottes de Benito, à devenir l'aîné à sa place, à se substituer à celui dont l'absence reste si douloureuse pour ses proches, ses amis, ses collègues. Le travail de la pierre, qu'il n'aimait pas, lui devient encore plus pénible, lui rappelant chaque jour l'absence. Il s'enlise, se noie dans cet emploi de manœuvre, que de père en fils on laisse aux derniers des derniers.

Liberté, égalité, fraternité ? Ces trois mots sont-ils vraiment gravés sur le fronton des bâtiments, un peu partout sur le territoire français ? Le jeune homme peine à le croire tant sa trajectoire diffère de ces principes, et tant son dos courbé, comme ses espoirs trompés, prouvent le contraire. Pour ne pas sombrer dans la déprime, il étouffe sa révolte en s'épuisant physiquement, en suivant les autres travailleurs dans leur dur travail, aride, cadencé. Il s'affaire comme un diable à la réfection d'une bâtisse imposante. Le conservatoire de Lille, avec ses arches blanches et sa devanture de pierres rosées, n'a pas l'envergure intimidante d'autres établissements d'enseignement mais tout, dans son architecture plus humble, appelle à la rigueur, au dépassement de soi. Cela a l'heur de réconforter Claudio. Il se rend au chantier tous les matins, à l'aube, et sans trop le chercher, se laisse pacifier par la beauté de l'endroit. Jour après jour, le jeune apprenti parcourt les couloirs de l'édifice avec cette étrange impression de s'y reconnaître. Pour se rapprocher des étudiants, des musiciens et des chanteurs, qui l'intriguent et l'attirent, il s'est organisé pour faire partie du groupe de ceux qui réaliseront les réfections intérieures au grand amphithéâtre, tout en haut des gradins, là où une nouvelle aile doit être construite. Le jeune ouvrier, fasciné par la scène qu'il a aperçue au milieu de la salle de spectacle, s'est montré pour une fois très motivé quand est venu le moment de répartir les tâches entre les hommes. Il a dû négocier pour se trouver parmi les ouvriers qui effectueront ces travaux. Sa persévérance lui permettra d'assister aux répétitions quasi quotidiennes, qui se dérouleront un peu plus bas, sur la scène.

Pourquoi tenait-il tant à être là ? Il ne l'a compris qu'au moment de la première répétition. Le jeune maçon a alors ressenti un coup de foudre puissant. Les voix des chanteurs l'ont transporté, éveillant sa conscience endormie, l'ouvrant sur un univers immense et inconnu qui le bouleversait. Depuis, lorsqu'il effectue son ouvrage, il lui arrive souvent de s'immobiliser, touché par la splendeur des mélodies. Étonné de sa vulnérabilité, qui le met un peu mal à l'aise devant ses compagnons, il sent son âme s'emplir de la beauté tragique des œuvres mises en scène sous ses yeux.

Claudio exécute son travail dans la routine des gestes appris. Mais il a l'impression de changer. Il ne traîne plus à la maison quand vient le moment de se rendre au chantier. Anita, sa mère, n'a plus à insister pour qu'enfin il quitte *la casa di famiglia*. Il ne résiste plus quand il reçoit des ordres et que le travail est, comme toujours, distribué de façon inéquitable. Le Rital se tait, comme indifférent à tout ce qui l'agaçait tant autrefois. Sans trop se l'expliquer, tout le monde autour de lui remarque son étrange évolution. Si ses mains s'affairent sur la brique et la pierre, son esprit, lui, suit avec passion le déroulement des répétitions, l'enchaînement des mises en scène et le travail des musiciens. Rien ne l'émeut plus que de voir tous ces gens unir leurs efforts pour construire une œuvre qui se bonifie de jour en jour, pour donner un spectacle qui embellit la vie et en fait quelque chose de grandiose. Claudio écoute attentivement toutes les indications et les consignes, ne manquant rien des directives du metteur en scène. L'univers qui s'offre à lui le subjugue et le charme. Il se sent partie prenante de cette représentation, qui se monte comme un mur, pierre par pierre. De l'échafaudage où il se trouve, il distingue les visages et reconnaît si clairement chacune des voix et des tonalités qu'il a l'impression de participer, lui aussi, et de chanter les lignes mélodiques.

À force de vivre avec ces comédiens, chanteurs et interprètes, qu'il observe et espionne en spectateur illégal, il en vient à ressentir à leur égard un lien d'amour et de complicité plus fort que tout ce qu'il a pu éprouver envers quiconque jusque-là... Famille ou amis, personne ne l'a jamais inspiré autant ; cela le dépasse. Il appartient à une lignée de Calvino, fils et petits-fils de maçons, qui n'a rien d'artistique et pas la moindre propension à exercer la carrière de chanteur classique. Il n'a devant lui aucun espoir de faire dévier son destin et, donc, pas de raison d'être aussi obsédé par les apprentissages musicaux et la technique vocale, ni aussi envoûté par les histoires tragiques qui se déroulent pendant les répétitions. En cela, son destin lui semble tout aussi cruel que celui des héros des pièces auxquelles il assiste. Rêver de devenir chanteur quand on est immigrant, pauvre et italien, relève de la pure folie.

Malgré tout, parce que c'est plus fort que lui, Claudio se surprend à reproduire les exercices, mentalement. Quand il se trouve seul, à l'abri des moqueries des hommes, il joue des scènes qu'il a vues mille fois reprises. Et, d'un essai à un autre, les amarres le retenant à son passé se fragilisent. Le plaisir qu'il éprouve à se glisser dans la peau d'un personnage surpasse tout ce qu'il a connu. Tel un serpent en pleine mue, il se défait de l'enfance et de ses origines. Il naît de nouveau, là où personne ne l'attend.

Claudio Calvino, fils de Pietro le maçon, de la province de Caserte, s'engage sur les flots d'une rivière inconnue qui, dans ses tourbillons, l'entraîne vers le maestro dirigeant la scène. Ce maître lui apparaît comme le rocher auquel s'accrocher dans le torrent. Le chef mène ses troupes lentement et patiemment vers l'objectif commun, imposant la cadence, reprenant dix fois, quinze fois, vingt fois le même passage, jusqu'à atteindre la perfection. Cet homme-là flamboie dans le cœur de l'Italien.

À la fin de chacune des répétitions, les artistes, aussi rompus de fatigue que les ouvriers sur les échafaudages, rangent leurs partitions, reprennent la route de l'ordinaire, redeviennent des humains avec une stature plus normale. Pour Claudio, c'est une révélation que de constater combien les interprètes sortent vidés physiquement de leurs journées, après avoir poussé les limites de leur corps, et rentrent épuisés, comme tout autre travailleur. Et cela le rapproche d'eux. L'adolescent qui épie et s'est identifié depuis des semaines au miracle qui se prépare derrière les rideaux de velours rouge, ne reviendra plus en arrière…

Anita Calvino ne sait pas quelle mouche a piqué son grand garçon. Après l'assassinat de Benito, se pourrait-il que Claudio soit en train de devenir fou ? Elle ne le reconnaît plus : il s'absente pendant des heures, assiste brièvement aux repas pour ensuite s'enfuir comme un voleur. Quand elle le questionne, il répond évasivement, avec gentillesse, comme il l'a toujours fait avec sa mère. Maigrissant à vue d'œil, distant, le jeune homme rieur et serviable de naguère a disparu. Et son père, qui désormais se console au petit rouge, alors qu'il n'avait jamais bu une goutte auparavant, ne se montre pas d'humeur compréhensive.

— Je vais finir par lui mettre mon pied au cul, à celui-là ! Mon propre fils, qui dort sur les chantiers ! S'il continue, il va perdre son travail et nous priver de ce qu'il gagne.

— Réfléchis, Claudio. Si tes frères se mettent à faire comme toi ! ajoute sa mère.

— On dira que les Calvino sont des bons à rien. C'est déjà assez difficile comme ça, non ? renchérit son père.

Il évoque la paresse, sans savoir que nuit après nuit, son fils, plutôt que de dormir, s'échine sur des cahiers de musique, prêtés par un étudiant du Conservatoire, à apprendre à lire les notes sur une portée !

Lorsqu'elle le découvre, Anita ne s'étonne pas de l'intérêt de son fils pour la musique. Dès le plus jeune âge de Claudio, elle avait remarqué son sens du rythme, son oreille juste, mais surtout sa voix si exceptionnelle. Elle avait encouragé son fils et l'avait fait travailler sans relâche à développer son talent. Elle le faisait chanter, en Italie et en France, des airs populaires et joyeux au coin des rues, tendant la main vers les passants qui ne pouvaient s'empêcher d'admirer la puissance vocale de cet enfant. Attendris, les piétons donnaient facilement et généreusement. Au point que la voix d'or de son fils avait permis de payer plus d'un repas et d'arrondir des fins de mois.

Si les capacités de Claudio n'ont jamais fait aucun doute, elles ne sont connues que des gens pauvres, sans éducation ni moyens. En assistant secrètement aux répétitions du Conservatoire, voilà qu'il aspire, tout comme les vrais chanteurs, à lire la musique et à chanter l'opéra devant un public plus raffiné. Il travaille d'arrache-pied, soir après soir jusqu'au petit matin, tournant, en quelque sorte, le dos aux siens. Claudio a honte d'avouer ses ambitions à sa famille, à son père surtout, qu'il trahit en cachette.

— Non mais, qu'est-ce qui t'arrive ! Tu es amoureux ? Ça doit être tout un morceau, morbleu, parce que nous, on ne te reconnaît plus !

Le fils reste muet, mesurant vaguement l'ampleur du gouffre entre son père et lui. L'incommunicabilité de son malaise et la peur du ridicule, la musique classique étant une affaire de femmes, ou de riches, l'emmurent dans le silence. Il se tait et attend que son père en ait fini avec lui. Étrangement, chaque discussion virile renforce sa détermination, comme si Pietro éloignait chaque fois sa barque un peu plus du quai...

Un soir, à la fin du travail, plutôt que de partir avec ses compagnons à la fermeture du chantier, le jeune Calvino reste un moment seul dans la superbe salle de concert, détaillant et admirant les dorures et le raffinement des ornements, comme en attente. Le calme de l'endroit, habité par ces voix entendues depuis des mois et par tous les instruments qu'il a découverts, l'emporte. Tandis qu'il ferme les yeux, revivant ces instants magiques et percevant l'écho de sa respiration, une émotion lui gonfle le cœur et le pousse à monter sur la scène ! Il a l'audace de se rendre au petit escalier ceinturant le plateau et d'y grimper. Encore quelques jours, et ce sera la représentation officielle. Ceux qu'il a suivis avec tant de passion livreront un spectacle qui disparaîtra dans le vent par la suite. Cette pensée l'attriste. Il ne veut plus se retrouver prisonnier du silence au milieu des confrères de chantier. L'idée d'être privé de ces répétitions qui ont éclairé son quotidien et brisé son sentiment de solitude lui est intolérable. Comme pour retenir ces airs qui lui ont élevé l'esprit, Claudio met de côté sa condition, ses réserves, ses pudeurs, et se laisse aller à chanter. Sans censure, il entonne les airs de cet opéra qu'il a fini par mémoriser. Transporté loin du monde, de la réalité, des contraintes, il devient le Valentin de Faust…

Tandis qu'il prend de l'assurance, il ne remarque pas, au fond de la salle, assis sur une petite chaise droite, le maestro, resté pour attendre un pianiste remplaçant.

Sur le coup, le chef cherche à identifier ce baryton qu'étrangement, à la veille de la première, il ne connaît pas. En dépit d'une absence complète de technique, il découvre cette voix, chaude et masculine. Le maestro devine une personnalité forte, derrière une intensité et une authenticité hors du commun qui retiennent son attention. Aucun de ses chanteurs habituels ne le fait avec autant de puissance. Avec du travail et un peu plus de maîtrise, cette voix éclipserait toute autre, pense le chef, bras croisés, immobile, sidéré.

Apprivoisant l'espace, occupant le décor, Claudio reproduit les airs, dans le désordre, comme ils lui viennent, en se rappelant tous les conseils et toutes les directives du metteur en scène, avec un tel plaisir qu'il en perd la notion du temps. Rarement il s'est senti plus vivant. Il entonne la partition, surmontant les fausses notes et les erreurs, jusqu'à ce qu'un applaudissement venu des gradins fende l'air, telle la balle d'un fusil. Le jeune homme stoppe net, pétrifié par la gêne, pris en flagrant délit de profanation. Il garde les yeux rivés au sol, confus, incapable de bouger. La honte, toute-puissante, le paralyse, tandis que, devant lui, celui que l'on appelle avec respect « le maestro » s'avance lentement. Aussi petit de stature qu'immense de talent, il affiche un sourire ironique.

— Dites-moi, jeune homme, de quel droit vous présentez-vous dans cette enceinte ?

— Je suis désolé. Je n'aurais pas dû.

— Je ne vous connais pas. Qui donc vous a enseigné à chanter de la sorte ?

— Euh... C'est vous, maestro. J'étais seul, et...

— Vous n'êtes pas du Conservatoire ?

— Non. Mais j'ai assisté à presque toutes les répétitions. Je travaille ici. Comme maçon.

— Maçon ? Ah oui, vous faites donc partie de ces ouvriers... Alors, monsieur le maçon, reprenons. Ne vous arrêtez pas pour moi...

— Je vous présente mes excuses.

— Restez où vous êtes. Je vous écoute.

Le ton incisif, impératif, est sans appel. Le maître s'empare d'un petit tabouret, oublié là par un élève distrait, et s'y assied, fermant les yeux pour mieux écouter. Claudio hésite, se demandant s'il s'agit d'une blague. Il entend d'ici son père et les hommes du chantier se moquer de son audace et imagine sa mère, en arrière-plan, faisant tristement non de la tête. Sa gorge se serre...

— C'est que, voyez-vous, je suis un ouvrier.

— Oui, oui, ça va, j'ai compris. Je vous reconnais, je vous ai vu quelquefois entrer ici.

— Comme la première aura lieu demain, j'ai...

— Chantez. Je vous en prie. Faites-moi cette faveur.

Une faveur ? L'homme n'a pourtant rien d'un blagueur. Claudio rassemble ses énergies et décide de se lancer, de se mettre à nu, de jouer sa vie.

Les premières notes ne sonnent pas juste. La gorge nouée, le chanteur manque son attaque. Un quart de seconde suffit pour que le maître semble se désintéresser... Combatif et déterminé à rattraper sa chance, motivé par le trac, Claudio entreprend la suite, un passage tragique et magnifique. Il reprend confiance et retombe sur ses pieds, chantant comme un homme libre. Plus rien n'existe que ce moment intense où il pose toutes ses cartes sur la table et joue son existence. Dans un état de vulnérabilité complète, il offre une interprétation grandiose, qui le laissera lui-même abasourdi et vidé. Comme un cheval fou, Claudio a franchi les passages, les uns après les autres, de cet opéra sublime, mémorisé à l'oreille, avec ses pauses, ses montées, ses respirations, assumant son imposture à fond.

Lorsque le silence retombe, qu'il a tout donné, l'adolescent reste perdu quelques secondes dans son extase. Il se tait et attend.

Le chef demeure un long moment sans parler, respirant à fond, bruyamment. Il pleure. Claudio prend peur, n'osant imaginer les conséquences que pourrait avoir son initiative ; la perte de son travail serait un drame de trop pour sa famille déjà éprouvée, et surtout pour son père toujours triste, rongé par la culpabilité de n'avoir pas été avec ses garçons, le soir de la mort de Benito. Le chef se moque-t-il ? *Retournez chez vous, pauvre ignorant, rejoignez votre misère et votre ennui, vous êtes fait pour ça ! Quel prétentieux !* Le maestro se lève, bras tendus, s'approche de Claudio, qui penche la tête, tel un condamné en attente de sa sentence. Paternel, le chef le prend tout contre lui et murmure à son oreille.

— Mais qui êtes-vous donc ?

Nous avez tout à fait raison : un imposteur et un arrogant…

— Vous devez bien avoir un nom ?

— Calvino… Claudio…

— Italien. Vos parents vous ont légué un talent hors du commun, monsieur. Remerciez-les : je n'ai, de ma vie, jamais entendu une voix comme la vôtre.

— Vous… vous moquez de moi ?

— Dans le prochain opéra, vous aurez un petit rôle, vous pourrez le défendre, en travaillant dur, bien entendu, mais vous y parviendrez… J'en ai la certitude.

Claudio se demande s'il devient fou, si les paroles qu'il entend sont bien réelles.

— C'est que… je ne connais rien à la musique. Je sais à peine la lire…

— Vous êtes baryton. Commençons par ça, d'accord ?

Claudio, le souffle coupé, n'ajoute rien. Le chef, agacé par son hésitation, fronce les sourcils.

— Je n'accepterai pas que vous refusiez…

— C'est que je suis étonné, monsieur !

— Entendu, alors, répond le maître en tendant

la main. Vous avez de quoi mener une grande carrière, ajoute-t-il comme pour achever le jeune homme. Mais appelez-moi maestro, je vous prie, et qu'il ne soit plus question que de musique entre nous !

Il ne dit rien de plus, puis s'éloigne en faisant claquer ses talons sur le sol marbré du couloir.

Claudio, seul et minuscule, est hanté par un mot, comme un défi énorme, mais qu'il souhaite relever. Baryton ? Comment pourrait-il ? Une porte s'ouvre puis se referme devant lui : il peut construire un mur, parfaitement droit et solide, qui tiendra un siècle, mais chanter comme ceux qu'il a vus faire, ça, c'est ériger une pyramide !

— J'ai un ami qui vous recevra. Il vous apprendra à travailler ! lance le maître, à la volée, juste au moment où il parvient à la sortie.

— Je n'ai pas d'argent… ma famille non plus.

— Mais qui vous parle d'argent ? J'ai dit un ami ! Pas un marchand ! Vous serez prêt pour les auditions…

— Euh… entendu, maestro.

— Ne nous entretenons plus que de musique, ai-je dit ! Je ne crois pas que vous le regretterez…

Cette fois, l'homme disparaît, laissant Claudio encore secoué. Restant un moment dans le silence, debout sur la scène devant tous ces bancs vides, il s'imagine les spectateurs venus l'entendre émus. Il n'a jamais assisté à un opéra ni même acheté des billets. N'empêche… il est un baryton.

Sur le chemin du retour, il ne croise pas une âme. Cela lui laisse amplement le temps de flâner le long du canal et de réfléchir à ce qu'il devrait faire. La mort de Benito rend les choses difficiles. Le chagrin de son père s'y ajoute. C'est désormais lui, l'aîné des dix enfants de la famille, maintenant qu'il a remplacé le disparu…

Le jeune homme, perdu dans ses pensées, flaire le vent de l'aventure qui l'appelle. Il lui faut détacher les cordages, s'éloigner du quai et s'engager vers l'infini, vers l'inconnu qui s'étend devant. Il a l'impression que Benito, tout près, l'invite à foncer.

Claudio finit par se présenter au chantier, à l'aube. Hébété par le manque de sommeil, il écoute sans sourciller les réprimandes de son père, rendu fou d'inquiétude par cette nuit passée à le chercher. Le fautif, incapable de fournir une défense cohérente, reconnaît ses torts et n'ajoute rien, lui qui, d'habitude, déteste tant être pris en défaut. Plutôt que d'argumenter, le fils range ses outils, respectueusement, sous le regard abasourdi du père.

— Mais qu'est-ce que tu fabriques, bon sang ?
— Je ne resterai pas au chantier aujourd'hui.
— Pourquoi ? Tu es malade ?
— Non. Travailler la pierre, c'est fini pour moi. Je vais m'établir boulevard de la Liberté.
— Ah bon, tiens ! Et depuis quand ?
— Je dois me rapprocher du Conservatoire. Un professeur m'attend, il m'offre une chambre, avec d'autres élèves.
— Quel cinglé ! Je vais t'en foutre, une chambre, moi… Tu ne partiras nulle part !
— Il faudra que tu m'enchaînes ou que tu me tues. Le chantier, c'est terminé pour moi. Rien ne me fera changer d'avis.

Ces quelques mots, prononcés avec calme et

détermination, tombent comme des pierres sur le cœur du père déjà anéanti par la mort de son aîné. Il ploie sous le coup. L'indicible déception que Claudio lit dans le regard de cet homme inculte lui calcine l'âme, comme un feu de brousse sur la plaine.

Il part quand même, sans se retourner, ignorant tout de ce qui l'attend, sans appui, seul. Et son dénuement, loin de le décourager, le galvanise : sur la tête de son père, il fait la promesse qu'un jour il deviendra chanteur d'opéra.

Le lendemain, boulevard de la Liberté, arrive un jeune homme âgé de quinze ans, tenant dans sa main un morceau de papier fripé sur lequel se trouve une adresse, transmise par le maestro, son mentor et son protecteur. Pour la première fois de sa vie, il s'endormira sans le souffle de ses frères pour le rassurer…

À Lyon, sous le soleil, l'activité de cette matinée est joyeuse. Un fiacre passe à toute vitesse en bousculant sur son passage un homme ivre et croise une charrette chargée de sacs de farine, circulant en sens inverse. Dans la voiture, une enfant âgée de dix mois, prénommée Alice, dans les bras d'une gouvernante, est conduite vers son nouveau foyer. Elle a faim et voudrait que sa maman la cajole. Mais la mère ne se trouve pas à ses côtés. Alice le découvrira bientôt : celle qu'elle espère ne répondra plus à ses appels…

4

En ce mois de mai 1891, on ne parle que de la fusillade qui a eu lieu à Fourmies, une ville industrielle réputée pour ses manufactures de textile, à environ deux cents kilomètres au nord de Paris. Les ouvriers, en plus de réclamer la journée de huit heures, ont exigé une hausse de leur salaire, rien de moins ! Bien entendu, les patrons ont catégoriquement refusé cette folie, qui aurait pu, à leurs yeux, causer un précédent et risquer de déséquilibrer toute l'économie de pays. Devant l'insistance des travailleurs, les autorités ont placardé des affiches un peu partout dans la ville pour indiquer très clairement qu'aucune révolte ni protestation ne serait tolérée. Malgré ces avis on ne peut plus limpides, les travailleurs ont bravé les interdictions et osé se réunir pour se diriger au cœur du village, sur la place de l'église, déclenchant une intervention armée. Les soldats, pris de court par l'hostilité des opposants, ont tenté de repousser hommes, femmes et enfants armés de pierres et de gourdins. En vain. Les manifestants, enragés, ont riposté à l'attaque. Les militaires en panique se sont mis à tirer sur la foule, faisant plusieurs victimes, dont des enfants.

Marianne, de nouveau enceinte, est assise à la table, une main posée sur son ventre qu'elle ne peut plus dissimuler après six mois de grossesse. Son entêtement à désirer un enfant a quelque chose d'héroïque. Elle avale une bouchée de son croissant au beurre, qu'elle tient élégamment du bout des doigts, puis le dépose dans l'assiette au bord doré. Maurice, à ses côtés, parcourt les grands titres du jour.

— Tous les journaux reprennent cette affaire ! La nouvelle va se répandre comme une traînée de poudre.

— Quelle tristesse ! Des jeunes innocents ont péri, murmure-t-elle.

— Des innocents ? Qu'est-ce qui vous permet de croire à leur innocence ? Ils se sont peut-être placés volontairement dans la ligne de tir !

— Allons donc, Maurice, croyez-vous sérieusement…

— Et pourquoi pas ? Avec quoi fait-on les manchettes ? Ces enfants qui sont morts, au milieu des autres, deviennent des héros ! Constatez vous-même : les pages sont noircies de la description détaillée de leur fin tragique.

— Il faut bien admettre que l'on n'a pas l'habitude de tels événements : en quelques secondes, tant de travailleurs tués. Ça explique tout de même un peu…

— Foutaises ! On sacrifie quelques victimes pour inspirer la révolte ! Voilà ce qui est en train de se produire ! Et vous-même vous vous laissez leurrer ! Vous me décevez. Et me contrariez, aussi.

Maurice, qui ne cache pas son irritation, tourne les pages du journal, passe à un autre article et n'ajoute pas un mot. Il refuse de s'attarder plus longtemps avec son épouse sur un sujet aux répercussions politiques évidentes, mais dont elle ne connaît absolument rien. Il doit quitter la maison pour un voyage de plusieurs jours en Belgique et ne veut pas risquer de provoquer un froid juste au moment de partir. Il saisit sa tasse de café, un peu pour se donner une contenance, et boit d'un seul coup le liquide brûlant.

— Je dois vous quitter. Vous plairait-il que je vous rapporte quelque chose ?

— Un vêtement de layette me réchaufferait le cœur. J'aime ces jolies choses… et tout ce qui vient de Bruges est inégalable.

— Entendu, vous aurez votre gâterie d'ici dix jours tout au plus.

Agacée par le ton acerbe de son mari et par la divergence d'opinions qu'elle a involontairement soulignée en abordant cette question ouvrière, Marianne baisse les yeux, inspire profondément, plonge les lèvres dans le lait chaud et retrouve son calme. Depuis quelque temps, elle évite le café qui, elle l'a remarqué, provoque des spasmes dans le bas de son ventre. L'énervement aussi. Elle a eu l'occasion de le vérifier à maintes reprises, le silence et la bonne entente restent les remparts les plus sûrs contre les sombres humeurs de son cher mari, exaspéré par les tensions sociales qui ont un effet direct sur l'état de sa clientèle et de son travail. Aussi, si elle veut préserver sa tranquillité d'esprit, la dame doit maintenir l'harmonie avec son époux. Commencer la journée sur une question aussi sensible et explosive, qui aurait exigé stratégie et retenue, constituait une mauvaise idée. On ne l'y reprendrait plus.

Une fois son conjoint parti, la jeune femme se réjouit d'être seule, en paix. Elle porte la main à son ventre arrondi, fière et comblée. Elle n'a jamais été si loin, à six mois bien comptés. À trois reprises, en effet, elle a cru le miracle possible, espérant chaque fois la naissance d'une fille ou d'un garçon qui remplirait son existence. Puis, invariablement, quelques semaines ou quelques mois après la confirmation de la grossesse, l'espérance était remplacée par la destruction, le sang, la peine... Mais enfin, voilà que cet essai semble de meilleur augure puisque, dans son ventre, elle a perçu des petits coups annonciateurs de vie, deviné les formes de ce chérubin tant attendu et qui, elle le craignait avec le début de la trentaine, menaçait de ne jamais se présenter, anéantissant ses rêves de maternité. Prise d'une fatigue plus intense que de coutume, elle se retire au petit salon, calme et chaud ; ses employés savent qu'elle aime y passer ses temps libres, allongée près de la fenêtre, à regarder s'écouler la vie au-dehors.

Marianne Achard se souvient de cette belle journée de printemps passée récemment en compagnie de sa sœur, Jeanne, qu'elle n'avait pas vue depuis presque une année.

— Juste ici ! Le bébé bouge ! Je veux que vous touchiez. Allez, ne détournez pas le regard !

— Je vous crois sur parole, je vous dis.

— C'est mon ventre qui vous dégoûte ? Donnez votre main, je vais la mettre au bon endroit.

Cédant enfin au désir de son aînée, Jeanne avait accepté de se laisser guider.

— Il donne des petits coups !

— Pourquoi dites-vous « il » ? C'est une fille, j'en suis certaine...

— Je suis si heureuse pour vous, ma grande et sage sœur. Plus que toute autre, vous méritez de l'avoir, cet enfant...

Pourvu qu'elle dise vrai et que sa grossesse parvienne à son terme... Elle s'empresse de penser à autre chose, s'empare d'une revue, l'ouvre. Elle s'apprête à s'installer pour lire, mais à peine a-t-elle posé la tête sur la moelleuse méridienne qu'un soudain élan de douleur lui scie l'aine et l'immobilise quelques instants. À l'affût, Marianne, statufiée, attend et prie pour que ce soit une fausse alerte. *Calme-toi, calme-toi, calme-toi...* Elle serre les poings, frotte compulsivement le tissu soyeux de sa robe, détectant les battements fous de son cœur qui s'emballe et la chaleur qui s'accroît entre ses jambes, qu'elle croise fermement. Marianne caresse l'enfant précieux, l'implore de rester sage, de s'en retourner dormir en son sein, lui signifie que le moment de leur rencontre n'est pas encore venu. Quelques minutes passent, en même temps qu'un fiacre dans la rue, comme ramenant l'espoir. Au milieu du ciel gris, l'orage éclate, précédé par un éclair qui strie le ciel. Croyant avoir rêvé, Marianne essaie de garder le sourire et de faire un vœu, mais son faciès change rapidement, ses lèvres se crispent sous la nouvelle douleur qui lui tombe dessus.

— Charlotte ! Venez vite ! J'ai besoin de vous !

Le cri de Mme Achard, les gouvernantes le

reconnaissent. Charlotte, sa précieuse alliée, l'a très bien entendu…

— Mon Dieu, faites que cela cesse ! Je vais envoyer quérir le Dr Michenet, Madame.

— Non ! Je vous en prie. Ne faites pas ça.

— C'est que, madame, vous avez perdu du sang, votre robe est imbibée…

Tandis que son personnel s'affaire autour d'elle en attendant l'arrivée du médecin, Marianne refuse d'admettre qu'encore une fois elle va perdre son combat. La douleur s'intensifie, aussi insupportable qu'absurde, car le travail, beaucoup trop précoce, ne mènera, le médecin va le confirmer, qu'à la mort et au deuil. Dans les pleurs, les cris de résistance et la souffrance, l'épouse que tout le monde envie, celle qui jouit de toutes les richesses doit se soumettre au verdict de la plus grande puissance, celui de la nature. Il faudra plus de neuf lancinantes et pénibles heures pour que s'ouvre en Marianne un passage suffisamment grand pour qu'elle sente émerger une chose, ronde et chaude : la tête d'un fœtus de vingt-quatre semaines.

— C'est le crâne…, dit le médecin.

Le torse d'un enfant mort est expulsé, puis le reste de son corps. Dans un silence froid, glacial, infini. Sans les pleurs qui signalent la vie. Sans les exclamations réjouies. Rien que le regard désolé d'un homme, tenant dans ses mains un cadavre.

— Docteur, donnez-le-moi.

— Marianne… cela est-il vraiment nécessaire ?

— Je veux le serrer contre moi avant qu'il ne parte à jamais. Je vous en supplie. Mon mari n'en saura rien, je vous le jure. Il n'y a que nous. J'ai besoin de le voir !

Le Dr Michenet, un ami de la famille Martin, connaît sa patiente depuis sa plus tendre enfance. Sensible à la douleur de celle qu'il chérit comme sa propre fille, il hésite, craignant de créer chez elle un choc plus grand encore que celui causé par la perte de son bébé. L'insistance et la détermination de la maman endeuillée finissent par le faire fléchir. Faisant fi des conventions, l'homme accède à la demande de sa patiente et lui tend le petit corps encore chaud du mort-né.

— Voilà, Marianne, votre petit garçon…
— Merci, docteur Michenet, merci…

Tendrement, avec tout l'amour qu'elle aurait eu pour un être vivant, la jeune femme saisit le corps mou et bleuté, qu'elle colle sur sa poitrine. Du bout de son index, elle caresse le front, les cheveux mouillés, les yeux à jamais clos, les joues et la bouche de celui qu'elle attendait avec tant de joie et d'allégresse. Elle ne pleure pas. Elle murmure au cadavre des mots doux, ceux qu'une maman porte au fond de son cœur. Et le silence vide et terrifiant du départ s'emplit de tristesse et de dignité. Charles Michenet, rarement impressionné, pas plus souvent ému, sort de sa poche un mouchoir blanc et éponge le coin de son œil. Ébranlé par ce spectacle, il fait preuve d'une retenue quasi religieuse.

5

Tandis qu'un enfant est porté en terre, un autre prend peu à peu racine dans sa nouvelle famille. La petite Alice, en effet, joufflue et babillarde, s'avance en usant d'une technique des plus particulières qui fait bien rire tout le monde : au lieu de progresser à quatre pattes, elle reste assise et se pousse à l'aide de ses mains pour glisser sur son derrière. Avec une habileté assez incroyable, elle réussit à avancer plus rapidement que tous ses autres compagnons d'infortune, déçus de finir toujours seconds… Quand elle gagne, Alice, sourire en coin, se retourne vers Pia, comme pour lui dire :

— Tu vois, maman, c'est encore moi qui ai été la plus rapide !

Sa nourrice doit l'admettre, alors qu'elle refuse catégoriquement de s'attacher aux enfants dont elle a la garde, avec cette petite-là, elle ne s'est pas méfiée et s'est fait prendre au jeu. Elle l'a laissée la regarder dans les yeux, une fois, deux fois, trois fois, puis lui a répondu. Elle a plongé dans son âme éperdue de détresse et encore sous le choc de la séparation, et a été conquise. La douce Pia a entendu le cri de panique et a voulu rassurer la petite abandonnée, arrivée recouverte d'un voile noir, comme une honte, livrée tel un animal sans maître dont on voudrait se débarrasser. La minuscule Alice, pourtant vêtue comme une princesse, n'appartenait à personne et n'avait qu'un prénom. Il ne fallait pas poser de questions. Sa mère adoptive se demande encore pourquoi cette petite-là, et pas une autre, l'a accrochée, retenue, pourquoi, au premier contact visuel, elle l'a adoptée comme la sienne.

Le jour de son arrivée, comme l'enfant pleurait de manière incontrôlable, la nourrice l'avait couchée doucement sur sa poitrine blanche, avait défait le lacet de sa chemise et lui avait tendu son sein plein et sécurisant. Tout de suite, Alice s'était tournée pour saisir, du bout des lèvres, le mamelon usé et plus tout jeune et s'était mise à téter avec une vigueur peu commune. Pia avait poussé un petit cri tandis que la gourmande manquait de s'étouffer.

— Hé ! Qu'est-ce que tu fabriques ? Elle est trop mignonne, cette coquine ! Celle-là, elle va dormir avec moi.

— Ah bon ? Elle n'est pas à nous. Depuis quand ceux qui ne sont pas à nous…, avait marmonné le mari, un peu surpris.

Mais Pia avait resserré son étreinte, s'était détournée et s'était éloignée, ne lui laissant pas le temps de terminer son objection.

— Depuis que cette *bambina* a besoin d'un petit coup de pouce pour cesser de brailler. Quelques jours et on n'en reparlera plus.

La brave gardienne se dit qu'une enfant de plus ou de moins, au point où elle en est, ne fera pas de différence. Cette nouvelle venue s'entend déjà à merveille avec les plus vieux. Pia adore bercer, cajoler, chanter. Et puis, quand elle a découvert les doigts, démesurément longs et fins, se promenant avec délicatesse sur son cœur, comme les petites pattes d'un insecte qui essaierait de s'accrocher, elle a senti que cette magicienne aurait le pouvoir de lui faire traverser son deuil. Elle qui, toute sa vie, a élevé les petits des autres, les a nourris, langés, protégés, la nuit autant que le jour, les a bercés, sentis, lavés, travaillant du matin au soir comme une bête de somme, elle aurait envie, pour une fois, de se donner le temps d'en bichonner une bien à son goût. Oui, cette petite Alice la fait craquer. Et cette enfant, aussi jolie qu'angoissée, tout offerte, ne demande pas mieux que de se laisser chérir. Émue, la protectrice penche sa joue fripée contre celle du bébé et frotte tendrement sa peau contre celle de la petite, murmurant les mots que sa mère lui soufflait jadis à l'oreille. Du coup, l'heure du coucher s'adoucit et s'allonge, tandis que la peine des uns et des autres s'apaise. Comme si elle devinait ce qu'il faut faire pour qu'on l'accepte, Alice se replie et se met en boule, comme un petit poing que l'homme aperçoit à peine tandis qu'il s'allonge et s'endort aux côtés de sa complice, puis elle fait entendre un ronflement aussi régulier que le ronronnement d'un gros chat couché au soleil.

— Comment une poupée aussi minuscule peut-elle faire autant de bruit ?

— Tais-toi donc ! Allez, endors-toi. Je m'en occupe.

Alice, comme si elle avait tout compris, cesse aussitôt de ronfler. Elle ne souhaite qu'une chose : qu'on l'aime maintenant, qu'on désire la protéger, la nourrir, l'embrasser, la couvrir. Pour elle, tout cela n'a rien d'un luxe, c'est une question de survie. Dans son ventre, la petite sent un feu brûler, une blessure douloureuse qui la pousse à hurler, à crier, à appeler pour qu'on vienne à son secours. Tandis qu'elle espère que son grand mal se calmera, qu'un visage aimant se penchera sur elle et pourra lui apporter un bien-être vital, elle met toute sa détermination à sauver sa peau. Et elle a immédiatement saisi que son salut ne peut venir que de Pia, de ses bras doux, de sa voix calme, de son corps usé, qu'elle ne lâchera plus. Finesses, sourires, prouesses, elle doit sans cesse capter l'attention ; il faut surprendre, étonner, alerter, attirer sur elle une énergie toujours positive, ce qui constitue un travail de tous les instants. D'instinct, elle sait comment s'y prendre pour susciter les douceurs de sa nouvelle mère. Si quelques mimiques plaisent, elle le remarque et les répète, mettant toute son opiniâtreté et son intelligence à charmer.

À Lille, Claudio travaille sans relâche. Il a tout à apprendre : les langues, la musique et les œuvres. Il se sent souvent lui aussi comme un jeune enfant, qui ignore tout de ce qu'il devrait savoir. Il se consacre corps et âme à sa nouvelle vie et n'a pas le temps de gagner la sienne. Si bien que, certains jours, il lui arrive de chanter au coin des rues, comme il le faisait tout jeune, pour obtenir de quoi manger. Il n'est pas le premier artiste à crever de faim ni le dernier. *Il ne faut jamais perdre courage*, se répète-t-il lorsque les autres, amusés, rigolent de ses bourdes et de ses maladresses de débutant.

De jour en jour, le poupon et la nourrice s'apprivoisent, se découvrent des habitudes et des gestes qui leur plaisent et apprennent à se comprendre. De nouvelles racines poussent et plongent dans le terreau de l'amour que deux êtres humains, complètement étrangers quelque temps plus tôt, ne pouvaient imaginer éprouver. Tranquillement, les pleurs et les impatiences se raréfient. D'une berceuse entonnée sur la chaise à bascule à une tétée chaude, d'un endormissement sans sursaut à un réveil tout en sourires, Alice en vient à se convaincre qu'elle n'a jamais connu autre mère nourricière, tandis que Pia, de son côté, finit par dire à son homme que sa *bambina* lui ressemble et par y croire dur comme fer.

— *Ma mamma…*

— Tu as entendu ? Est-ce bien ce qu'elle a dit ?

— Bien quoi, ça t'étonne, Pia ? Tu as vraiment tout fait pour que ça arrive, non ?

— C'est vrai, tu as raison. Mais je ne pensais pas qu'elle le dirait aussi vite…, rétorque Pia de sa voix chantante, ravie et encore plus charmée.

Il faut dire que, avec ses boucles blondes, son regard bleu comme l'océan qui observe et décode tout et sa curiosité insatiable, la petite Alice apporte à sa nouvelle maman les meilleurs arguments. Partout où elle passe, on la remarque ; on lui demande son nom, qu'on lui parle français ou italien, elle tente de répondre avec une bonne volonté irrésistible...

— Oui, c'est ma fille. Elle a onze mois. Elle comprend le français et l'italien. Elle s'appelle Alicia.

Toujours dans son sillage, la petite, à quatre pattes, suit sa nourrice comme elle le peut, en tous lieux et en tout temps, le regard accroché à elle comme à un câble sous la mer, son bonheur reprenant son air à la surface de la vie quotidienne et de la rassurante stabilité offerte par la famille Pratto. Si Pia disparaît de sa vue s'ensuivent cris et hurlements déchirants qui ne cessent qu'avec le retour de la bienfaitrice, laquelle, elle n'ose l'avouer, se sent comblée par un attachement aussi intense et passionné.

— *Mamma... mamma... mamma...*, répète Alice, se calant contre le ventre de sa nounou et glissant l'index sous la chemise, jusqu'à la poitrine de celle qu'elle chérit plus que tout.

La famille d'accueil, immigrante et italienne, s'habitue tranquillement à la présence heureuse de la nouvelle adoptée. Alice conquiert un à un ses frères de lait et se taille une place parmi les autres, confiés de façon temporaire au couple Pratto. Dans cette smala bigarrée, elle apprend à défendre son statut, à se battre pour obtenir sa part, à protéger son pain, qui n'est pas toujours en quantité suffisante sur la table et qu'il faut tremper dans une soupe aqueuse. Elle découvre par ailleurs qu'avoir un estomac creux peut être moins difficile à supporter que le rejet, le silence ou l'indifférence, et que les cris et le brouhaha réchauffent et rassurent aussi. Et elle s'est adaptée à l'agitation omniprésente de son nouvel environnement. Chez les parents adoptifs, tout autant que dans le coin où ils habitent, ça bouge, ça crie, et ça se dispute.

En dépit des fortes agitations qui ont récemment secoué la ville, des revendications des employés réclamant un meilleur encadrement des heures de travail et des jours de repos payés, le quartier de la Croix-Rousse reste affairé dès l'aube, car les gagne-petit qui y habitent doivent travailler nuit et jour pour arriver à subvenir à leurs besoins. Pour la majorité des gens, la lutte pour de meilleures conditions de travail, bien qu'importante et juste, s'apparente à un luxe dont ils n'ont pas les moyens. Un danger aussi, car les insurgés, lorsqu'ils sont surpris à manifester, risquent parfois leur vie, plus souvent l'emprisonnement et, une fois de retour chez les patrons, la mise à la rue, ce qui condamne leurs proches à la famine. On astreint même les enfants à effectuer des tâches pénibles, longues et dangereuses. Et ils ne sont pas rares, les bambins qui meurent des conséquences de la misère dans laquelle ils baignent.

— Le petit charbonnier, le plus jeune de la mère Ducoin, on l'a retrouvé, hier soir, battu à mort, annonce Enrico Pratto à son épouse.

— Tu crois que l'armée l'a frappé ?

Pour toute réponse, son homme hausse les épaules. Personne ne veut savoir, pas plus lui que les autres. La prudence et la nécessité imposent la loi du silence. Le bonhomme retourne à ses occupations. Il n'en dira pas plus. À la table, tous les enfants ont compris : il faut manger, remercier le ciel et courber l'échine. Entre les pauvres et les riches, la bienveillance n'existe pas.

La pauvreté frappe les artistes de plein fouet. La vie est si dure pour eux que certains exigent une aide de l'État. Mais rien ne vient. Et plus d'un soir, Claudio s'endort tiraillé par la faim. Quand il regarde le ciel par sa fenêtre, tenu éveillé par les crampes de son ventre vide, il prie pour que son père ne sache jamais les épreuves qu'il traverse.

6

À Paris, les échos de la guerre entre patrons et ouvriers retiennent l'attention de Jeanne Martin chaque fois qu'elle parcourt les gros titres des journaux posés sur la table d'entrée ou dans le salon vitré. Sa petite Alice habite là, quelque part dans les environs de Lyon, cette ville qui s'enflamme sous les cris du peuple en colère. À force de questionner avec acharnement les uns puis les autres, n'hésitant pas à délier les cordons de sa bourse lorsque c'est nécessaire, elle a fini par découvrir où se trouvait sa fille, remontant le courant des responsabilités, interrogeant le notaire, puis le médecin, et enfin le chauffeur, reconstituant pièce par pièce le puzzle du placement de son bébé. Et cela a été plus fort qu'elle, Jeanne s'est inquiétée, chaque jour un peu plus. *Est-elle bien nourrie ? Correctement logée ? Sera-t-elle déplacée si les violences s'intensifient ?* Ces questions se sont mises à la hanter tandis qu'elle tentait de poursuivre les activités sociales qui lui avaient tellement manqué. À un point tel que, par une semaine particulièrement mouvementée, elle s'est décidée à partir, prétextant une balade, un besoin de se changer les idées, de s'éloigner des turpitudes et du chahut de la capitale pour passer quelques jours chez une amie.

Par le plus formidable des hasards, il ne lui a fallu qu'une ou deux visites à Lyon pour aboutir dans le quartier de la Croix-Rousse et y croiser Alice, trottinant près de sa nourrice, parmi ses sœurs et frères de lait, dans le va-et-vient continu du marché du boulevard. *Seigneur ! C'est elle ! Comme elle a changé ! Elle marche ! Ses cheveux blonds sur ses épaules, ses dents de lait, ses joues roses et bombées… Qu'elle est belle, ma fille !* Jeanne, fébrile, doit s'appuyer sur un étal du marché, comme pour s'accrocher à la réalité, sentir le bois, bien solide, entre ses mains. Elle ne peut détacher son regard de la petite, qui trotte aux côtés de sa nourrice, une femme au pas lourd et fatigué, qui négocie chaque aliment acheté, gagnant sou par sou son combat incessant pour que chaque jour il y ait du pain, du lait et du fromage pour nourrir son monde. Des enfants autour d'elle s'agitent, courent et crient. Elle en a un dans ses jupes, un autre qui la bouscule. Sa petite, collée sur elle, la suit pas à pas. Si la femme manifeste tantôt son impatience envers l'un, qui s'amuse à s'asseoir sur ses pieds, tantôt envers l'autre, qui essuie une morve bien verte sur un bout de sa robe usée, il est évident que, pour Alice, elle éprouve un penchant particulier. Elle ne la laisse pas geindre comme elle le fait pour les autres, mais la prend contre sa taille lorsqu'elle le demande, et accepte qu'elle enroule ses jambes au-dessus de son ventre et accroche ses deux bras autour de son cou, avec une patience et une tendresse remarquables. La vision de ce spectacle réjouit et apaise celle qui ne dormait plus depuis des semaines à l'idée que la chair de sa chair puisse souffrir de privation.

Multipliant ses visites, Jeanne découvre que la famille Pratto a ses habitudes. Elle vient tous les jours à la même heure se procurer de quoi manger. Les marchands saluent les enfants et les parents d'une main distraite. Ce sont des Ritals, ceux que l'on méprise, qui devraient retourner dans leur pays plutôt que de venir voler des emplois aux autres. Et puis, Pia, toujours habillée en noir, maîtrise mal le français. Au marché, elle cherche ses mots, met du temps à se décider, obligée de traduire mentalement les échanges, les montants exigés, le prix des denrées. Cette hésitation agace les marchands, car les affaires ne se concluent pas vite avec elle.

Vêtue comme une ouvrière pour se mêler aux gens de la place, Jeanne observe du coin de l'œil la progression du clan Pratto, qu'elle s'est mis en tête de suivre jusqu'à son logis. Lorsqu'elle y parvient, en catimini, elle constate que ces gens savent y faire : tout semble propre, bien entretenu, réparé, reconstruit, peint et repeint. La petite Alice, reine de la famille, joue avec ses sœurs adoptives, tandis que Pia entre dans la modeste demeure. Une poupée de chiffon aux traits grossiers occupe la bande de fillettes tandis que les garçons se chamaillent et imitent la violence omniprésente dans la ville ces temps-ci. Le tableau d'ensemble, s'il se déroule dans une misère évidente, reste empreint de joie de vivre, d'un bonheur simple qui rassure la jeune mère. *Ma fille ne semble pas du tout malheureuse... et les membres de cette famille l'aiment sincèrement, j'en suis certaine. Et peut-être est-ce préférable qu'il en soit ainsi, qu'elle grandisse en paix et que je poursuive ma vie…* Plus sereine, elle se dit que Maurice avait peut-être raison, et qu'il vaudrait mieux ne plus jamais revoir l'enfant, que cela facilitera les choses pour tout le monde, y compris la petite. Alors qu'elle jette un dernier regard sur Alice, voilà que celle-ci, en apercevant le père de la famille arriver, lâche subitement ses jouets, regarde à gauche et à droite, puis, prise de panique, pousse un cri de terreur incontrôlable, se lève et part à toute vitesse vers l'intérieur de la maison. Comme si on l'avait brûlée. *Qu'est-ce qui a pu l'effrayer autant ? Ou qui ? Se pourrait-il que cet homme, en apparence si doux et bon, soit moins affable une fois dans l'intimité du foyer ?* Jeanne, saisie, reste immobile, bouleversée par les pensées sombres qui lui viennent. *Mais oui ! Ces personnes ne s'intéressent qu'à l'argent, dont ils manquent, manifestement !* Elle a bien failli se faire duper par ces Italiens maudits ! S'ils croient que la partie se terminera ainsi, ils se mettent un doigt dans l'œil ! Convaincue d'avoir été flouée, Jeanne doit faire un effort surhumain pour ne pas se présenter sur le pas de la porte afin d'exiger qu'on lui rende sa fille sur-le-champ. Elle domine à grand-peine son impulsivité et sa colère, sachant bien que celles-ci ne pourraient que lui nuire. Ce n'est pas le moment de contrarier son père en agissant maladroitement, il faut plutôt prendre le temps de réfléchir et de mettre au point un plan.

Pendant que Jeanne Martin, affublée de son déguisement de lavandière, parcourt les rues en sens inverse d'un pas rapide et décidé, et tente de réfléchir à une solution, sa fille Alice s'est réfugiée dans les jupes de sa mère, penchée sur l'énorme métier à tisser qui l'accapare.

« *Mamma !* Ne me fais plus jamais ça ! » semblent dire les yeux de la petite.

— C'te gosse, dès que tu disparais de sa vue, elle hurle comme un cochon qu'on égorge.

— Elle jouait bien avec les autres. J'ai pensé que je pourrais la laisser seule, pour une fois.

— Ça n'en a pas l'air, rétorque l'homme, tout en passant tendrement sa grosse main sèche et crevassée sur la tête de sa fille adoptive.

— Celle-là, on ne pourra pas s'en séparer.

Si elle avait pu surprendre le geste du père Pratto, Jeanne aurait tout de suite compris l'ampleur de sa méprise. Malheureusement, elle se trouve bien loin de la scène d'affection et marche droit devant, frôlant ces inconnus affairés, ces gens qui s'éreintent du matin jusqu'au soir à des tâches inhumaines… l'usine de soierie, gigantesque boîte de pierre, les happe les uns après les autres, comme la bouche d'une mine. Tandis qu'elle voit les femmes disparaître une à une dans cette fourmilière disproportionnée, Jeanne sent sa colère s'apaiser, et une voix, celle de la raison, se fait entendre… *Ainsi, tu vas donc soulever de nouveau cette question si délicate pour ton père ? Et exiger quoi, au juste ? De retourner là-bas ? Dans cette villa isolée où tu as tant pleuré d'ennui ? Alors que tu as remué ciel et terre pour échapper à cette prison dorée ?*

Lorsque Jeanne aperçoit la voiture parfaitement astiquée de son père au coin de la rue, son pouls se calme, et sa rage aussi. Elle doit se rendre à l'évidence : il lui est impossible de revenir en arrière, d'abandonner de nouveau sa vie, ses études, sa liberté. Il faut trouver autre chose... D'une idée à une autre, lentement, une solution prend forme. Un sourire se dessine sur ses lèvres alors qu'elle s'installe sur la banquette de cuir à l'arrière et que le véhicule démarre.

Des plans, Maurice Achard en fait aussi, lorsqu'il essaie de discuter avec son épouse, qui reste allongée du matin au soir dans le lit à baldaquin de la chambre verte, la plus terne de la maison. Marianne l'occupe seule depuis des mois, refusant sa couche à son mari, pourtant charmant et beau, mais qui ne lui dit plus rien d'heureux. L'homme, assombri, prépare son départ.

— Voulez-vous que je vous rapporte quelque chose de Paris ? Qu'est-ce qui vous plairait ?

Pour toute réponse, elle sourit tristement, la désolation dans le fond du cœur, puis murmure :

— C'est gentil, mon ami, vraiment gentil... mais non, je ne veux rien. Ça vous fera du bien de vous distraire de moi.

— Ne dites pas ça...

— Vous avez été d'une patience extraordinaire depuis des semaines. Je vous en remercie, je vous suis très reconnaissante et vous libère de moi. Vous le méritez bien.

— Pourquoi ne m'accompagneriez-vous pas ?

— Non. Ne revenons pas là-dessus, je vous prie.

Maurice Achard traverse Knightsbridge, ce quartier qui lui plaît tant, mais dont le charme ne parvient plus, depuis les derniers mois, à égayer son existence. Mal à l'aise dès qu'il est seul, il se noie dans le travail, les rencontres, les financements de projets, les voyages ; tout pour éviter la solitude ou les lugubres tête-à-tête avec son inconsolable épouse. En effet, depuis l'interruption brutale de sa grossesse, Marianne a le moral au plus bas. Habituellement pimpante et positive, soucieuse du bien-être de son mari, affairée à aider les uns et les autres, elle n'a désormais plus la force ni l'envie de rien. Il a tout tenté pour la distraire, lui proposant spectacles, concerts, sorties et soirées mondaines, qu'elle a invariablement déclinés. Découragé de voir ses tentatives sans cesse repoussées, fatigué des accueils tièdes et larmoyants à la fin de journées épuisantes, en manque de caresses et de réconfort, l'homme essaie de ne pas rêver des formes voluptueuses de sa maîtresse, qui lui manque d'autant plus.

Revigoré par l'idée de la revoir sous peu, car elle l'a convoqué à un rendez-vous clandestin, comme jadis, au temps de leur passion interdite, il a du mal à garder une contenance. Après avoir traversé la Manche, Maurice est maintenant dans le train qui le mènera à Paris, installé dans le confortable pullman réservé aux gens qui en ont les moyens. Il s'applique à avoir l'air d'un homme sérieux absorbé par son travail alors que, en fait, ses fantasmes accaparent complètement son esprit.

Comme il a hâte de retrouver, de toucher cette amoureuse qu'il ne peut ni aimer au grand jour ni remiser dans les tiroirs de ses souvenirs... Telle une bête piégée entre deux amours, deux femmes qui se ressemblent, deux sœurs, d'un côté submergé et dominé par ses pulsions, de l'autre, soumis à son devoir et à sa raison, le pauvre banquier, l'air coincé, les lèvres serrées, fait presque pitié.

— Paris, gare du Nord ! Terminus ! Terminus !

Le crissement des freins le fait grincer des dents. Fatigué par le voyage, Maurice Achard empoigne sa valise et se dirige vers le couloir. Des gens vont et viennent, d'autres courent, s'interpellent, s'agitent. Dans le brouhaha, il tente de se frayer un chemin sans bousculer autrui. Le contact physique, qu'il perçoit comme une faiblesse, une familiarité inutile et désobligeante, l'indispose. *Si j'ai le temps, je visiterai la tour Eiffel*, pense-t-il, comme pour s'encourager à franchir ce trajet qu'il pourrait parcourir les yeux fermés et qui va le mener à celle qui lui a tant manqué.

Les mains posées de chaque côté de la tasse bleu marine cernée de lignes d'or, Jeanne aperçoit de très loin la silhouette de celui qu'elle attend. Elle distingue sa démarche rapide, cette manière qu'il a de s'imposer parmi les autres, de les soumettre, en quelque sorte. La seule vision de sa stature ravive l'ivresse du pouvoir qu'elle éprouve lorsqu'il se soumet à elle. Pourtant, quelque chose a changé. Elle ne tremble pas, ne sent pas sa gorge se nouer, sa chair s'enflammer, son ventre se contracter. Le serveur, affairé, se faufile entre les tables, son anatomie filiforme zigzaguant de l'une à l'autre, et la jeune femme prend plaisir à l'observer, à deviner son corps souple et jeune ; tout le contraire de celui qui se tient devant elle.

— Bonjour, Jeanne. Il y a du monde ! On étouffe ! Allons dans le petit salon…

Et comme toujours, insatisfait de la place proposée, il se tourne vers le garçon, va agiter la main pour l'appeler, mais elle s'empresse, en posant les doigts sur son bras, d'interrompre son geste.

— Restons ici. C'est moi qui ai choisi cette table. Et elle me plaît.

Stupéfait, l'homme s'immobilise quelques instants, interloqué par l'autorité qu'elle a mise dans son intonation. Il hésite à obéir à une femme, si jeune de surcroît, puis regarde à gauche, à droite pour voir si on l'observe, déstabilisé par une situation aussi inusitée. Le ton de son interlocutrice, sec et sans appel, son attitude déterminée, même son index, pointé avec élégance en direction de la chaise droite plantée en angle devant la table, l'incommodent. Il décide de ne pas contrarier la jeune furie et d'obtempérer. Redressant son torse pour s'asseoir, il s'installe face à cette madone blonde, aux yeux d'un bleu foncé intense. Plus rien d'autre n'importe que cette splendeur qu'il désire plus qu'au premier jour. Il va saisir sa main, qui volette négligemment au-dessus de la tasse pleine et chaude, mais il n'y parvient pas, car l'oiseau a esquivé le chasseur pour se blottir à grande vitesse sous la table.

— J'ai à vous parler, Maurice.

Son sentiment de toute-puissance se volatilise. Il devine que plus rien ne sera comme autrefois. Ses traits s'affaissent légèrement sous le coup de la déception tandis qu'une envie de pleurer l'étrangle.

— Voilà précisément la raison de ma présence ici, élégante damoiselle, déclare-t-il en lui souriant coquinement, car c'était ainsi qu'il l'appelait, aux premiers temps de leurs amours torrides…

— Bientôt, cher Maurice, vous devrez m'appeler madame.

Elle relève son menton fin et délicat, dévoilant légèrement sa poitrine, que son ancien amant ne peut s'empêcher de lorgner, photographiant à jamais la fraîcheur de sa peau et de sa jeunesse, irrésistible. Il sent monter un sanglot, qu'il ravale aussitôt, comme il se doit.

— Vous vous y habituerez, j'en suis convaincue. Il fallait bien que ça arrive un jour. Ne faites pas cette tête-là.

— Et on peut connaître le nom de celui qui va me ravir ma joie à jamais ?

Pour toute réponse, elle plonge les lèvres dans le café brûlant pendant que, pour se donner une contenance, son vis-à-vis replace l'assiette devant lui et saisit un morceau de pain. Il fulmine intérieurement. Comment peut-elle user de force avec autant de désinvolture à l'égard de celui qui l'a adulée, traitée comme une reine, qui a failli ruiner sa carrière et sa réputation pour elle, et qui aurait consenti à briser son mariage si elle l'avait exigé ? Cette blessure d'orgueil lui troue la cage thoracique. Pourquoi affiche-t-elle une assurance aussi implacable ?

— Vous le saurez bien assez vite. Mais si j'ai

demandé à vous voir, c'est que, voyez-vous, le choix de ma robe me pose problème...

— Quoi ? Vous désirez que je vous conseille sur votre tenue ?

Jeanne secoue la tête de gauche à droite, faussement désolée qu'il ne comprenne pas plus rapidement. Elle savoure son éclatante victoire : comme un oiseau assommé après avoir percuté une vitre, il chancelle, étourdi, tandis qu'elle entend bien profiter de son avance. Loin de se rétracter, elle poursuit sur sa lancée.

— Le blanc signifie virginité, voyez-vous... et je me demande s'il existe une couleur approchante, en quelque sorte, qui reflète plus justement mon état. Avez-vous des idées ?

— Euh... que voulez-vous dire ?

— Vous qui connaissez tant de gens devez bien pouvoir me recommander un boutiquier qui pourrait me conseiller sur cet épineux sujet, non ?

Maurice saisit la serviette de table pour éponger les perles de sueur que l'angoisse a fait naître sur son front. Il redoute l'intelligence et le caractère obstiné de Jeanne. Le pauvre homme se sent nettement trop vieux pour supporter la pression menaçante qui lui broie la poitrine.

— Jeanne... vous ne m'avez sûrement pas fait déplacer pour discuter chiffons. Où voulez-vous en venir ? Dites-le, qu'on en finisse.

— Je désire que ma fille ne soit plus en nourrice...

Cette question, mille fois débattue, retournée dans tous les sens, avait été réglée définitivement, du moins le croyait-il. Les femmes n'ont-elles donc aucun sens logique ?

— Nous nous étions entendus, il me semble.

— Je suis allée à Lyon. J'ai trouvé où elle habite. Sincèrement, mon ami, c'est misérable et l'endroit ne ressemble pas du tout à ce que vous aviez décrit.

— J'avais votre accord ! Nous ne pouvons revenir sur nos décisions à tout moment.

— On la frappe. Si vous aviez entendu ses cris déchirants, vous reviendriez sur votre parole, vous aussi. Elle ne tiendra pas six mois. Il faut la sortir de là, immédiatement.

Le banquier ne sait plus à quel saint se vouer. Lui qui nourrissait l'espoir de renouer avec son amante se trouve désormais aux prises avec une furie contre laquelle il est incapable de se défendre tant elle use habilement de tous ses arguments. Plus il les réfute, plus elle s'affirme. S'il accepte de revenir sur ce qu'ils avaient convenu, il créera un précédent et ne s'en sortira plus ; pour un oui ou pour un non, elle aura de nouvelles exigences. Il croise les bras sur son ventre pour signifier son refus, croyant par son attitude freiner son opposante. Pour souligner sa détermination, il fait un seul non de la tête. Il ne peut aller plus loin dans une négociation avec une femme tout juste sortie de l'adolescence.

— J'ai pensé à une solution, une solution parfaite, pour vous et pour moi…

— Allons donc. Cela suffit. J'en ai déjà suffisamment entendu.

— Vous allez adopter Alice !

À ces mots, il avale de travers et s'étouffe assez

sérieusement. Tandis qu'il tousse et que les autres clients se tournent vers lui, il fait signe que tout va très bien, même s'il n'en est rien.

— Complètement folle ! Voilà ce que vous êtes ! Cette enfant doit rester clandestine ! Comment pouvez-vous…

— Attendez avant de vous emporter ! Laissez-moi vous expliquer ! Marianne…

— Marianne doit rester en dehors de cette histoire ! Allons, que croyez-vous ?

D'un calme et d'une retenue exemplaires, Jeanne plie et déplie la serviette de tissu posée sur la table. Elle n'écoute pas ce que Maurice grommelle, trop convaincue de la pertinence de son idée. Laissant s'écouler le temps et les protestations, elle porte son regard au plafond, observant le détail des moulures et la propreté impeccable des lieux.

Au moment où l'autre a enfin épuisé son lot d'objections et que son énervement est un peu retombé, d'une voix ferme, elle reprend le fil de son argumentation. Il faut bien admettre que les ententes ont été signées alors que Marianne était enceinte et qu'on croyait qu'elle aurait, comme la nature s'en assure habituellement, un enfant à cajoler et à voir grandir. La dernière fausse couche, tellement tardive et dramatique, a changé la donne. Dans les jours puis les semaines qui ont suivi le triste événement, il est devenu de plus en plus évident que la mère ne se remettrait pas facilement de cette nouvelle perte. Par ailleurs, le médecin a été formel : après autant d'essais infructueux et d'avortements inexplicables, il est fort probable qu'une anomalie soit à l'origine des échecs et qu'elle les provoque inévitablement. Cette nouvelle, comme le clou d'un cercueil, a achevé de sceller le malheur de Marianne. Elle apprenait ainsi qu'elle devait renoncer à son projet de vie, chéri depuis qu'elle était en âge de jouer à la maman, de promener ses poupées dans un landau, imitant avec le plus grand soin les gestes de la maternité...

— Si ma sœur ne peut procréer, elle pourrait à tout le moins élever l'enfant d'une autre ! Je suis certaine que cela la comblerait de joie.

— La joie d'apprendre que vous et moi... Bien évidemment, quelle brillante suggestion !

— Marianne n'a jamais su jusqu'ici ! En quoi ma proposition changerait-elle quoi que ce soit ? Il ne tient qu'à nous de garder le secret.

— Vous avez perdu l'esprit, ma parole.

— Pas du tout ! Cette solution est parfaite, à tous les points de vue ! Moi, je saurai mon enfant en sécurité et élevée par une femme que j'aime plus que tout au monde !

— Je me sentirais fort mal à l'aise de voir cette petite tous les jours... dans ma propre maison.

— Cette enfant est la vôtre, dois-je vous le rappeler ?

Dans le café bondé, ces mots l'ont ramené à son incontournable responsabilité dans l'existence d'Alice. Ils provoquent chez lui une envie de fuite, une fermeture. Maurice Achard pense qu'il pourrait quitter l'Europe, s'éloigner à jamais de ces deux femmes qui l'enserrent dans leurs griffes et refaire sa vie en Inde, où il a des amis qui possèdent des usines et qui ne demanderaient pas mieux que de l'engager. Recommencer, ailleurs... La loi serait avec lui, puisqu'il est interdit aux femmes de rechercher les responsables de leurs grossesses illégitimes. Elles sont les coupables de leur malheur et doivent composer seules avec les conséquences.

— Songez-y, Maurice. Et vous reconnaîtrez que cette solution est parfaite. Parfaite pour moi, pour vous, pour votre épouse.

— Lorsque vous nous rendrez visite, ça deviendra proprement impossible. Vous verrez votre fille, vous vous attacherez à elle et finirez un jour par tout révéler.

— Mon futur mari est suisse. Je le suivrai là-bas. Si vous acceptez ma proposition, je ne vous croiserai plus. Ni vous, ni Alice, ni ma sœur. Vous avez ma parole.

L'homme ploie légèrement au-dessus de la table, puis se relève bravement du coup qu'il vient de recevoir. Indirectement, elle vient de lui annoncer leur rupture définitive, et cela lui fait l'effet d'une flèche en plein cœur. Plus il souffre, plus il dissimule sa douleur. Il aurait envie de prendre cette femme dans ses bras, de la serrer tout contre lui, de baiser ses cheveux blonds magnifiquement tressés, d'ouvrir son chemisier de lin pressé, de toucher sa poitrine blanche et poudrée, d'y poser la tête pour y pleurer à gros sanglots. Dommage qu'un homme ne s'émeuve pas. Dommage qu'un riche ne trébuche pas. Dommage qu'un gentleman n'ait pas droit à la part faible des sentiments humains.

Il se redresse, inspire un coup, sec, bref, net. Il repousse sa tasse, lève les yeux, cherchant quelque part dans cette salle un appui, une raison de s'accrocher. Il trouve le courage de poser son attention sur Jeanne, celle qu'il aurait voulu pouvoir aimer à nouveau. Il remarque que toute sympathie ou tendresse à son égard l'ont quittée. En effet, comme un coup de masse supplémentaire, elle ajoute :

— Par ailleurs, si vous refusez ma proposition, j'irai voir ma sœur et lui avouerai tout au sujet de notre liaison.

— Votre sœur ne s'en remettrait pas.

— Ce serait en effet beaucoup mieux que vous lui annonciez que, sensible à son immense chagrin, vous avez songé à elle lorsqu'une vague connaissance vous a parlé de sa gouvernante, récemment décédée dans un accident, qui laissait derrière elle une orpheline d'un peu plus d'un an, adorable et en parfaite santé. Et que vous avez eu cette idée folle de retourner cette situation à l'avantage de tous, en toute discrétion.

Lorsque l'on sait faire preuve de bonne intelligence, il existe parfois des moments où les plus grandes complications se dénouent simplement d'elles-mêmes. Et c'est à cette évidence que sont enfin parvenus les deux amants. Un ange passe. Rien ne brise cet instant suspendu. Autour d'eux, les gens s'agitent et semblent curieux de deviner ce que peuvent se dire une femme tout juste entrée dans l'âge adulte, splendide, sûre d'elle, et cet homme plus âgé, au corps empâté, dont l'allure aristocratique détonne par rapport à l'état de faiblesse dans lequel il se trouve. Certains pourraient même éprouver un peu de pitié pour lui.

— Je connais ma sœur : pour devenir mère, elle

acceptera de fermer les yeux sur la provenance du bébé.

Ce qui agace le plus Maurice dans ces propos, c'est qu'ils sont justes et qu'il lui faut admettre que sa maîtresse a raison. Dans un geste machinal, il porte la main à sa joue et s'accorde un temps de réflexion : en récupérant Alice, en la mettant dans les bras de Marianne, il retrouverait celle qu'il ne reconnaît plus et lui donnerait une nouvelle raison de vivre. Et puis, il n'ose pas trop se l'avouer, mais il se dit que, en gardant Alice auprès de lui, il attirera peut-être Jeanne, qui finira par céder au désir de revoir sa fille. Et, qui sait, leur rendant visite de temps à autre, elle pourrait un jour le reprendre dans son lit... Les femmes sont changeantes.

— Vous ne répondez pas.

— Votre idée m'a choqué tout à l'heure. Mais plus je l'envisage, et plus elle me semble intéressante, sous certains aspects.

Emballée, Jeanne ne résiste pas à la pulsion de se lever, de s'approcher et de l'embrasser. Maurice se sent pris en faute.

— Calmez-vous !

— Vous êtes un homme tellement clairvoyant ! Je savais que vous finiriez par vous ranger à la raison. Quand enverrez-vous chercher Alice ?

— Je dois parler à Marianne auparavant, car tout dépend d'elle, bien entendu.

— Bien entendu.

Il ne touche pas au plat commandé, incapable d'avaler quoi que ce soit. En un contraste frappant, Jeanne, soulagée et légère, mange de bon appétit. Elle a repris ses airs mondains et entame une conversation normale qu'une femme de son rang aurait avec son beau-frère, de passage à Paris pour affaires... Elle raconte ses occupations, les spectacles auxquels elle a assisté, les tenues des uns et des autres. L'huître s'est refermée. Tandis que Maurice a perdu tous ses espoirs.

7

Lorsque Maurice Achard rentre à Londres après une semaine de négociations et de rencontres éprouvantes, la ville l'attriste déjà, assombrie par une bruine fine, incessante. Pour se remonter le moral, il décide de traverser à pied Kensington Gardens, il hume le parfum des roses, enivré par la finesse du travail ornemental. Au bout d'une allée à la beauté quasi céleste et aux effluves saisissants, l'Albert Memorial lui apparaît, représentation de la puissance industrielle et commerciale britannique, modèle de ce que lui-même défend, jour après jour, avec l'acharnement d'un bon soldat. Dans un recueillement presque religieux, il prie pour suivre l'exemple, se montrer fort et fier, comme Albert devant lui, tenant dans sa main le catalogue de l'exposition universelle de 1851, où s'étaient si bien démarqués les Britanniques. *Ah ! ce cher homme ! Comme il fut aimé ! Peut-être est-ce là que réside le secret de sa force intérieure...* l'affection et la tendresse lui manquent. Et c'est un peu à reculons qu'il reprend sa route pour traverser le parc et se rendre jusque chez lui.

À peine a-t-il enlevé son manteau, salué le maître d'hôtel, pris des nouvelles de la maisonnée et des affaires courantes que son épouse le rejoint. Elle a retrouvé un peu de ses couleurs, ce qu'il lui fait remarquer tandis qu'elle l'entraîne dans le couloir qui mène au salon, à l'avant de la maison. Elle court presque devant lui, piaillant comme une gamine. Une fois parvenue à l'entrée de la pièce, elle insiste pour qu'il se cache les yeux de la main et s'avance encore un peu, à tâtons. Quand elle lui permet de regarder, il aperçoit un téléphone, trônant sur un socle de bois.

— Il nous a été installé il y a deux jours ! Dites-moi ce que vous en pensez !

Son mari, amusé par son enthousiasme, hoche la tête tout en manipulant l'objet. Il pose les doigts sur le pied de l'appareil ; sa forme originale, en bois d'ébène ouvragé, auquel se greffent des tubulures de fonte et d'acier l'étonne ; il examine les cordes qui ressemblent à des queues de rat sortant d'un peu partout, le tout surmonté de façon spectaculaire de cette espèce de haut-parleur en cornet, accroché à sa branche... l'appareil, assez différent de ceux qu'il a vus à Paris, lui fait un effet d'étrangeté dans son propre salon. Curieux et un peu désemparé, il décroche le porte-voix miniature. Son épouse s'esclaffe en le voyant aussi gauche. Un peu gêné, il lui lance un regard pour lui signifier de ne pas en rajouter. Il porte le cornet à la hauteur de sa bouche, comme s'il allait parler. Elle l'interrompt, pose sa main délicatement sur la sienne.

— J'avais hâte que vous rentriez. Je ne me suis pas conduite correctement avec vous ces derniers mois.

— Vous avez traversé des moments difficiles.

— Et ils seront bientôt derrière nous. Si vous

acquiescez à ma demande, bien sûr, puisque sans votre accord je renoncerai à mon projet sans hésiter.

Enchanté de la retrouver ainsi, parlant d'avenir avec un plaisir non dissimulé, il se sent du coup lui-même ragaillardi.

— Allez, ma mie, exposez vite cette idée qui semble tant vous réjouir !

— Il me faut d'abord vous raconter ce qui m'arrive. Depuis quelque temps, je fais un rêve, toujours le même, nuit après nuit… Mon songe débute avec les pleurs d'un nouveau-né. Dans l'obscurité complète, j'agrippe ma robe de chambre et sors de la pièce pour rejoindre ce petit être en détresse. Dans des couloirs qui me sont inconnus, j'avance à tâtons, butant ici et là sur les objets placés en travers de mon chemin. Le bébé pleure toujours. Je persiste et franchis la distance qui me sépare de l'enfant. Lorsque je parviens à elle, car elle est de sexe féminin, j'en suis absolument certaine, la petite, âgée de quelques jours à peine, se met à converser, telle une adulte. Et nous discutons ainsi de son parcours, de mes épreuves, des difficultés qui parsèment la vie. Je me sens infiniment heureuse de la tenir ainsi, contre mon sein. Un temps passe, de pur bonheur. Puis tandis que la petite esquisse un sourire de contentement, de bébé repu et gonflé de lait, elle me murmure qu'elle aimerait tant avoir une maman…

Soufflé par la chute de son récit, Maurice s'agite nerveusement dans son fauteuil, cherchant à dissimuler son malaise, ce qui est difficile, car Marianne l'observe intensément, attentive à la moindre de ses réactions.

— Je n'ignore pas qu'il me faille renoncer à mon rêve d'avoir un jour un enfant bien à moi. Je vous rassure tout de suite sur ce point. Cependant, en y réfléchissant, je crois qu'il n'y a pas qu'une seule façon d'assouvir son instinct maternel. Des orphelins, il y en a tant ! Les rues de Londres en regorgent ! Tous ne demandent qu'un peu de soins et d'attention !

Marianne évoque l'épouse d'un de ses collègues d'affaires, une certaine Lucy Woodworth, richissime et d'excellente réputation, aux manières et à la beauté remarquables. Elle s'enflamme en expliquant que cette dernière, croisée quelques mois plus tôt au Royal Albert Hall à la sortie d'un concert, lui a révélé être membre de la Société biblique de Londres et œuvrer à l'orphelinat de son organisation. Apparemment, lui a-t-elle appris, plein d'enfants perdus y entrent, tous plus déguenillés les uns que les autres, affamés, couverts de poux et complètement livrés à eux-mêmes. Tandis qu'avec force détails elle décrit la misère d'êtres humains, victimes innocentes d'injustices sociales inqualifiables, l'homme devant elle opine distraitement de la tête pour l'encourager à poursuivre. Il ne peut s'empêcher de trouver la vie bien faite et pleine de hasards qui tombent à point.

— Bref, mon ami, si vous me donniez votre aval, je crois que j'aimerais beaucoup travailler à cet orphelinat. Quelques jours par mois, rien qui ne nuise à mes activités. Il me semble que cajoler des petits, même s'ils ne sont pas les miens, pourrait m'aider à combler partiellement le vide et le chagrin en moi.

Comme il hésite et paraît surpris, elle s'empresse d'aller au-devant des protestations.

— Je vous demande votre permission, comme de raison, et si vous avez une objection quelconque...

— Pas du tout, ma chérie.

À ces quelques mots, un énorme soulagement se dessine sur le visage de la jeune femme. Combien de fois a-t-elle tourné et retourné en pensée sa requête, l'a-t-elle formulée et reformulée mentalement pour éviter de choquer, de provoquer et de sembler prendre une trop grande initiative ? Elle se sent immensément libérée. Dans un soupir de satisfaction, elle essuie une larme sur sa joue.

— Mon ami, quelle joie vous me faites !

— Une seule interrogation me vient toutefois : j'avais aussi, de mon côté, un projet à vous soumettre et je ne sais si les deux seront envisageables dans l'organisation de votre temps...

L'épouse, désarçonnée, perd sa belle assurance. Comment parviendra-t-elle à lui refuser quoi que ce soit ? Et si elle accepte, cela risque de la forcer à restreindre son implication de l'autre côté.

— Cela m'amuse fort, toutefois, car le sujet dont j'ai à vous parler s'apparente beaucoup à ce que vous venez d'aborder...

— Vous m'intriguez. Et cette lueur dans le coin de votre œil... dites vite !

Profitant de son écoute absolue, il se lance dans une histoire fort compliquée, dans laquelle il s'embrouille lui-même parfois, mais qui a l'avantage d'agacer son interlocutrice, trop pressée de savoir la suite. Elle se frotte les mains l'une contre l'autre, comme démêlant l'écheveau du récit. Pour s'assurer qu'elle comprend bien, elle sent le besoin de résumer la situation :

— Et donc, cette petite illégitime, quoique bien née, a perdu père et mère…

Il acquiesce.

— J'ai pensé que, si cela pouvait vous rendre votre joie de vivre, et si vous en exprimiez le désir, nous pourrions accueillir cette enfant chez nous et la traiter comme étant la nôtre.

Marianne, émue, éclate en sanglots. Pendant quelques instants, elle laisse paraître son allégresse. Maurice, heureux de son effet, affiche l'air débonnaire de celui qu'il n'est pas nécessaire de remercier tant la grandeur de sa magnanimité est éclatante.

Tandis qu'un couple de bourgeois se réjouit à Londres, un autre, à Lyon, se trouve plongé dans le désarroi. Enrico Pratto est rentré à la maison, ce jour-là, avec un pouce en moins ; un pouce resté coincé dans le mécanisme d'une machine industrielle. S'il souffre le martyre, c'est aussi en grande partie à cause de l'inquiétude que cette blessure engendre. Le sang s'écoule encore dans le bandage chaud, et déjà Pia et son homme tentent d'imaginer quel tour prendra leur vie avec cette triste donne, car il est désormais impossible pour lui de retourner à l'usine. Humilié par son handicap, brûlant d'une fièvre de mauvais augure, Enrico ne trouve plus de mots pour pester contre la dureté de la vie, l'injustice du monde, la souffrance des immigrants comme lui, honnêtes, travailleurs, fiers, mais qui finissent broyés, malgré leurs efforts et leur désir de s'en sortir.

Allongée sur la paillasse, le corps chaud d'Alice lové contre son ventre, sa menotte glissée entre ses seins, Pia prie la Madone de lui offrir une ultime chance, et qu'une porte s'ouvre devant elle. Lui serait-il possible d'augmenter la cadence sur son métier ? Pourrait-elle se joindre aux lavandières et ajouter cette tâche à ses journées ? Elle va jusqu'à se demander si elle ne vendrait pas son corps… Elle jongle avec des plans audacieux, farfelus, mais réalisables, au rythme saccadé des respirations de celui qui partage sa vie. Plus la nuit avance, et plus le souffle s'accélère. Gagnée par l'inquiétude, Pia se lève, prenant soin d'éviter les gestes brusques qui réveilleraient l'enfant assoupie, va chercher le godet d'eau pour donner à boire à son compagnon. Quand elle le rejoint, qu'elle glisse la main sous son cou, elle laisse échapper un petit cri de surprise tellement il est brûlant. Vite, elle lui relève légèrement le torse, porte à sa bouche le gobelet de bois. Mou comme une poupée de chiffon, il n'affiche aucune réaction. *Il semble déjà mort !* ne peut-elle s'empêcher de penser… l'ébauche de son avenir se dessine en traits rapides, puis s'efface, repoussée par l'esprit, gardien de l'équilibre.

Enrico Pratto n'a pas passé la nuit, quittant le navire en pleine traversée, laissant dans son sillage une veuve encore amoureuse et une flopée d'enfants à nourrir.

Comme un événement noir en attire un autre,

quelques jours plus tard, Pia reçoit la visite d'un majordome venu de Londres pour lui prendre la seule attache qu'il lui reste. La petite Alice, quinze mois bien sonnés, pétillante et gazouillante tant que sa mère adoptive se maintient dans son champ de vision, ne soupçonne pas une seconde qu'à nouveau son destin va basculer, qu'elle va retourner dans le gouffre dont elle émerge à peine.

— Je vous prierai de préparer ses affaires.
— Vous l'emmenez tout de suite ? Maintenant ? Comme ça ?

L'homme adresse son air le plus chaleureux, rempli de pitié et d'empathie à cette pauvresse en pleine tourmente. Il regrette la peine causée, mais il n'est pas fâché de sortir une gamine de cette maison poisseuse, au milieu de cette ribambelle de miséreux qu'une femme seule, en détresse et sans ressources ne parvient manifestement pas à tenir. Mais plus que les cris ou les supplications, la résignation douloureuse de la nourrice fait mal à voir, à un point tel que le domestique presse les adieux et les épanchements. Il a hâte d'en finir et de retourner à des tâches moins pénibles.

Alice, fort occupée avec un ustensile de fer-blanc qu'elle a décidé de remplir de terre et de boue, stoppe de temps à autre ses activités pour vérifier que sa *mamma*, dans la cuisine, n'a pas trop bougé. Rien à craindre, elle se trouve là, les coudes appuyés sur la table, faisant non, non, non de la tête. Alice adore le mot « non » et sourit d'aise devant sa casserole presque pleine. Elle n'a rien vu venir de la tornade qui va suivre, n'y comprendra rien non plus. Pia arrive en coup de vent près d'elle, interrompt son jeu sans un mot, ne prenant pas le temps de la féliciter pour son excellent travail, la bousculant plutôt, armée d'un linge mouillé qu'elle passe en cercles brusques sur son visage. *Que se passe-t-il ? Pourquoi es-tu triste, mamma ? Tu laisses un homme me saisir, me maintenir de force contre lui ?*

— *Mamma ! Mamma ! Mamma !*

Quiconque aurait entendu ces cris déchirants, même s'ils étaient émis par un bébé, aurait décodé l'intensité de la douleur, de la détresse, de l'angoisse qu'ils traduisaient. Mais personne ne passait par là, et les pleurs se sont envolés dans l'immensité du ciel bleu, sans nuages, et dur comme le froid qu'il y avait ce jour-là.

Heureusement pour Robert Pierce, le majordome qui ne savait plus à quel saint se vouer, la crise hystérique, une fois la ville traversée, s'est rapidement transformée en une léthargie beaucoup plus facile à gérer. L'enfant, épuisée par ses accès de panique, a dormi d'un sommeil de plomb jusqu'à Paris, bougeant à peine.

À Paris, une autre domestique prendra le relais auprès de la petite... se dit le majordome. Ce qui explique sa hâte d'arriver et de franchir les kilomètres qui le libéreront de sa trop lourde obligation. À Paris, la fillette sera lavée, coiffée, habillée.

Elle entreprendra ensuite la dernière partie de son périple avant de rencontrer ses parents adoptifs.

Alice, bichonnée, lavée, astiquée, pomponnée, s'emmure dans une insensibilité protectrice. Elle ne se souvient pas de la route vers Paris, ni de la traversée vers Londres. Elle n'entend pas ni ne répond quand on l'appelle. Elle ne joue plus, ne mange plus, ne bouge plus. Elle respire et elle dort, se laissant ballotter dans les bras de l'une, de l'autre dans la plus totale indifférence.

— Quel visage parfait ! s'est exclamée Marianne avec fierté dès qu'elle a aperçu l'enfant.

Elle a accepté d'accueillir celle-ci, à l'essai, pour quelques semaines d'abord. La nouvelle et troisième mère ne met pas longtemps à déchanter. Elle qui ne rêvait que de cajoler un enfant souriant se trouve aux prises avec un être de chiffon qui repousse ses caresses, refuse de se laisser dorloter, et semble isolé dans son monde.

— Vous n'avez aucune obligation, ma mie. Si elle est attardée, nous pouvons très bien nous en défaire. Nous trouverons facilement un autre poupon...

— Elle ne me fait pas la vie facile, je vous le concède. À tel point que, par moments, je me demande si j'ai vraiment ce qu'il faut pour être mère.

— Allons, qu'allez-vous penser là !...

— Mais je vois quelque chose en elle, d'enfoui au plus profond, auquel je veux accéder. Je le prends comme un défi.

— Si cela vous amuse...

Les débuts de l'apprivoisement n'ont au contraire absolument rien de divertissant, et il faut à Marianne une patience divine pour franchir ce premier cap. Des mois de persévérance, à avancer d'un pas puis reculer de deux, pour progresser sur ce chemin aride. Plus elle s'acharne et s'entête, plus elle fournit d'efforts, plus elle se prend d'affection pour cet être en apparence si rébarbatif.

Au fil du temps, Alice finit par se laisser conquérir.
— Elle a demandé à tenir ma main !

Voilà comment cette première victoire est annoncée.

Enfin, Marianne a une fille, sa fille... Alice, la merveilleuse, encore une fois, a trouvé le courage de s'attacher.

8

Dans la chambre de Marianne Achard, un lit à baldaquin en miniature a été installé, réplique exacte du sien, dans lequel repose, après une autre nuit tumultueuse et remplie de cauchemars, Alice, quatre ans, enfin assoupie. Bougeant un membre après l'autre pour s'extirper de sa couche sans bruit, et prenant grand soin de ne pas faire craquer le plancher, Marianne se lève. Elle prend sa robe de chambre, l'enfile, se dirige à pas de souris vers la porte et agrippe la poignée quand un couinement lui laisse entendre qu'elle a échoué : Alice, assise toute droite, s'est réveillée et, les yeux écarquillés, regarde dans sa direction, comme pour lui demander comment elle a pu lui causer une telle frousse. Déjà, la petite a sauté, a enfilé une robe de chambre et l'a rejointe à la sortie de la chambre.

— Allons, ma coquine, tu dormais si paisiblement… Ne veux-tu pas rester un peu ?

Pour toute réponse, la fillette glisse sa menotte dans la sienne. Marianne sait qu'elle n'obtiendra pas un mot, pas une parole. Elle s'y est habituée. Prenant sa fille par la taille, elle la soulève et la serre contre sa poitrine, une jambe de chaque côté de son torse, puis l'entraîne à l'extérieur. Bientôt, l'enfant sera trop grande, trop lourde, et elle ne pourra plus la porter ainsi, comme un bébé. Et ça l'attriste d'y songer, car les années qu'elle a connues depuis l'arrivée de cette petite dans sa vie ont été de loin les plus merveilleuses, les plus épanouissantes. En cette année 1894, elle voudrait retenir le temps, l'empêcher de filer si vite.

Après un petit déjeuner composé d'un œuf à la coque et de tranches de pain coupées en lamelles égales que l'on plonge dans le jaune tout chaud, la mère et la fille procèdent à leur toilette, s'habillent, puis s'installent au piano. Dans un rituel quasi maniaque, Marianne se plante d'abord devant l'instrument, tandis qu'Alice se colle tout contre sa mère, à sa droite. Puis, au signal, l'une se dirige vers le clavier et tire le banc d'ébène tandis que l'autre se faufile sous les pattes de l'instrument, et s'appuie le dos contre le bois pour mieux ressentir la musique. Les doigts, intimidés au début, se posent délicatement sur les touches, les apprivoisent, puis s'agitent et prennent vie. Les gammes, inévitables et exigeantes, se font entendre dans le salon de répétition, comme une cavalcade heureuse et impossible à arrêter. La pianiste prend de l'assurance, pendant que l'enfant glisse un pouce dans sa bouche et pose son oreille le long d'un des pieds imposants de l'instrument. Une bonne heure s'écoule ainsi, suspendue, ininterrompue. Puis, une fois le plus difficile passé, l'artiste emballée s'attaque à l'interprétation.

Pour débuter, elle se délie l'âme avec une berceuse de Brahms et la dédie à son inconditionnelle admiratrice blottie à ses pieds. Ensuite, selon le plaisir du moment, elle se laisse aller. Clara

Schumann, cette pianiste et compositrice allemande, l'inspire. Elle connaît toutes ses œuvres par cœur et les joue avec bonheur. La matinée entière peut passer ainsi sans que l'enfant bouge, gémisse, ni manifeste le moindre besoin, la moindre envie. Quand le piano se tait, souvent, la mère trouve l'enfant endormie sur le plancher, serrant contre son ventre la poupée de chiffon dont elle ne se sépare jamais.

— Bonjour, mademoiselle. C'est terminé pour moi.

Alice s'éveille et, encore somnolente, se dirige à quatre pattes vers sa mère.

— Mais ce matin, jeune fille, ce sera un peu différent. Allez, viens… c'est ton tour, maintenant.

Avec la plus grande douceur possible, elle l'assoit puis l'invite à suivre son exemple et à caresser amoureusement les touches du piano. Alice ne se fait pas prier et imite sans peine le frôlement délicat du doigt sur l'ivoire blanc. Au passage, quelques notes se font entendre, ce qui enchante la jeune interprète. Gênée d'avoir éprouvé un tel plaisir, la fillette jette un regard à sa mère avec l'air de demander s'il lui est permis de continuer. Cette dernière acquiesce, ravie.

Alice, dans une gestuelle mal contrôlée, enfonce son index minuscule sur la touche, obtient un *do* clair et net, puis un *mi* et un *sol*. La joie intense qu'elle ressent la pousse à poursuivre, à taper sur une autre touche, puis une autre encore, et une nouvelle dans une envolée un peu assourdissante, mais combien enivrante. Elle vibre de tout son être, emportée par son immense enthousiasme. Les portes de sa prison s'ouvrent toutes grandes, et elle court droit devant, dans la lumière. Plus elle tape, moins elle veut s'arrêter.

— Qu'est-ce que c'est que ça ! Allez-vous mettre fin à ce supplice ? s'écrie Maurice.

— Chut…, lui répond Marianne, fière comme un paon. La petite joue…

Maurice Achard, un peu décontenancé par le sourire extatique de son épouse, reste un instant sur le pas de la porte.

— J'essaie de travailler.

— Installez-vous au jardin, mon ami, nous irons vous y rejoindre d'ici quelques minutes.

Il tourne les talons, abasourdi par l'amour excessif que sa conjointe porte à cette enfant, tellement difficile et fermée. Il se raisonne en se disant que sa compagne a tout de même retrouvé sa joie de vivre et que cela vaut bien de supporter quelques caprices. Sa vie est en effet plus heureuse qu'elle ne l'a jamais été, Marianne se pliant de très bonne grâce à l'exercice régulier de son devoir conjugal, allant même parfois jusqu'à oser certaines initiatives que jamais elle n'aurait prises avant. La maternité a épanoui sa femme, il ne peut que l'admettre. S'il profite largement de ces bénéfices, il n'en éprouve pas moins certaines contrariétés, dont celle d'entendre beaucoup parler des finesses de la fillette, magnifiées par l'amour inconditionnel de sa maman.

— Je l'ai assise au piano et, comme par miracle, elle s'est mise à improviser, raconte celle-ci plus tard.

— Cela me semble un bien grand mot, pour ce que j'ai entendu.

— Elle était vraiment emballée et a en tiré beaucoup de joie. Elle ne voulait plus s'arrêter. Il a fallu que j'insiste pour qu'elle cesse de jouer…

— Heureusement, vous y êtes parvenue…

— Ne soyez pas sarcastique, je vous en supplie. C'est la première fois qu'Alice semble aimer quelque chose. Il faut l'encourager !

— Vous avez une patience d'ange. Vraiment. Parfois, je me demande même si vous n'en faites pas trop…

— Pas du tout. Ma fille a un talent au piano que j'entends bien soutenir.

— Faites comme vous le voulez. L'éducation n'est pas mon domaine.

— Je dois lui trouver un professeur.

— Elle n'a que quatre ans. Ça me semble un peu tôt, non ?

— Ma fille sera pianiste, j'en ai eu l'intuition très clairement aujourd'hui.

Les jours suivants, Marianne Achard se met donc à la recherche de quelqu'un qui aurait assez de patience et de dispositions pour transmettre son amour de la musique à une enfant aussi jeune et sauvage. Ce n'est pas une mince affaire. Il faut plusieurs essais. Souvent, dès les premiers échanges de regards, les dés sont jetés. Alice, hypersensible, ne se laisse pas approcher ; après un contact de quelques secondes seulement, on sait si ça ira ou pas. Sans égard à l'apparence, à la classe, ou au rang, l'enfant réagit à la présence de l'un ou de l'autre de façon intense, catégorique, absolue. Alice aime ou n'aime pas et, entre ces deux pôles, rien ne peut exister.

— Malheureusement, ça ne conviendra pas…

— Mais, madame, nous avons à peine commencé.

— Ma fille est un peu particulière, et je la connais bien. Il est inutile de s'entêter. Je vous remercie infiniment, vos références m'apparaissent excellentes, et vous avez donné une leçon qui témoigne de votre compétence, mais vos services ne seront pas retenus. Je suis désolée.

Certains jours, Marianne ne sait plus que faire devant l'obstination d'un petit être qui refuse la communication, l'ouverture aux autres, la normalité. Tous les enfants du monde recherchent la compagnie, alors qu'Alice préfère la solitude. Et, plus frustrant encore, la beauté remarquable et trompeuse de la jeunette, qui attire les gens vers elle, les incite à s'arrêter, à la saluer, à la questionner.

Pour éviter les étrangers, elle se réfugie littéralement dans les jupons de sa mère, effrayée par la seule idée de devoir articuler une réponse. Le Dr Michenet l'a un temps crue sourde, ce qui aurait pu expliquer son incapacité à parler normalement. Mais à la suite d'une batterie d'examens, tous plus sérieux les uns que les autres, il a dû conclure à sa méprise.

— Elle entend très bien et est en parfaite santé… Rien ne justifie une telle attitude. Et pour être franc, je n'ai jamais vu une enfant de bonne éducation aussi asociale.

— Merci, docteur. Son problème est passager, j'en suis convaincue. Je vous jure qu'un jour elle s'exprimera comme tous les autres. J'y veillerai, je m'y engage devant vous…

— Bon courage car, à mon avis, sa place est dans un institut spécialisé.

— Jamais !

— Si vous changez d'idée, je vous aiderai à trouver un endroit bien qui lui prodiguera les soins dont elle a besoin.

Entêtée, Marianne poursuit sa route accompagnée de sa fillette, partout et en tout temps. La seule personne, à part elle, envers laquelle Alice semble éprouver un certain attachement se nomme Clara Colbert. Cette amie sincère de Marianne a un peu remplacé Jeanne depuis que celle-ci a épousé un bijoutier suisse et qu'elle s'est installée là-bas, auprès de sa belle-famille. Comme sa sœur lui manque cruellement et qu'elle ne comprend pas les raisons de son éloignement, tant physique qu'affectif, Marianne s'est rapprochée de Clara, une musicienne accomplie, célibataire et féministe.

Pour sa part, Alice s'est laissé amadouer par Clara, ou Coco, comme on l'appelle dans la maisonnée, parce qu'elle lui parle avec respect. Un jour, Coco l'a prise sur ses genoux et lui a chanté des airs tristes dans une langue qui l'a bouleversée jusqu'au tréfonds de son âme…

— Vous avez remarqué sa réaction ? On jurerait qu'elle comprend l'italien !

— Avec mon Alice, tout est possible !

Comme un jeu, Clara s'est souvent adressée à Alice en italien par la suite et, sans le savoir, a entonné toutes les berceuses que sa nourrice, Pia

Pratto, avait chantées pour elle dans sa famille d'accueil.

Alice a trouvé en Clara une alliée, qui la comprend, qui la touche. Et pour faire plaisir à Coco, pour lui rendre la monnaie de sa pièce, elle veut bien s'asseoir sur le banc d'un piano sans griffer, cracher ou fuir. Elle accepte même que cette femme qui n'est pas sa mère dispose ses doigts sur les notes, corrige la position de ses minuscules mains, pour que commence un long apprentissage, celui de la musique.

Claudio Calvino, toujours à Lille, connaît le dur apprentissage que l'enfant s'apprête à faire puisqu'il s'est engagé sur la même route, trois années plus tôt, quittant maison, famille, amis, travail. Il s'est lancé dans un monde totalement différent du sien. Apprendre le solfège quand on sait à peine lire et qu'on n'a pas l'habitude du travail intellectuel relève de l'exploit. Pour s'intégrer dans ce milieu hostile et férocement compétitif parmi autant de gens cultivés, raffinés, il faut accepter de s'enfoncer dans une jungle et tracer son chemin à grands coups de machette. Le jeune homme a dû faire preuve de beaucoup de courage pour s'accrocher, persévérer et rester. Au moment de son arrivée, à quinze ans tout juste, il n'avait pas encore appris les vertus inestimables de la patience. Sans le calme, la rigueur, le sens de l'humour et la constance paternelle de Victor Barrier, son protecteur, l'élève Calvino n'aurait pas tenu le coup et aurait tout abandonné au bout de quelques semaines, brisé par un trop grand dépaysement.

— Vous devez me faire confiance, jeune homme. Serrez les poings et apprenez.

Tel un athlète, Claudio a suivi les conseils de son mentor, s'est exercé, jour après jour, travaillant par étapes et progressant à très petits pas, dans un noir opaque. Mémoriser les sept figures de notes, les silences, les croches et doubles croches, les triolets, les liaisons, les mesures et tant d'autres concepts dont il ne soupçonnait même pas l'existence, c'est encore facile. Quand il faut ensuite s'initier à un langage, apprendre à le lire pour le comprendre, s'exercer tant et tant que les notes sur une portée deviennent familières, intelligibles, et leur expression signifiante, on gravit une marche de plus. Il reste encore à déchiffrer, apprivoiser des œuvres, décortiquer des rôles, travailler la compréhension, l'interprétation. En parallèle, l'apprenti s'habitue à côtoyer des musiciens chevronnés. Ces collègues, tous plus doués les uns que les autres, sélectionnés pour leur grand talent, développé depuis l'enfance, n'attendent qu'un faux pas pour prendre la place de leurs rivaux. Parmi eux, Calvino se sent comme un imposteur, hanté par l'impression de sa complète ignorance. Le Rital avance sans repères. Dans sa traversée du désert, il n'a que Victor Barrier, celui qui l'a accueilli chez lui, à quelques pas du Conservatoire. Ce mentor lui a enseigné, souvent jusque tard dans la nuit, les rudiments de son art. Cet homme d'une grande érudition ne vit que pour la musique. Il l'a pris sous son aile et lui a donné une seconde chance. L'éminent professeur n'a pas mis beaucoup de temps à reconnaître la richesse et la puissance de la voix du manœuvre italien, dérouté par son déracinement, mais aussi pressé de fouler une scène et surtout de gagner sa vie. Orgueilleux, l'Italien n'aimait pas qu'on lui fasse la charité.

— Je ne peux habiter chez vous, comme ça, sans payer ma chambre.

— Vous me réglerez plus tard, quand vous le pourrez. Ça viendra, croyez-moi.

— Je me sens redevable. Il faut que je travaille.

— Soit, je vais trouver une solution.

Pour lui permettre de gagner un petit revenu sans pour autant interrompre ou ralentir son perfectionnement, bien amorcé mais entamé tardivement, le maître lui a proposé de petits rôles dans les divers opéras montés au Conservatoire et présentés à un public de connaisseurs. Ces prestations, même mineures, avaient suffi à confirmer le jeune homme dans ses espoirs fous et à lui redonner courage les jours où il n'y croyait plus. La scène procurait en effet à Claudio une euphorie qu'il n'avait connue nulle part ailleurs. Que les apparitions soient courtes et négligeables lui importait peu : il découvrait une réalité tangible à laquelle s'accrocher. Et puis, grâce à ces petites rentrées d'argent, il avait l'impression de sauver son honneur et de s'assurer une certaine indépendance. Ainsi, le jeune homme a continué à chanter, apprenant par cœur souvent des partitions qu'il n'arrivait pas encore à lire.

— Il ne faut pousser ni votre voix ni votre formation.

— Par moments, je me demande si j'y parviendrai un jour, tellement je me sens dépassé.

— Vous y êtes déjà, jeune homme. Redressez-vous et regardez en avant. Vous ne le regretterez pas, car vous êtes prédestiné à faire une carrière de chanteur. Je me trompe rarement.

Confiant, l'élève suit son maître avec ardeur, soutenu par sa fierté et son orgueil. Dès l'aube, car il dort très mal et ne peut fermer l'œil que quelques heures par nuit, Claudio Calvino reprend ses manuels, ses exercices et son métronome. Sans voir le temps passer, il s'acharne comme si sa vie en dépendait. Les jours s'alignent pour devenir des semaines, des mois puis des années. De petit rôle en petit rôle, il prend de l'assurance.

Lorsqu'il apprend que le Conservatoire présentera *Nabucco*, cet opéra de Verdi qui évoque l'épisode biblique de l'esclavage des Juifs à Babylone, Claudio y voit un signe du destin. Il veut auditionner. En plus de porter sur un thème cher au jeune homme, celui de la misère des peuples réduits à l'esclavage et à la soumission, l'œuvre gravite autour d'un rôle principal qui offre un potentiel parfait pour un baryton en quête de reconnaissance. Bien que Nabucco soit l'oppresseur, le chanteur désire néanmoins lui donner vie pour le dénoncer. Fort de son idée, Claudio annonce à maître Barrier qu'il compte s'inscrire au concours. Celui-ci est loin d'approuver son initiative.

— Vous êtes beaucoup trop jeune. Vous n'avez pas encore la prestance et la maturité. Ce n'est pas pour vous. Vous devez me laisser juger des concours qui sont à votre portée.

— Permettez-moi au moins d'essayer ! Je vous en prie.

— En audition, on n'essaie pas, mon ami. On y va comme à la guerre : pour gagner. Réfléchissez à ce que vos actes peuvent avoir comme répercussions sur votre carrière et organisez-vous pour ne pas vous briser les jambes en début de course.

— Depuis mes débuts, je vous ai obéi les yeux fermés, j'ai suivi toutes vos consignes, quelles qu'elles soient, j'ai étudié avec ferveur, jusqu'à l'épuisement certains soirs, je me suis plié à tout. Je devine que si vous me demandez de ne pas auditionner trop vite, c'est pour m'éviter un échec cuisant et par trop décourageant. Je comprends tout cela. Mais de votre côté, vous devez accepter que, pour continuer, j'ai besoin de me surpasser, de sauter à l'eau, de risquer le tout pour le tout. Et cette fois-ci, maître, sachez que je ne vous obéirai pas.

— Comment pouvez-vous…

Devant son implacable détermination, le professeur finit par céder. Une légère froideur éloigne les deux hommes et force Claudio à s'engager seul sur une voie abrupte, périlleuse. Une seule issue est possible, celle de la victoire. Pour atteindre son but, il se plonge totalement dans cette œuvre puissante et revendicatrice. Il devient Nabucco, répétant la partition avec acharnement, repassant les difficultés, accentuant les intonations, se mettant dans la peau de l'oppresseur, se demandant sans cesse comment il réagirait à telle ou telle situation.

Plus il habite et joue le héros de cet opéra, plus il se sent appartenir à celui-ci, plus l'histoire devient sienne. Les divers personnages prennent vie en lui. Un univers fantasmagorique l'emporte peu à peu sur la vie réelle, l'envoûtant et teintant la réalité. Stimulé par le défi qu'il s'est imposé, Claudio ne pense plus qu'à conquérir les juges, à rendre l'œuvre avec assurance, et ce, malgré son âge et son inexpérience. La reconnaissance, à ce stade de son parcours, est devenue une absolue nécessité. Pour pouvoir passer à une autre étape, il faut coûte que coûte qu'il obtienne des appuis, sinon la voix risque de s'éteindre, le cœur de se dessécher, le corps de s'épuiser et l'âme de se décourager du travail solitaire trop ardu. Voilà ce que pense le garçon. *À un moment donné, les efforts doivent payer, et ce temps est venu pour moi.*

— Si je n'obtiens pas un signe d'encouragement, je cesserai tout. Mon père s'est blessé récemment et ma famille aurait bien besoin de mon aide. Je ne peux pas poursuivre ainsi, à vivoter dans de petits rôles qui ne me donnent aucune satisfaction.

— Nombre s'en contenteraient, Claudio.

— Grand bien leur fasse. Mon projet à moi est net. Je veux tout. Ou alors rien.

— Il y a encore trois ans à peine, vous ne saviez pas ce qu'était un arpège. L'avez-vous oublié ? Vous avez fait des pas de géant, vous avez du cœur au ventre, vous voyez grand, et vous désirez plus que tout vous libérer de votre condition, soit. Mais à trop pousser votre audace, vous finirez par tout perdre.

— En dépit de l'estime infinie que j'ai pour vous, je vous prouverai à quel point vous avez tort.

Têtu comme une mule, l'Italien, comme tout le

monde l'appelle, décide de rentrer quelques jours auprès des siens. Il cherche à reprendre courage, espérant trouver dans sa famille des encouragements à suivre son instinct.

Il y a bien longtemps que Claudio n'est pas retourné à la maison familiale. Renouant avec les paysages de son enfance, il marche jusque dans son quartier pauvre et sale. Il a un choc en reconnaissant à peine le plus jeune de ses frères, assis dans l'embrasure d'une porte voisine de la leur, les cheveux hirsutes et dégoûtants de crasse, avec, au milieu d'un visage émacié, le regard dur de ceux qui n'ont plus d'espoir.

— Ho ! Giuseppe !

— Je n'ai rien fait ! Qu'est-ce que tu me veux ? répond l'enfant, les poings serrés, prêt à se battre ou à détaler. Ne me touche pas !

— Tu ne me reconnais pas ?

— Laisse-moi tranquille ! hurle le garçon en s'enfuyant.

Déjà, d'autres gavroches l'imitent. Tout aussi déguenillés, chaussés de souliers défaits et usés jusqu'à la corde, ils disparaissent dans les ruelles étroites et sombres, empreintes d'odeurs nauséabondes d'urine et d'excréments. Des chiens, maigres et méfiants eux aussi, jappent avec force pour éloigner l'intrus et protéger leur territoire.

Le jeune visiteur, saisi par le spectacle de la misère, dont il a perdu l'habitude, se demande s'il ne va pas rebrousser chemin. Il ne sait plus ce qu'il espérait trouver exactement en revenant ici. Déçu, Claudio hésite juste le temps qu'il faut pour qu'un homme, chancelant et dégageant une forte odeur d'alcool, du whisky probablement, se plante derrière son dos.

— Si ça n'est pas celui qui se prend pour un oiseau ! Le chanteur de la famille !

À son intonation, le fils se doute bien que la soirée ne se déroulera pas comme il le prévoyait. Pietro, son père, soûl, affiche l'agressivité du bagarreur en quête d'une cible ; il rentre dans la maison, enragé. Surpris par la virulence de l'accueil, Claudio le suit à l'intérieur, où il se fait aussitôt bousculer et pousser par l'ivrogne. Forcé de reculer, il manque de tomber quand l'arrière de son talon heurte le pas de la porte. Pour éviter la chute, Claudio tourne sur lui-même, mains devant lui, et se retrouve, abasourdi, au beau milieu de la pièce principale. Dans l'une des chambres, même s'il a rapidement détourné la tête pour ne pas voir, il a aperçu sa mère, allongée, en sueur, les yeux entrouverts, peinant à respirer. Appuyé sur une poutre, il se redresse et tente de reprendre une contenance tandis que Pietro traverse la pièce et va s'asseoir à la table, ignorant totalement sa présence et ne lui attribuant pas plus de considération qu'à un pur inconnu. Le vieil homme, accoudé à la table, a posé la tête sur ses mains et a fermé les yeux. En quelques secondes, il tombe dans un sommeil profond, émettant des ronflements réguliers et gutturaux. Claudio replace le col de sa chemise, comme pour gagner du temps. Un râle lui parvient, celui que laisse échapper la femme qui l'a mis au monde. L'âme de la famille, la *madre*, a perdu son regard vif et lumineux, cette flamme qui maintenait en chacun l'espoir et la foi en des jours meilleurs. La maisonnée joyeuse et pimpante d'autrefois n'existe plus. Et il est clair que les enfants ont appris, par la force des choses, à se débrouiller seuls, comme en témoignent les restes de repas pourrissant sur la table, les assiettes maculées empilées sur le comptoir, les tasses brisées, la nappe souillée. La saleté et la puanteur, tout ce que cette femme haïssait et méprisait, ce contre quoi elle s'est battue comme une lionne, a envahi la place. Le visiteur, mal à l'aise de voir celle qu'il admirait tant dans un état aussi pitoyable, s'approche sans bruit. Dans un seau, tout près de la main d'Anita, un linge flotte dans une eau poisseuse et odorante. Il saisit le morceau de tissu, le tord et le pose sur le front de la malade, qui gémit faiblement et ouvre un œil, surprise sans doute par la douceur du geste.

— Claudio !

— Je passais par là. Je suis venu voir comment vont les choses.

— Il ne faut pas. Tu dois t'en retourner. C'est imprudent de venir ici. Les gens meurent les uns après les autres.

Épuisée d'avoir trop parlé, elle retombe lourdement sur le matelas de paille défoncé et perd connaissance, laissant Claudio plus désemparé que jamais. Comme brûlé vif de l'intérieur, il sent monter dans sa gorge une envie de hurler. Tout ce chemin parcouru depuis le fin fond de l'Italie, toutes ces souffrances accumulées, ces privations, ces humiliations, tout ça pour mourir plus écrasée encore, reniée, oubliée, ternie. Caressant du regard cette belle femme qui a bercé ses jours et ses nuits, il essaie de ne pas penser à la mort qui rôde, aux enfants qui rentreront bientôt pour ne trouver qu'un corps inhabité. Pour elle, il refuse de pleurer, de se plaindre.

— Va chanter, Claudio, murmure-t-elle, à demi consciente. Pour moi…

— *Madre*.

— Tu le dois. Pars tout de suite. Je vais rejoindre ton frère, et nous t'écouterons de là-haut.

Ses doigts, comme des pinces, s'agrippent aux siens et lui transmettent tout l'amour qu'il lui reste. Puis, dans un relâchement tendre, elle l'incite à la quitter.

Quand Claudio franchit le pas de la porte en sens inverse, personne ne fait attention à lui. Les voisins baissent le regard devant sa prestance, si inhabituelle dans le quartier, tandis qu'il parcourt les rues dans le soir tombant. Les fils qui l'attachaient à son passé sont coupés. Il n'appartient plus à son enfance. Plus un visage ne le retient. Il se tourne vers son avenir : la musique.

Et c'est en hommage à Anita, sa douce mère, qu'il se présente à l'audition pour chanter *Nabucco*. Gonflé d'émotion et de révolte, c'est un torrent qu'il répand sur la scène. Il entonne d'une voix grave et solide, parfaitement adaptée au rôle, l'appel à la soumission, avec le mépris dont les puissants sont capables. Incarnant l'oppression avec toute la justesse possible, le jeune chanteur subjugue les auditeurs par l'intensité de son interprétation. Rares sont ceux qui atteignent une telle authenticité. Lorsqu'il parvient aux dernières notes de l'extrait, un silence de plomb envahit la pièce. Craignant de rompre le charme, on se tait. Le jeune homme, épuisé, quitte la scène sous l'approbation discrète de maître Barrier, qui hoche la tête vers la droite en signe de contentement. Il murmure à ses collègues du jury qu'il leur avait bien dit que ce Calvino avait du talent.

Deux jours après cette mémorable prestation, Victor Barrier annonce à son élève qu'il a gagné un premier prix en interprétation et qu'il a été choisi pour le rôle convoité. En apprenant la nouvelle par son professeur, plus que la satisfaction d'avoir montré qu'il a eu raison de s'entêter, le chanteur ressent un immense chagrin ; jamais sa mère ne saura ce qu'il vient d'accomplir pour elle.

9

Les liens entre les êtres ne constituent pas que des entraves. Ils peuvent aussi devenir de puissants moteurs. Tout comme Claudio, la petite Alice, désormais âgée de six ans, a avancé par amour pour sa mère, a consenti à sortir de sa coquille pour enfin parler et s'exprimer à peu près normalement. Bien sûr, le piano a été un exutoire, un mode privilégié d'expression, une ouverture sur le monde favorisée par Clara Colbert, la magnifique.

— Cette gamine n'a aucun complexe à l'égard de l'instrument. C'est la première fois de ma vie que je vois un enfant aussi peu intimidé.

— Elle deviendra pianiste…

— Ça dépendra d'elle, du travail qu'elle y consacrera. Mais elle a des dispositions.

— Si Alice est heureuse aujourd'hui, c'est en très grande partie grâce à vous. Pour vous remercier, j'aimerais que vous soyez nommée sa tutrice légale, afin de la savoir en de bonnes mains si jamais, Dieu nous en préserve, il m'arrivait malheur… Qu'en dites-vous ?

Flattée de l'honneur que lui fait son amie, la flamboyante musicienne décline néanmoins l'offre :

— En général, je n'aime pas les enfants. Et puis,

je ne m'attache jamais. C'est trop contraignant pour moi. Je tiens à ma liberté plus que tout.

— Mais, avec Alice…

— Alice est une exception, un accident de parcours. C'est la pianiste en elle qui m'a intéressée. Nous avons toujours été franches, l'une avec l'autre, ma noble amie. Je ferais piètre figure, et vous regretteriez de m'avoir donné votre confiance.

Déçue, Marianne Achard respecte le refus de sa grande complice, pour éviter qu'un froid entre elles vienne assombrir l'heureuse nouvelle qu'elle s'apprête à annoncer. Elle se tournerait vers Élise Martin, sa mère, qui, bien que manifestant peu d'intérêt envers sa petite-fille, accepterait sûrement d'assumer la responsabilité. Cela la rassurerait, songe-t-elle, de savoir sa fille protégée.

Sentant un fœtus prendre du volume dans ses entrailles au fil des semaines et des mois, Marianne a eu l'idée de prétexter cet événement inespéré pour renouer le contact avec sa sœur cadette, désormais établie à Bâle. Après avoir épousé à la sauvette un horloger talentueux, un artisan de grande renommée, Jeanne s'est installée avec lui en Suisse et, sans que sa sœur aînée sache pourquoi, n'a plus donné de nouvelles à quiconque de la famille Martin. Elle n'a pas même écrit à son père, duquel elle a pourtant toujours été proche, et n'a pas fait une seule visite à sa mère. Mme Martin est une femme acariâtre et aigrie en général, mais elle a tout de même, de temps en temps, quelques élans de gentillesse. À elle, celle qu'elle qualifie de sœur adorée, de seconde mère, elle n'a envoyé que de rares fois des lettres banales. Elle y parle du temps qu'il fait, tellement varié en Suisse, avec ses hivers rigoureux et neigeux, ses étés chauds et orageux, mais reste secrète sur ses états d'âme. Jeanne ne révèle rien qui puisse, de près ou de loin, fournir une piste d'explication à son étrange volte-face.

Marianne entreprend donc d'écrire à sa cadette, lui rapportant comme toujours les détails de la vie de celle qui occupe le plus clair de son temps : Alice. Elle décrit l'enfant, son visage toujours souriant, ses yeux d'un bleu profond, la finesse de ses traits, puis elle s'attarde sur l'intelligence si particulière de la fillette, sur sa façon de manifester précisément et sans hésitation ce qui lui convient ou pas. Enfin, elle vante ses talents remarquables au piano et souligne le fait qu'elle a su jouer avant de savoir parler, ce qui est en soi assez unique. Bref, en des mots vibrants, le cœur d'une mère comblée s'ouvre et se livre sans réserve. Elle aborde ensuite le sujet de cette nouvelle grossesse, qu'elle n'attendait plus. Elle confie son enthousiasme renouvelé et l'espoir que cette tentative, enfin, soit couronnée de succès. Pour terminer son message de retrouvailles en beauté, elle rappelle la complicité quasi symbiotique qui les a unies dans l'enfance, alors que leur mère, perpétuellement alitée, se trouvait incapable de remplir ses obligations maternelles. Elle insiste sur cette entente parfaite entre elles, qui partageaient secrets et inquiétudes. Elle termine en déplorant encore et toujours leur séparation si abrupte. Est-il possible qu'elle en soit la cause, qu'elle ait fait quelque chose qui a pu la blesser ? Si tel est le cas, elle s'en excuse et implore sa sœur de lui accorder son pardon. Elle voudrait qu'elles puissent se revoir à Bâle, ou à Londres, pour une réconciliation officielle qui la comblerait de joie. Comme pour sceller ce pacte d'amour, Marianne conclut avec une requête : elle propose à Jeanne le rôle de marraine pour l'enfant qu'elle porte, et qui devrait naître dans quelques mois. Une réponse positive de sa part lui procurerait un bonheur total.

À peine a-t-elle mis sa lettre à la poste que la dame, tenant sa fille par la main, est prise d'une douleur foudroyante. Elle sent ses entrailles se déchirer d'un coup. La vision très nette d'une mare de sang apparaît dans son esprit, lui rappelant l'impossibilité pour elle d'échapper à la tragédie dès qu'il est question de mettre un enfant au monde. Terrifiée par cette prémonition, Marianne rentre chez elle et s'empresse de gagner son lit.

— Allons, ma mie, ça n'est qu'une fausse alerte. La douleur est passée, maintenant…, lui murmure doucement Maurice.

— S'il fallait qu'il m'arrive quelque chose, Alice ne s'en remettrait pas.

Agacé en général lorsqu'il est question d'Alice, vaguement jaloux de la place qu'occupe la petite dans la vie de son épouse, Maurice tente du mieux qu'il le peut de changer de sujet. Avec sa femme, il a établi une bonne entente agréable qu'il ne veut altérer pour rien au monde. Grâce à cette belle harmonie, une fois par semaine, à la même heure, il la rejoint dans sa chambre, effectue avec joie son devoir conjugal, puis retourne à ses affaires, son bureau, ses occupations masculines.

Dans la vie courante, Marianne et lui ont des échanges cordiaux et s'accordent sur bon nombre de sujets, dont celui des affaires, où elle s'y connaît. En vieillissant, Maurice s'estime chanceux de son sort et évite systématiquement tout sujet de discorde. Il a même cessé d'entretenir ces relations interdites qui ne lui causaient que des soucis pour de moins en moins de plaisir. Il est devenu sage, pense-t-il souvent. Il a même oublié Jeanne, cette tigresse qui le rendait fou et qui l'avait envoûté, abusant du pouvoir énorme qu'elle avait pris sur lui. Il a entendu dire qu'elle vivait heureuse et qu'elle était devenue mère à son tour. Sans la présence d'Alice pour lui rappeler son incartade, il mènerait une vie rangée, de félicité parfaite, et en viendrait à oublier complètement son passé.

Comme Maurice n'est pas un homme foncièrement méchant, il préfère fuir les situations difficiles, celles où il risquerait de se montrer trop ouvertement odieux envers la fillette. Celle-ci le regarde parfois avec des airs de reproche, du moins a-t-il ce sentiment. Il trouve alors un prétexte pour s'esquiver, camoufle son malaise, joue bien son jeu et s'en satisfait. Il a trouvé son équilibre, que la nouvelle grossesse de sa compagne menace toutefois. Les idées morbides de Marianne l'exaspèrent, car il ne croit pas aux pressentiments. Si l'on pouvait prédire l'avenir, plus d'un homme serait devenu riche en usant de ce don. Les intuitions ne sont que balivernes qu'il rejette du revers de la main. Le pauvre homme se sent d'autant plus irrité qu'il a l'impression de n'attirer que le malheur là où il donne la vie, et il déteste cette forme d'échec. Maurice Achard aime gagner, remporter des victoires, profiter de son prestige et de sa richesse, et ne veut rien entendre de ces histoires qui se terminent mal.

Pour tromper son malaise, il décide d'organiser un voyage d'affaires qui l'éloignera de Londres pendant plusieurs semaines. Devant l'état d'esprit pessimiste de sa compagne, il ne voit rien d'autre qu'il puisse faire de bon.

— Tout un mois !

Marianne n'en croit pas ses oreilles. Son mari l'abandonne à ses angoisses, la laisse affronter seule ses démons. Soutenant son ventre rebondi, elle déambule de long en large dans la pièce, en pestant intérieurement contre Maurice. Elle surmonte sa frustration avec difficulté, mais s'efforce au fil des jours de retrouver un meilleur moral.

Un matin, alors que sa fille fait ses gammes, sous le regard attentif de Clara Colbert, celle-ci se montre ravie des progrès récents de son élève.

— Cette enfant ne cesse de m'étonner. Elle travaille comme une adulte.

— J'ai été très tourmentée cette semaine, et quand je ne m'occupe pas d'elle, c'est au piano qu'elle se réfugie. Elle a dû répéter deux ou trois heures par jour.

— Eh bien, pour la récompenser, j'aimerais l'emmener au zoo. Si vous êtes d'accord, bien sûr... Il y a là-bas un lion venu d'Éthiopie qu'il faut voir, paraît-il.

Marianne ne peut réprimer un sourire attendri devant son amie, tellement réticente à la seule évocation de la maternité, et qui pourtant se donne corps et âme pour faire plaisir à sa tumultueuse pupille.

— Quelle bonne idée ! Je vous accompagne !

— On va au zoo ! Au zoo ! Au zoo ! scande l'enfant, enchantée, les yeux brillant de mille étoiles qui valent toutes les richesses du monde.

La sortie s'annonce fort bien. En voiture, le trajet n'a rien d'éreintant, puisque, en longeant le St. James's Park, on rejoint sans peine la cité de Westminster pour arriver à l'entrée du site, au nord de Regent's Park. Vaste îlot de paix au milieu de la ville, peuplé d'animaux tous plus étranges les uns que les autres, traversé et humidifié par le Regent's Canal, le site est synonyme de dépaysement, d'exotisme, de découverte. Les trois exploratrices s'y aventurent avec ravissement. Les oiseaux tropicaux aux cris étranges et aux parures insolites fascinent, et ils sont nombreux, les curieux, à s'agglutiner à la volière pour les observer. Un ara au coloris remarquable et de grande taille, agrippé aux barreaux de sa cage s'adresse à la foule. En bon comédien, l'oiseau laisse croire qu'il peut soutenir une conversation. Alice, attirée par l'oisellerie, écoute avec attention les cris et tente de les reproduire, sifflant, chantant, appelant les volatiles, restant un long moment sans se lasser.

— Je veux rester ici ! Pour les écouter chanter !

— Mais il y a encore les tigres, les girafes, les lions !

— Non ! J'aime mieux les oiseaux !

Difficile d'imaginer qu'une enfant de six ans puisse choisir de rester immobile pendant une heure, sans rien faire d'autre qu'écouter, tandis que la foule circule autour d'elle, la frôlant et la bousculant dans un flot bruyant et continu.

— Chérie... Il y a le lion qui t'appelle, ne te souviens-tu pas ? Il crie : « Aliiice, Aliiice ! » Et il espère que tu viendras le saluer parce qu'il s'ennuie...

Touchée, la fillette se détourne enfin des oiseaux pour suivre sa mère.

— Autant elle me semble souvent lointaine et indifférente aux enfants de son âge, autant, dès qu'il s'agit d'animaux, elle a de l'empathie. C'est étrange comme phénomène, remarque Clara, songeuse.

— Je la comprends : les humains sont tellement décevants, alors que les bêtes, lorsqu'elles vous accordent leur confiance, font preuve d'une fidélité inconditionnelle.

— Même les lions, vous croyez ? ajoute Clara, non sans une pointe d'ironie.

Celui qui va et vient dans un territoire de toute évidence trop étroit pour lui a fini par creuser de profonds sillons le long des barreaux de son enclos, qui ressemble à la cellule d'un condamné. La bête, d'une taille supérieure à la moyenne de ses congénères, pèse près de trois cents kilos et impose le respect. Du regard, il fixe les uns et les autres, semblant leur demander ce qu'ils font là. De temps en temps, il rugit pour rappeler les distances réglementaires qui doivent exister entre l'Homme et lui. Les femmes, impressionnées, ne se doutent pas du spectacle auquel elles vont assister. En effet, c'est l'heure de nourrir le roi de la jungle. Les gardiens s'agitent et vantent aux gens de la foule la scène exceptionnelle qui va se jouer devant eux.

— Regardez, maman ! Un chien !

— Ce n'est pas un chien, ma coquine, mais un félin, qui ressemble à un énorme chat, en fait...

— Votre fille a raison, Marianne. Voyez, dans le coin, derrière l'autre...

Puis, sans que rien ni personne y ait préparé les badauds, un dogue encore jeune, amaigri, a émergé d'une porte coulissante en fer forgé et surgi dans la cellule clôturée. La bête, confiante au départ, s'avance de quelques pas, comme si elle cherchait à savoir ce qu'elle doit faire. À peine a-t-elle le temps de comprendre ce qui lui arrive que le monstre à crinière dorée s'est précipité sur elle pour la mordre à mort. Ravie du sacrifice, la foule acclame le vainqueur de ce combat par trop inégal.

Horrifiée par la dureté du spectacle, Clara reste un instant immobile, tandis que les babines du carnivore se couvrent de sang. Alice pleure à chaudes larmes, alors que Marianne, affaiblie, affiche une blancheur extrême et cherche du regard un banc où s'asseoir. En vain.

— Je dois sortir d'ici. Il faut me conduire à l'hôpital...

Devant la panique de la mère et de la fille, l'amie s'efforce de retrouver son sang-froid. Elle prend l'enfant par la taille, la coince sur sa hanche et interpelle un gardien qui passe.

— Aidez-moi ! Faites venir une ambulance, je vous prie. Cette femme est enceinte ! À l'aide ! À l'aide ! Elle perd son sang !

Les flâneurs mettent quelques secondes à

mesurer la gravité de la situation. Ils entrevoient une bourgeoise, vêtue avec élégance, accroupie par terre dans la poussière, tenant son ventre à deux mains, comme pour l'empêcher de se vider. Du sang se répand autour. Après un certain temps, un médecin, au milieu du groupe, accourt et demande à la foule de s'éloigner de la malade. Il ouvre le haut de la tenue de celle-ci, tandis qu'un autre bon samaritain prend sur lui de dégager un passage permettant aux brancardiers de parvenir au pas de course jusqu'à la personne manifestement en détresse.

Clara surmonte son affolement, concentre ses pensées sur Alice, blottie dans ses bras. Elle maintient sa petite tête blonde tout contre son épaule pour lui cacher les manœuvres médicales pratiquées sur le corps de sa maman. Elle croit se diriger vers la sortie, mais n'en est pas certaine, et marche d'un pas rapide. Une fois l'enfant en sécurité, elle s'occupera de la mère, du moins le croit-elle.

10

Clara Colbert mettra plusieurs mois à se pardonner l'erreur commise au zoo de Londres et à assimiler que ce jour-là a été le dernier de celle qu'elle avait toujours considérée comme une sœur. Elle traînera longtemps le remords d'avoir quitté les lieux alors que sa protégée aurait tellement eu besoin de sa présence réconfortante. *J'aurais dû l'accompagner dans l'ambulance ! Je n'avais pas le droit de l'abandonner, de la laisser mourir seule.* Elle gardera au fond d'elle l'image de son amie allongée sur le sol, blanche comme un drap, la voyant emporter sa fille, et qui, des yeux, lui lançait un appel désespéré : *Jurez-moi que vous prendrez soin d'elle, je vous en supplie, je vous en conjure...* Elle aurait voulu lui répondre, la rassurer avant qu'elle ne parte, lui promettre que jamais elle n'abandonnerait la petite.

Ce n'est pas avec des regrets, hélas ! que l'on rétablit les choses. Comment Clara peut-elle excuser l'inconscience dont elle a fait preuve, lorsque son amie lui a demandé d'assumer le rôle de tutrice légale auprès d'Alice ? Si elle avait alors acquiescé à la requête de Marianne, celle-ci aurait veillé à ce qu'un acte notarié confirme l'engagement, de sorte que Clara soit officiellement responsable de sa fille. Si elle avait réfléchi au lieu de jouer à défendre ses grands idéaux, elle aurait désormais les pleins pouvoirs assortis au devoir de protéger l'enfant, en plus de disposer des moyens financiers pour le faire. Si elle avait accepté sa proposition, toute sa vie aurait été différente. Sans doute serait-elle heureuse aujourd'hui, plutôt qu'habitée par la culpabilité et soumise au bon vouloir d'un homme anéanti par un deuil brutal, et totalement inconscient de la vulnérabilité de sa propre enfant.

Maurice Achard, en effet, ne comprend toujours pas ce qui s'est passé. Il avait fait promettre à son épouse de ne pas quitter la maison. Il avait même engagé le meilleur médecin de la ville, celui que tous lui avaient recommandé. Il avait payé le prix fort pour que celui-ci accepte de se mettre à leur entière disposition, logeant à quelques rues de leur demeure et prêt à accourir au moindre signe alarmant. Croyant contrôler parfaitement la situation, il avait bouclé ses valises avec la satisfaction du devoir accompli. Il était parti l'esprit en paix, sûr de lui, convaincu qu'il laissait sa femme en sécurité. Il avait obtenu de son épouse l'assurance qu'elle ne sortirait pas de tout le mois qu'il serait parti. C'était imposant comme limitation, mais elle avait promis. Il s'était fait conduire à la gare de Londres, s'était embarqué en première classe comme toujours, avait commandé à boire et à manger. Il avait eu la coupe de champagne un peu lourde et, légèrement ivre, il avait avalé une bavette à la moutarde. Il s'était ensuite endormi dans son siège confortable.

Et puis, après quelques jours de travail à Paris, difficile mais fructueux, voilà qu'un majordome attaché à son hôtel accourt en pleine salle à manger pour l'aviser d'un appel téléphonique urgent. Apprendre de la bouche d'un médecin que sa femme a perdu la vie à la suite d'hémorragies causées par un accouchement prématuré, c'est déjà bouleversant. Se faire dire ensuite que l'enfant, très faible, se trouve néanmoins entre la vie et la mort et que, s'il réussit à s'en sortir, il risque de garder de sérieuses séquelles, c'est encore plus choquant. Sur le coup, il n'a rien éprouvé. Seulement une sorte d'engourdissement général, une impression que les autres se trouvaient loin, dans un nuage cotonneux. Il a vaguement remercié le médecin, s'est excusé auprès de ses hôtes et est monté à sa chambre.

Une fois seul, il a dérogé à sa ligne de conduite sacrée – ne jamais boire d'alcool fort sans compagnie – et s'est versé un bon whisky. Tandis qu'il espérait les effets de la boisson, le visage angélique de Marianne lui revenait, ses paroles à la veille de son départ, son ventre rond qu'elle savait si bien dissimuler à sa vue, la promesse solennelle qu'elle lui avait faite… Comment avait-elle pu rompre leur pacte ? Pourquoi ? Le zoo de Londres n'a pas si grand intérêt ! Il a serré les poings. Trahi ! Elle l'avait trahi ! Sans cesse, il retournait ces mots dans sa tête, incapable de voir les choses autrement. Il ne décolérait pas. *Je vais lui faire savoir, moi, ce que je pense du zoo de Londres !* Il imaginait la scène qu'il ferait dès son retour, n'hésitant pas à avoir recours aux pires menaces. Très loin au fond de lui, il savait bien que la scène n'aurait pas lieu, que plus jamais il ne pourrait s'adresser à celle qu'il avait appris à aimer. Il persistait néanmoins à rester dans ses chimères qui le protégeaient et le calmaient. Ce jour-là, il a bu beaucoup trop sans parvenir à l'ivresse.

Il ne s'est pas pressé de rentrer dans la capitale anglaise. Il a pris le temps de régler ses affaires les plus importantes, celles pour lesquelles il aurait fallu revenir rapidement de toute façon. *Au fond, je gagne du temps...* Il se donnait ainsi le loisir de reprendre le contrôle sur sa vie, d'y voir plus clair.

Finalement, c'est calme et contenu qu'il est monté dans le train qui le mènerait à Calais, d'où il s'embarquerait vers l'Angleterre. Il s'est ressaisi. Pas question qu'il modifie ses habitudes. Il a besoin, plus que jamais, de ces gestes rassurants qui maintiennent ses émotions en place. Il se fait donc apporter un déjeuner, lit son journal de la première à la dernière page, s'attarde aux pages économiques et vérifie l'état de son stock en Bourse. Il replie le papier, se croise les bras, et admire la beauté du paysage. Tandis qu'il traverse le nord de la France, il se distrait en observant au loin tantôt une ferme et ses habitants affairés, tantôt un cours d'eau sinuant parmi les collines, tantôt les abords d'une ville plus peuplée. Certains paysages lui rappellent les œuvres d'Émile Bernard, ce peintre qu'il a découvert tout récemment et dont il a acheté quelques toiles. Il se demande la valeur que ses acquisitions pourraient prendre et repasse mentalement les achats qu'il a faits au cours de l'année. En collectionneur avisé, Achard sait repérer les jeunes qui débutent. Il a l'œil, comme on dit. Sa collection impressionne et l'emplit de fierté. Il ne dépasse jamais le montant qu'il se fixe au préalable. Et comme il s'y connaît en négociations, les peintres n'ont qu'à bien se tenir. Marianne aurait aimé la toile qu'il rapporte... Il peine à admettre que, s'il devance son retour à Londres, c'est pour enterrer celle avec qui il a partagé les quinze dernières années de sa vie, et avec laquelle il était enfin parvenu à une existence heureuse.

Que fera-t-il de l'enfant si jamais celui-ci survit ? Et d'Alice, cette fillette qui l'agace au plus haut point ? Il l'ignore totalement. Il va devoir embaucher une gouvernante, peut-être plusieurs, pour jouer le rôle d'une mère auprès d'eux. Il se sent mal à l'aise. Maurice n'aime pas la souffrance, il ne sait trop que faire de cet état qui rend les êtres si fragiles. Il préférerait que ça n'existe pas. Mais il ne peut s'empêcher de penser à ce que sa fille devra traverser, encore une fois. Et cela l'incommode.

Effectivement, quand il rentre chez lui, c'est pour trouver une fillette en plein désarroi. De plus, Clara Colbert, cette femme détestable qui avait une si mauvaise influence sur Marianne, habite désormais la maison à temps plein, installée dans la chambre d'amis, voisine de celle de la petite, depuis le tragique décès. L'homme, coincé, exècre cette sensation : d'une part, il ne peut que remercier celle qui a pris soin de son enfant, jour et nuit, avec beaucoup de tendresse et de grandeur d'âme, d'autre part, comme il ne peut supporter les féministes, il juge inconcevable que la situation perdure.

— Eh bien, comme le dit le proverbe : mieux vaut tard que jamais ! s'exclame Clara, non sans ironie, à l'arrivée du veuf.

— Je n'ai de comptes à rendre à personne. À vous pas plus qu'à quiconque. Mes affaires exigent des sacrifices que mon épouse était la première à comprendre.

— Ma principale préoccupation reste votre fille qui, à six ans, ne me semble pas en mesure d'évaluer les raisons de votre absence au moment où elle a le plus besoin qu'on l'entoure et qu'on la console.

— Je sais très bien quels sont mes devoirs. Et comme je suis de retour, je me chargerai de prendre les décisions qui s'imposent. En conséquence, je vous remercie infiniment de votre bienveillance envers Alice, mais je vous saurai gré de quitter la chambre que vous occupez actuellement pour retourner vivre chez vous.

— Entendu. Je bouclerai mes valises dès cet après-midi.

— Pour ce qui est de la poursuite des leçons de piano, j'y réfléchirai, car je ne suis pas tout à fait certain qu'elles soient nécessaires désormais.

Figée, Clara voudrait lui cracher au visage, lui avouer combien elle le méprise. Mais elle évite cette erreur qui l'éloignerait de sa pupille à tout jamais. Elle entend honorer la mémoire de sa grande amie, dont elle protégera la fille coûte que coûte. Elle se tait et quitte la pièce sans un regard pour l'autre, qui s'affaire à redevenir le maître de la maisonnée. De fait, il doit organiser l'événement le plus dur qui soit, celui de la mise en terre de son épouse décédée.

La famille Martin, détentrice d'un caveau au cimetière Saint-Vincent, s'avère intraitable : l'enterrement doit avoir lieu à cet endroit, dans le

XVIIIe arrondissement, dans le quartier Montmartre, tout à côté de l'église Saint-Pierre, et pas ailleurs. Jean-Jacques Martin se montre inflexible, ce qui irrite sérieusement son gendre. Aucun des deux hommes ne souhaite briser la belle harmonie qui les a unis jusque-là, et chacun multiplie les politesses, en espérant que la différence de vue se résorbera comme par magie. Déjà passablement affectés par la disparition subite de leur fille, les Martin exigent de tous une compassion et une souplesse exceptionnelles vu les circonstances. Le problème, c'est que le mari endeuillé préférerait que sa femme soit portée en terre dans un cimetière londonien, ce qui serait bien sûr beaucoup plus pratique pour lui. Après certains tiraillements, Maurice finit par céder, cachant à peine sa frustration. Il obtient en échange que l'événement, prévu pour le 19 juillet, soit plus grandiose et ouvert à la communauté d'affaires parisienne. *Autant faire d'une pierre deux coups*, pense l'homme occupé à dresser la liste des personnes qui assisteront à l'enterrement. Maurice Achard doit par ailleurs régler les formalités entourant le transport du cadavre de sa femme de Londres jusqu'à Paris, ce à quoi il se consacre de bonne grâce.

Au cours de ce même été, Claudio se prépare avec une certaine fébrilité à quitter celui qui lui a tout appris.

— Vous me donnerez des nouvelles ?

— Bien sûr. Et je reviendrai à mon prochain congé.

— Au Conservatoire de Paris, vous ne penserez plus à être en congé. C'est un grand privilège que d'avoir été invité à étudier dans cet établissement.

— Je ne suis pas sans le savoir. Je vous ferai honneur, c'est promis.

Le vieil homme, peu porté sur les manifestations émotives, serre Claudio dans ses longs bras, puis lui tapote les joues.

— Vous allez me manquer. Mais vous êtes ma plus grande fierté. Je vous envie, sachez-le.

— Je ne vous remercierai jamais assez, maître Barrier. Je vous dois tout.

C'est le cœur lourd de reconnaissance pour ce professeur qui, le premier, a su croire en lui qu'il quitte Lille pour la capitale. Il est encore surpris d'avoir été admis sans problème au Conservatoire de Paris, l'un des plus prestigieux de toute l'Europe, qui a su implanter une tradition orchestrale des plus rigoureuses. Lui, le Rital, a parcouru un chemin qu'il a du mal à mesurer. Et, malgré tout, il se sent toujours comme un imposteur.

En ce dimanche 19 juillet 1896, à la porte Maillot, la foule s'est massée pour assister au premier marathon de Paris. Claudio Calvino fait partie des spectateurs, trop heureux de profiter de l'événement. Le temps nuageux est idéal pour la course à pied d'autant plus qu'une fine brise s'est levée et pourra rafraîchir les participants. Les coureurs piaffent d'impatience, attendant le signal du départ. Claudio s'émeut de voir ces athlètes prêts à tout donner pour se surpasser. Il admire cet effort désespéré, cette compétition avec soi-même, cette chance égale donnée à tous, dans une même arène…

Pendant que certains courent, à quelques kilomètres de là, d'autres se recueillent autour d'un cercueil que l'on descend en terre. Comme un hommage à celle qui a partagé sa vie, l'époux endeuillé a convié le Tout-Paris aux funérailles. Rares sont ceux qui ne sont pas venus. Maurice Achard accepte des uns et des autres les plus sincères condoléances, répétant machinalement les formules de circonstance jusqu'à ce qu'une voix douce et connue émerge du lot et le sorte de son engourdissement.

— Vous l'avez rendue heureuse. Elle me l'a écrit, peu avant de mourir.

— Jeanne… Quel bien cela me fait de vous retrouver !

— Mon mari m'accompagne. Ainsi que mes deux fils.

Du regard, elle lui signifie clairement la limite à ne pas franchir. La femme d'autrefois s'est volatilisée. Une autre, plus lointaine, plus raisonnable, plus sage, a pris sa place.

— Marianne m'avait demandé si j'accepterais d'accorder une attention particulière à Alice, au cas où elle ne s'avérerait pas en mesure de le faire.

— Quelle bonne idée !

— Cela nous obligerait à nous revoir, donc cet arrangement est absolument exclu.

— Comme vous voudrez.

— Cependant, sachez que je m'oppose à ce que la petite soit délogée de chez elle, placée dans un pensionnat ou dans quelque école coûteuse que je connais trop bien pour y avoir été tellement malheureuse.

— Il n'y a pourtant pas d'autre solution, ma chère. Je suis veuf, désormais. Et fréquemment en voyage.

— J'ai demandé moi-même à Clara Colbert d'agir en tant que tutrice auprès de la fillette. Dans sa lettre, Marianne m'avait confié à quel point Alice y était attachée.

— Clara Colbert est féministe…

— … et tutrice dorénavant, car elle vient tout juste d'accéder à ma demande. Ma mère, qui devait initialement jouer ce rôle, a accepté de le lui céder, étant donné sa santé fragile. Je lui confie ma fille et j'ose espérer que vous m'appuierez sans rechigner. Clara Colbert a toute ma confiance, sachez-le.

Maurice Achard, interloqué, s'agite et regarde à gauche et à droite. Les quelques secondes qui passent lui semblent des heures. Cette petite furie a toujours su lui imposer ses volontés et, en cela, sa nature profonde n'a pas changé d'un iota. Il se souvient d'elle, de ses avances insistantes, qu'elle renouvelait dès qu'une occasion lui était offerte. Combien de fois lui a-t-il répété qu'il n'était pas un homme libre, qu'il était marié, avec sa propre sœur de surcroît, ce qui rendait tout rapport entre eux impossible et inconvenant ? Mais les convenances, Jeanne n'en avait rien à faire, à cette époque, et elle avait persisté dans son entreprise de séduction. Puis, un soir, il l'avait finalement invitée dans sa garçonnière. Après un repas copieux et bien arrosé, ils s'étaient trouvés quelques heures seuls dans une pièce sobrement décorée, aux murs tapissés de scènes champêtres. À partir de ce soir-là, un rempart s'était effondré pour ne faire d'eux qu'un homme et une femme, avides et stupéfiés de découvrir la passion physique, que ni l'un ni l'autre n'avaient connue jusqu'alors. Il en était devenu malade, obsédé par elle : son corps, sa voix, sa fougue et, malgré tout l'attachement qu'il éprouvait pour son épouse légitime, il se sentait incapable de renoncer à ce pays essentiel, nouveau, et tellement revigorant.

Il avait voulu la revoir, tout autant qu'elle. L'illégitimité de leur union ajoutait à leur plaisir. Ils faisaient l'amour en des lieux étonnants, cachés, défendus, qui donnaient à leurs ébats une saveur encore plus intense. Ils avaient multiplié les rencontres, refusant d'admettre que leur amour ne pourrait connaître d'autre issue que malheureuse. Ce jour survint lorsque Jeanne apprit de la bouche d'un médecin, consulté dans la plus grande clandestinité, qu'elle était enceinte. Cette annonce venait mettre un frein à l'ivresse. Jeanne allait devoir tout avouer à son père. Cette conséquence tragique sonnait le glas de leur folle relation que, par ailleurs, ni l'un ni l'autre ne parviendraient à oublier.

— Entendu, je m'organiserai avec cette chipie, concéda Maurice, de mauvaise grâce.

— De mon côté, je demanderai à mon père de veiller à ce que tout soit fait conformément à notre accord.

— Je respecte toujours mes engagements.

— Je n'en doute pas une seconde, mon ami.

La gorge nouée par le chagrin, elle n'ajoute pas un mot. Elle refuse de pleurer devant lui cette sœur qu'elle a adorée et qui, en même temps, a constitué le plus grand obstacle à leur amour.

11

À huit ans, les fillettes savent jouer. En général, les plaisirs ludiques sont même ce à quoi elles préfèrent s'adonner, s'offrant sans remords ce luxe de l'existence. Mais le seul amusement qu'Alice Achard connaisse passe par le travail sur un clavier. Le décès de sa mère a ébranlé toutes ses certitudes. Désormais, elle ne trouve de sécurité que dans la musique ; dans sa pratique régulière, rassurante, dans l'effort répétitif et rythmé qui la protège de l'imprévisible. Carl Czerny, ce musicien réputé pour ses études pianistiques et pour ses grandes qualités de pédagogue, formateur du célèbre Franz Liszt, n'a plus de secrets pour elle. La jeune pianiste répète quotidiennement les pièces de l'éminent professeur devenu, du moins en rêve, presque un ami, un complice, un proche.

Tiré de l'*Étude mélodieuse*, un extrait des « 8 Morceaux de salon Opus 795 » se fait entendre dans la grande pièce centrale, où un magistral piano à queue Pleyel a été installé. Harmonieuse, la *Chanson sans paroles* séduit les domestiques. Ceux-ci consacrent pour l'occasion une minute de plus à épousseter le petit secrétaire jacobin, un style anglais particulièrement apprécié par monsieur le père de la jeune artiste. Interpellés par la beauté de la mélodie, les employés tendent l'oreille. Leur maître est arrivé d'Angleterre trois ans auparavant, à la suite de la disparition tragique de son épouse Marianne. Quelques mois plus tard, la grande faucheuse avait pris aussi le petit garçon, venu au monde dans ces tristes circonstances, chétif, incapable de téter et le cœur trop fragile pour se remettre du choc de la naissance. L'incapacité à accepter ces deuils successifs s'est traduite, chez Maurice Achard, par un état de colère continue. Il avait éprouvé le besoin impérieux de s'éloigner de cette maison anglaise, qu'il adorait. Il l'avait choisie près d'un magnifique parc de verdure et de fleurs, savamment entretenu, avec un souci maniaque. Sa demeure reflétait bien l'âme britannique, tellement plus lâche et généreuse qu'il n'y paraît au premier abord. Il s'y sentait chez lui.

L'homme a voulu fuir les fleurs, leur parfum, leur splendeur et surtout l'attendrissement qu'elles imposent. Il s'est installé en plein cœur de Paris, dans un immeuble en pierre de taille. Il préférait se rapprocher des gens occupés à faire fructifier leur richesse.

Au moment du déménagement, il a vu personnellement à ce que tous les effets ayant appartenu à son épouse soient distribués strictement à des amies ou des connaissances de haut rang. Avec grande minutie, il s'est assuré qu'aucune femme de classe inférieure ne souillerait les biens de la défunte, ce qui se produit souvent lorsqu'on délègue trop librement ces détails-là. Beaucoup de précautions qui, pour lui, s'apparentaient à des marques d'amour, et pour lesquelles il s'est donné un mal de chien, faisant en sorte que tout se passe avec élégance et sous son étroite supervision.

Même la proximité du Royal Albert Hall, qu'il avait assidûment fréquenté avec Marianne, fervente mélomane, en était venue à l'agacer lorsque le bruit des répétitions et des mises en place parvenait jusqu'à sa chambre. Les soirs de concert, le tumulte de la foule préparée à se gonfler l'âme de grands moments artistiques, puis les bravos et les rappels l'emplissaient d'une tristesse difficile à nommer, que le spectacle de tous ces gens ravis ne faisait qu'exacerber. Décidé à faire cesser son supplice, Achard avait mis sa somptueuse demeure anglaise en vente et s'en était défait en quelques jours à peine, l'abandonnant au rabais. Avec la même célérité, il avait acheté à Paris et organisé le déménagement. En moins de deux mois, tout était réglé, rangé, prêt à être déplacé. L'homme espérait un renouveau qui lui permettrait de retrouver l'équilibre et le contrôle de ses émotions négatives.

Alice, emportée par son exercice, laisse vagabonder son esprit tandis que ses doigts courent sur le clavier. Elle repense au déménagement, qu'elle a traversé comme un mauvais rêve. Du jour au lendemain, tout ce qui constituait sa vie a été enseveli, plongé dans le néant. Avec la disparition de sa mère, son quotidien s'était déjà transformé. Elle ne retrouvait plus rien de ces gestes qu'elle aimait : le baiser au réveil, les tresses du matin, le déjeuner d'œufs coulants, le choix en chanson des robes, les histoires, les sorties dans les parcs sous la pluie, et les dodos empreints de magie. Tout était désormais perdu, enterré. Plus difficile encore que de quitter maison et habitudes avait été d'apprendre à vivre en français, alors qu'elle avait jusque-là surtout utilisé l'anglais. D'autant que, en s'installant en France, tout le personnel de la maison avait changé. Les gouvernantes qui avaient pris soin d'elle depuis son arrivée dans la capitale anglaise ne l'avaient pas suivie dans la métropole française. Seule Clara Colbert, son inconditionnelle alliée, avait bouclé ses valises pour l'accompagner à Paris.

À peine arrivée, Alice avait détesté le bruit, celui des voitures et des fiacres, partout et tout le temps, le grincement des roues, les Klaxons, les claquements de pas incessants. Elle ne percevait plus rien d'amical ou de doux à quoi s'accrocher pour se rassurer. Pendant plusieurs jours, elle avait refusé de sortir de sa chambre, terrifiée, restant plutôt assise sur une petite chaise droite, incapable de bouger, sous l'emprise d'une frayeur intérieure intense. Incommodée par un eczéma douloureux, elle avait dû modifier son alimentation, éviter ses mets favoris pour privilégier, sur les recommandations du médecin, la fadeur et l'insipidité. Toute son existence se recouvrait d'un voile gris, sans pour autant apaiser en elle une angoisse, incontrôlable. Clara, la seule qui pouvait l'approcher, avait tenu sa main, des semaines durant, sans parler ni exiger ou imposer quoi que ce soit. Très calme devant les refus obstinés de l'enfant pour toute activité, même celle de reprendre le piano, elle s'était contentée de chanter doucement des berceuses, des airs populaires autant que de l'opéra. Même la nuit, lorsque défilaient dans l'esprit de cette petite fille perdue des images inquiétantes d'animaux fous aux crocs menaçants, de forêts sombres hantées de fantômes, de gobelins hideux et d'esprits batailleurs, ou d'hommes à sa poursuite, la voix d'une femme lui parvenait de loin et la pacifiait. Sans cette voix-là, elle se serait peut-être laissé aller à disparaître. Madame Coco, comme elle l'appelle, l'a retenue, l'a empêchée de tomber dans un précipice noir.

Tranquillement, telle une convalescente, la fillette s'est tournée vers la survie et a parcouru, en sens inverse, la route du désespoir. Les plaies se sont refermées, et l'enfant encore chancelante s'est remise à marcher. Dans la vie de celle-ci, le piano a repris sa place de choix, et les gammes de nouveau ont envahi les lieux. Alice a recommencé à travailler les pièces, avec à ses côtés, toujours sur sa petite chaise droite, une femme attentionnée et fière de la renaissance de sa courageuse protégée.

— Vous êtes ma fée marraine, comme dans l'histoire. Puis-je vous désigner ainsi ?

— Bien sûr, chérie, bien sûr…

Ne trouvant de consolation que dans la musique, Alice apprend à un rythme accéléré les études de Chopin, de Beethoven et de Mozart. La fillette se montre déterminée, sensible, souffrante, orgueilleuse et entêtée, et toutes ces qualités mises ensemble permettent des progrès assez impressionnants.

— Vous devriez entendre votre fille, Maurice… Elle a un talent que je qualifierais de rare pour une personne qui n'a pas encore neuf ans.

— Au prix qu'elle m'a coûté, j'espère bien qu'elle en use, de cette satanée machine !

— Comment pouvez-vous vous exprimer ainsi ? Ma pupille affiche une justesse dans le jeu, une maturité, une adresse dans le doigté hors du commun ! Comme je n'en ai pas croisé souvent !

— N'avez-vous pas de parti pris ?

— Je mettrai votre réaction sur le compte du chagrin, car vous en avez beaucoup. Ou sur celui de la fatigue, car vous ne faites que travailler depuis votre installation ici, à un jet de pierre de vos bureaux.

— Allons donc !

— Et j'insiste pour que vous veniez l'entendre ce soir. Je ne la préviendrai pas. Assistez à sa répétition, et vous jugerez vous-même si je manque d'objectivité.

Maurice, qui s'absorbait tant dans ses activités professionnelles qu'il passait à peine une journée ou deux par mois à la maison, a inexplicablement trouvé du temps, ce soir-là, pour accepter l'invitation. À l'insu de sa fille, il s'appuie le dos au mur pour suivre l'exercice, tout en parcourant, journal à la main, les grands titres de la journée. Il interrompt sa lecture, ébranlé par l'agilité du jeu, l'élégance du phrasé et la sensibilité générale de l'interprétation. Comment une enfant peut-elle avoir autant de maturité ? La voix de Marianne, sortie de nulle part, lui répond avec douceur qu'elle lui a transmis sa passion pour la musique. *À vous, maintenant, de veiller à ce que son talent ne soit jamais gaspillé et perdu*, a-t-il l'impression d'entendre… Incommodé, il s'exclame :

— Bon Dieu ! Qu'est-ce que c'est que ces folies ? Mes actions ont encore baissé !

Il replie ensuite le quotidien, qu'il glisse sous son bras, pour fuir vers son petit bureau, duquel il ne ressortira plus de la soirée, pas même pour le repas du soir, lui qui est si gourmand d'habitude.

Par la suite, les rapports entre Clara Colbert et Maurice Achard prennent une nouvelle tournure. De polis, ils se refroidissent pour devenir glacials. Maurice ne l'avouera jamais, mais le fait d'avoir perçu la voix de Marianne aussi clairement que si celle-ci s'était tenue à ses côtés lui a donné un choc. Il a associé l'étrange phénomène à Clara, un peu sorcière selon lui, et s'est méfié d'elle encore plus. En même temps, entre le père et la fille, une certaine embellie s'amorce. Il s'adresse à sa fillette autrement, la considère comme une artiste, se préoccupe de lui faire suivre, sur une base régulière et chèrement payée, une classe de maître en leçon privée, et lui permet d'assister, chaque fois que possible, au concert.

Incommodée par l'attitude du maître de céans, mais forcée d'admettre que cette nouvelle conduite paternelle constitue tout de même un gain pour sa protégée, la tutrice décide de prendre ses distances, tout en restant dans l'ombre.

Rassurée pour sa pupille, madame Coco revient graduellement à ses anciennes amours, l'action sociale et philanthropique. Membre de la Société pour l'amélioration du sort des femmes, elle reprend doucement goût au militantisme et au combat pour la réforme des institutions. Révoltée depuis toujours par les conditions inhumaines de pauvreté dans lesquelles les familles ouvrières se voient forcées d'élever leur trop nombreuse progéniture, elle s'implique de plus en plus activement dans la mise sur pied de plusieurs crèches gratuites. Il faut assurer aux petits infortunés qu'ils puissent obtenir un minimum de nourriture, de soins et d'éducation. Le travail, qui la passionne, ne manque pas et les besoins non plus.

Elle traite toujours Alice comme sa propre fille, l'emmène partout en ville au cours des trop longues et trop fréquentes absences de son père, et lui transmet le plaisir de l'entraide et la conscience de la détresse des autres. Le contact avec les enfants de la misère, loin de l'effrayer, fournit au contraire à celle qui a été maintenue dans une solitude extrême, une occasion d'entrer en relation avec des gens de son âge, ce à quoi elle s'était toujours refusée jusque-là. Le mot « ami » commence à prendre un sens…

— Je prête mon cerceau à Clémentine ?

— Bien sûr ! Et vous pouvez même jouer ensemble…

Quelle révélation pour Alice ! Après des années d'un isolement presque complet, après la peine de perdre sa mère, voilà qu'elle découvre le partage et la solidarité. Et la langue française, qui lui semblait tellement aride au départ, devient peu à peu comme de la musique à ses oreilles.

Constatant le bien que ces nouvelles relations font à Alice, madame Coco multiplie les rencontres et favorise une certaine socialisation. Là où il y a un instrument disponible, elle invite la petite à s'asseoir sur le banc et la laisse jouer sous le regard ébahi des autres, émerveillés.

— C'est pas croyable ! C'te petiote est un génie !

Clara ne détrompe personne, fière comme un paon et convaincue elle-même des qualités exceptionnelles de celle qu'elle fait entendre. Et comme Maurice n'exprime pas d'opposition à ses initiatives, elle se laisse emporter par le désir que les choses continuent ainsi. Elle nourrit l'espoir de pouvoir pousser ses activités plus loin. Elle ne se doute pas du choc qui l'attend.

Insouciante, en effet, elle a multiplié les actions de bienfaisance, les collectes de fonds, les assemblées publiques. Comme si, après des années consacrées à sa pupille, une fois qu'elle a senti celle-ci à peu près sortie d'affaire, elle éprouvait le besoin de renouer avec ce qu'elle a été avant la perte de sa grande amie : une féministe modérée, mais impliquée dans la vie sociale et politique. Transgressant les conventions de la vie domestique réservée aux femmes, elle s'affiche de plus en plus sans chaperon, un impératif pour toute personne du sexe faible. Les femmes ne doivent pas sortir seules des limites protectrices de la maison, cette liberté n'étant accordée en principe qu'aux prostituées. Plus Clara agit, plus ce qu'elle a à faire lui semble prendre de l'ampleur, et plus l'implication politique lui apparaît nécessaire. Les actions individuelles ne peuvent suffire à ses yeux, il faut que s'y ajoute une action de plus grande envergure.

Lors d'une assemblée de la société dont elle fait partie, elle a l'honneur d'être interviewée par l'une des rares femmes journalistes, travaillant pour le journal *La Fronde*.

— Il faut vous joindre à nous. Notre rédactrice en chef cherche quelqu'un qui soit capable de faire du reportage, d'aller sur le terrain, de se fonder sur les faits. Nous aimerions publier une série d'articles concernant la femme et la famille à Paris.

— C'est intéressant ! Mais pourquoi moi ?

— Parce que vous pouvez parler au nom de celles qui en sont incapables. Vous avez cette force…

Ces paroles lui restent longtemps en tête, comme une ritournelle qui, tout à coup, lui permettrait de donner une orientation à tout ce que jusque-là elle a pensé et défendu dans sa vie personnelle. Maintenant qu'Alice semble reprendre pied, la libérant quelque peu et lui rendant son autonomie, et que Maurice lui laisse beaucoup de latitude, Clara se sent dans l'obligation d'user de son temps utilement et de se mettre au service de la cause féministe, qui lui a toujours été chère. Trop d'épouses souffrent de l'abandon impuni de leur mari, aux prises avec une ribambelle d'enfants à nourrir, et traitées comme des parias alors qu'elles sont des victimes. La loi n'est faite que par et pour les hommes. Par exemple, elle interdit à une femme enceinte hors mariage de chercher à désigner le coupable pour le forcer à assumer avec elle les conséquences de leur acte ! La pauvresse se retrouve seule, abandonnée à la misère. Tant d'abus, tant d'absurdité la révoltent ! Le temps est venu pour elle de prendre le flambeau, d'adhérer à la cause.

Clara va donc rencontrer Marguerite Durand, responsable du journal *La Fronde*, et lui soumet sa candidature à titre de journaliste. Cette publication quotidienne, faite par des femmes et pour des femmes, traite de politique, de sport, de haute finance. On exige de ses journalistes qu'elles enquêtent sur le terrain et que leurs écrits ne se fondent que sur des faits, de manière à faire mentir cette idée fort répandue selon laquelle les femmes seraient des créatures incapables de raison et d'objectivité.

Convaincante et bien informée, Clara est embauchée sans mal ; son intelligence et les qualités de son style sont indiscutables. La nouvelle reporter(signera une série d'articles percutants sur l'asservissement des personnes de sexe féminin par le mariage. Au même moment, le procès de M. de Cornulier, qui a tiré à bout portant sur son épouse, fait la une de tous les journaux. L'acquittement totalement injustifiable de l'assassin, qui s'est écrié à la suite du verdict : « Merci, messieurs les jurés, pour mes enfants », donnera des munitions à la nouvelle journaliste dans ses dénonciations.

Satisfaite de ses premiers articles, Clara caresse toutefois un autre projet, celui de s'attaquer plus directement aux sources de l'injustice, là où elle prend sa force, c'est-à-dire dans le milieu des banques. À ses yeux, le réel pouvoir appartient à ceux qui tirent les cordons de la bourse. Pour elle, même les puissances politiques se résignent à obéir aux diktats économiques. Et pour elle, le vrai combat se cache dans cette sphère d'activité.

— J'userai de mon influence pour que vous puissiez mener vos entrevues, mais on fera tout pour les empêcher, préparez-vous à cela, annonce Marguerite Durand, en lançant néanmoins un sourire complice à sa recrue.

En temps normal, les dames ne sont admises ni

dans les institutions bancaires ni sur le parquet de la Bourse, pas plus que dans les salons privés où les rencontres d'affaires se discutent et se concluent. Mais Clara Colbert détient un atout qu'elle dévoile à sa patronne.

— Depuis trois ans, j'habite chez un banquier. Je suis chargée de l'éducation de sa fille, à laquelle je suis très attachée. Au cours de ces années, j'ai noté tout ce que j'ai vu : le va-et-vient de la maison, les amis, les réceptions et les conversations auxquelles j'ai assisté. Tout a été précisément consigné là-dedans et ne concerne que des faits. Je crois sincèrement que le compte rendu de ces seules observations parlera fort. Feuilletez mes notes et jugez-en par vous-même…

Intriguée, la rédactrice en chef se penche sur le document, un cahier noir, ceinturé par un ruban mauve abîmé, trop souvent noué et dénoué. Plus elle lit, plus ce qu'elle découvre la fascine, car cette description factuelle de la vie quotidienne d'un individu riche et puissant en dit long sur les liens entre l'argent et la politique. De plus, les détails de la vie courante de ce personnage illustrent bien l'incommensurable fossé qui sépare les riches des pauvres et, surtout, les hommes des femmes.

— Mais c'est assez incroyable, ce que vous détenez là !

— Une bombe, je dirais plutôt.

— Assurez-vous de valider tout ça et faites-moi lire votre papier. Je l'attends avec impatience.

Enflammée par son succès, Clara rentre à la maison Achard d'un pas alerte, se remémorant chaque seconde de l'entretien avec celle qui l'a autorisée à l'appeler Marguerite, « tout simplement ». Ce rêve qu'elle caressait depuis toujours d'accéder à l'honorable fonction de journaliste semble vouloir se réaliser. Mais comme tout a un prix, elle s'interroge sur ce que la publication d'une telle dénonciation aura comme répercussion sur ses rapports déjà difficiles avec Maurice. Elle se doute qu'il se mettra en colère, car il s'agit bel et bien d'une trahison, elle est la première à en convenir. Ils appartiennent à deux camps opposés, et leurs divergences de vues ne datent pas d'hier. Elle espère que, pour le bien d'Alice, ils sauront se comporter avec un respect mutuel minimal. Elle a tant fait pour sa fille, il doit en retour lui permettre de vivre de son métier et de défendre ses convictions !

— Mais vous êtes complètement folle, ma parole ! Vous croyez que je vais vous laisser raconter ma vie privée sans réagir ? Vous me connaissez bien mal, madame !

— Il me semble qu'en vous prévenant je montre à quel point je tiens à ce que nos relations restent cordiales. Je puis ne pas faire mention de votre nom, si vous le préférez.

— Inutile ! Tous me reconnaîtront ! Les gens savent bien que vous êtes la tutrice de mon enfant et que vous vivez sous mon toit ! C'est d'ailleurs ce qui vous a permis de si bien connaître mes habitudes. Vous vous montrez complètement déloyale car, d'un côté, vous acceptez salaire et couvert, et, de l'autre, vous utilisez ma réputation et le domaine privé de mon existence pour vous faire valoir en tant que journaliste ! C'est inacceptable ! Vous m'avez piégé !

— C'est faux ! Je défends la cause des femmes, voilà mon seul objectif !

— Eh bien, vous le faites en usant de viles stratégies qui déshonorent les gens du sexe auquel vous appartenez. C'est de la tromperie pure et simple !

— Je croyais que nous pourrions surmonter nos différends, comme nous l'avons toujours fait jusqu'ici.

— Je tiens à préciser qu'il s'agit ici de duperie et non pas d'idées qui s'opposent. Et si vous vous entêtez dans votre désir de me salir, sachez que je me défendrai, avec toute la force dont je suis capable ! Je n'hésiterai pas à aller jusqu'au bout des moyens à ma portée, je vous préviens à mon tour.

Dans un élan d'exaspération, il frappe du poing sur la jolie table laquée, laquelle ne supporte pas le coup porté et bascule sur le côté, tandis que tombent sur le tapis de soie tasses, argenterie et une dose non négligeable de café. Les domestiques, devinant le moment inopportun, n'interviennent pas et laissent le liquide pénétrer doucement les fibres finement tissées.

Sonnée par cette menace à peine voilée, l'interlocutrice pose les mains sur ses genoux et cherche une réponse qui pourrait l'ébranler tout autant. Dans un mouvement impulsif, elle rétorque :

— Vu votre attitude, ne vous étonnez pas si, de mon côté, je choisis de cesser de m'occuper de votre fille !

— Ma fille n'a pas besoin de vous, justement. Elle n'a *plus* besoin de vous, devrais-je dire.

— Eh bien, si vous l'entendez ainsi !

Elle se lève, en colère comme elle l'a rarement été, et lui tourne le dos. Elle regrette déjà sa réponse, tandis que Maurice, saisi, se place devant elle.

— Clara, calmons-nous. Nos paroles dépassent notre pensée. Je reconnais tout ce que vous avez fait pour ma fille et je vous en remercie, trouve-t-il la force de lui glisser avec retenue.

— J'ai agi à la mémoire de ma plus tendre amie, avec laquelle vous n'avez rien de commun.

— Essayez, je vous prie, de comprendre mon point de vue : vous me demandez de vous autoriser à rendre publique mon intimité. Vous vous êtes engagée sans m'avoir prévenu. Vous m'avez espionné. Je me demande même si ce n'est pas pour votre journal que vous avez accepté de vous charger d'Alice.

— Jamais de la vie ! J'aime Alice comme ma propre enfant ! J'ai délaissé tous mes projets pour prendre soin d'elle, pour l'aider à se remettre de son deuil.

— Elle va beaucoup mieux, c'est vrai. Mais si vous persistez à vouloir étaler les détails de notre existence, alors là, vous allez lui nuire tout autant qu'à moi.

— Voilà que c'est vous qui usez de sentiments pour me convaincre…

Les deux opposants, fatigués par la lutte, recouvrent leurs esprits, dominent peu à peu leurs émotions. Il recule de quelques pas tandis qu'elle replace la chaise. Le temps reste suspendu quelques secondes où l'un comme l'autre s'interroge sur la stratégie à adopter pour clore le sujet. Puis, elle décide de jouer le tout pour le tout :

— Maurice, j'ai toujours eu l'ambition de devenir journaliste, vous le saviez dès le premier jour.

— Féministe, en plus !

— Journaliste et féministe, vous avez raison.

— Une militante des droits des femmes…

— Je crois à la vérité et à l'information pour changer le cours des choses. Je ne vous ai jamais caché cela.

— N'eût été mon épouse…

— Nos vies ne se seraient jamais croisées, cela ne fait pas de doute. Mais elles se sont croisées. Et voilà venu le jour où je reprends ma route et mes activités. Votre fille est prête… et vous aussi.

Maurice, touché par cette dernière réplique, s'immobilise momentanément et la regarde. Elle poursuit :

— Si je n'en étais pas absolument certaine, je resterais avec vous deux, encore… le temps qu'il faudrait.

En murmurant ces mots, elle sent une chaleur qui se répand dans le bas de son ventre et monte vers son cœur. Surprise par la force de cette sensation provoquée par un être qu'elle ne croyait pas aimer, elle plonge son regard dans le sien. Il s'apprête à s'esquiver, puis se ressaisit et fait face à l'émotion.

— Entendu, alors. Publiez ce fichu papier dans votre feuille de chou…, dit-il, avec une tendresse dont bien peu l'auraient cru capable.

Dans une volte-face étonnante, il n'impose

aucune condition et accepte que son nom, de même que celui de ses collègues, amis et associés, figure en toutes lettres dans les articles.

— Accordez-moi cependant quelques jours pour que je puisse prévenir mes gens.

— Aucun problème, je comprends tout à fait.

— Je vais quitter le pays, le temps que la poussière retombe.

— Cela me semble une bonne idée.

— Et Alice ira passer l'été chez sa tante Jeanne, en Suisse. Cela lui fera le plus grand bien.

Saisie, Clara ne sait trop comment interpréter cette dernière décision. L'émotion tellement douce d'il y a quelques instants tourne au chagrin.

— Il ne me sera pas possible de l'accompagner... vu mon travail au journal...

— Je comprends, et c'est très bien ainsi. La sœur de ma femme a plusieurs enfants. Elle saura prendre soin de sa nièce.

— Une fillette aussi particulière demande une attention spéciale, et beaucoup de temps surtout.

— Justement, la mettre en contact avec un nouvel entourage la forcera à faire preuve d'un peu plus de souplesse. Pour son bonheur, elle doit apprendre à composer avec les autres, à voyager aussi...

— Marianne adorait sa sœur cadette et m'en parlait beaucoup. C'est sûrement une excellente personne, mais saura-t-elle...

— Elle saura, répond-il sur un ton sans appel.

Clara Colbert, déstabilisée, plisse le front. Elle croit comprendre le virage qui est en train de s'amorcer et va protester, mais elle se ravise. Elle ajoute :

— Parfait ! Alors je la retrouverai à la fin de l'été. Pour le retour en classe.

— Je ne vois pas en quoi j'aurais besoin de votre présence, étant donné que ma fille sera en de bonnes mains.

— D'accord...

— En fait, je n'ai plus besoin de vos services, madame Colbert.

Elle accuse le coup. Elle pensait l'avoir ramené à de meilleures dispositions et n'avait pas vu venir cette réaction, pourtant prévisible, les hommes de la trempe de Maurice Achard n'étant pas de ceux qui plient. Ils sont plutôt du type cassant, supportant mal toute objection ou opposition directes, encore moins quand elles viennent d'une personne du sexe faible. Elle aurait dû se préparer à l'uppercut, mais se retrouve secouée. Orgueilleuse, elle aussi, elle ravale sa peine et s'efforce de ne pas lui donner le spectacle qu'il espère : celui d'une femme désemparée et implorante.

— C'est très cruel de votre part, monsieur Achard. J'aime Alice de toute mon âme. Et elle me manquera beaucoup. Toutefois, je respecterai votre décision. Et je me remettrai de la peine que vous me causez.

— Allons, vos articles feront de vous une femme occupée et reconnue. Vous aurez tellement à faire...

— Promettez-moi que vous ne la priverez pas de son piano. Alice n'a absolument rien à voir avec nos querelles. Ce serait lui faire payer cher le prix de nos divergences et rien ne serait plus injuste. Elle ne s'en remettrait pas.

— Elle continuera de jouer en Suisse, je vous en donne ma parole. Elle suivra aussi des leçons particulières avec des maîtres réputés. Je me suis laissé dire que, pour qu'un instrumentiste progresse, il est essentiel de varier les formateurs.

— Oui, vous avez tout à fait raison.

Elle ne parvient pas à retenir une larme, scintillante et transparente comme un glaçon, de couler sur la pommette de sa joue, pour aller ensuite s'écraser sur son chemisier. Elle essuie prestement la trace sur le tissu fin. Achard, ébranlé chaque fois qu'on pleure devant lui, s'adoucit.

— Consolez-vous, madame. À l'automne, si elle en fait la demande, Alice pourra vous retrouver, mais seulement comme professeur de piano. Plus comme gouvernante, car je vous ferai remplacer.

— Très bien. Je viderai ma chambre dans les jours prochains.

— Prenez le temps qu'il vous faudra. Évidemment, il ne me sera pas possible de recommander vos services aux personnes de mon entourage… Avec cette série d'articles, vous le comprendrez, votre réputation se passera de commentaires.

— Tout à fait, monsieur Achard, je le conçois parfaitement. De toute façon, je n'ai exercé cette tâche qu'auprès d'Alice et par affection pour elle. Ce n'était pas mon métier, et je n'ai pas l'intention de poursuivre l'expérience.

— Bonne chance alors, madame Colbert. Sans rancune. Nous nous retrouverons peut-être cet automne…

Pour épargner à son élève un douloureux sentiment d'abandon, sa tutrice veut s'acquitter elle-même du devoir de lui apprendre ce qui a été décidé pour ses vacances d'été. Clara sait que la petite adore cette saison, qu'elle passe habituellement à la mer, sur la Côte d'Azur, où elle fait provision de coquillages et de galets tandis que sa peau se dore au soleil et que son âme goûte à une liberté réparatrice. Clara attend une conjoncture favorable pour procéder à son annonce : une répétition particulièrement réussie, de celles qui mettent la fillette de bonne humeur, lors d'une journée à la maison, pendant une absence de Maurice.

— Je remarque à quel point tu as grandi cette année, ma coccinelle. Et je pense que tu es assez grande pour voyager. Je ne connais rien de plus excitant ! Faire ses valises, quitter sa maison, partir à l'aventure...

— Où partons-nous ?

— Il existe tellement de pays à visiter, tellement de choses à voir, de gens à rencontrer ! La vie ne suffit pas pour découvrir toutes ces merveilles. Et, tu sais, partout, la musique aussi est différente.

— Quand partons-nous ?

— Chérie... Tu n'as pas besoin de moi pour aller en vacances ! À ton retour, nous aurons plein d'histoires à nous raconter ! J'ai déjà hâte que tu reviennes !

— Et mon piano ?

— Il va t'attendre ici. Mais il y en aura un, presque identique, à l'endroit où tu iras.

Tandis que Clara tente tant bien que mal de maquiller son mensonge et de dissimuler son malaise, la fillette s'abandonne au piano, improvise une mélodie rapide et saccadée, qu'elle joue sans retenue, comme pour couvrir les paroles futiles de sa fée marraine.

— La Suisse, petite chanceuse, c'est le pays du meilleur chocolat au monde ! Et puis, surtout, tu vas y retrouver ta tante, la sœur de ta maman, et ses trois enfants, tes cousins ! Tu apprendras à les connaître et tu t'amuseras bien avec eux.

— Et vous ? Vous restez ici, sans moi ?

Dans une nouvelle dissimulation, Clara s'invente une obligation familiale, une mère dont elle n'a jamais parlé avant ce jour, tombée malade subitement et dont elle doit prendre soin. Plus elle ment, plus l'envie de pleurer la prend à la gorge. Puis, avec grand soulagement, elle finit par se taire.

— Tu vas passer de magnifiques vacances. Je te le jure, petit soleil de mon cœur.

— Mes vacances, c'est quand vous êtes là, Madame Coco…

— Je serai là… tout le temps… Je ne te quitterai pas une seule seconde, murmure-t-elle à son oreille, en posant la main sur son petit cœur.

C'est donc en essayant d'avoir l'âme légère qu'Alice quitte la capitale française, parfaitement inconsciente du tournant que son existence est sur le point de prendre. Clara Colbert, bienveillante et joyeuse en apparence, lui a glissé tout plein de gâteries dans sa valise. Son père l'accompagnera jusque là-bas, de même que deux domestiques de la maison, ses favorites. Seule la question du piano l'inquiète un peu, car il faudra qu'elle s'habitue à un nouvel instrument, le sien ne pouvant être transporté. Comme tout le monde l'a rassurée, et que même Clara a prétendu qu'il était tout indiqué pour les pianistes de prendre congé de leurs habitudes pour mieux y revenir par la suite, elle a fini par s'emballer pour ce projet de voyage et par accepter l'idée d'une séparation d'avec sa chère tutrice. De telle sorte que, le matin du départ, c'est une fillette consentante qui agite sa main en signe d'au revoir. Elle serre contre elle une poupée de porcelaine aux cheveux roux et au teint rose pastel, un porte-bonheur donné plus tôt par sa fidèle maman d'emprunt. Cette dernière regarde s'éloigner sa chère Alice, vite happée par le mouvement des voitures et la course effrénée des passants affairés. Seule sur le trottoir, Clara Colbert reste longtemps immobile, pétrifiée par la peine de voir partir le grand bonheur qui a éclairé sa vie.

12

Ce même matin, le jeune Calvino, encore ébloui par toutes les découvertes que la Ville lumière lui a offertes depuis qu'il s'y est installé, parcourt fébrilement le journal du jour, car on y parle d'un chanteur italien, un prodige à la voix d'or. Depuis quelque temps, les critiques encensent ce phénomène, un homme né à Naples, issu d'une famille pauvre de sept enfants, dont la vie ressemble tant à la sienne qu'il dévore tout ce qu'on écrit à son propos et conserve comme un trésor les moindres coupures témoignant de son étonnant parcours.

Caruso a appris à chanter jeune, dans la chorale de sa paroisse, puis ici et là, en interprétant des chansons populaires pour gagner quelques lires à rapporter à sa famille. Mécanicien puis ouvrier, le chanteur ne savait pas encore tout à fait déchiffrer la musique lorsqu'il a fait ses débuts professionnels. Ainsi, Claudio se sent-il moins seul… Depuis trois ans, il perfectionne son art avec les grands maîtres du Conservatoire de Paris. Il travaille d'arrache-pied à améliorer sa technique vocale, bien sûr, mais se révèle aussi de plus en plus habile en lecture à vue et en solfège. Il lui a fallu s'attarder sur l'apprentissage de la grammaire, du vocabulaire et de la stylistique du français, de l'anglais, de l'allemand et du russe, et même accroître sa connaissance de l'italien, car un chanteur d'opéra se doit de comprendre la langue dans laquelle il interprète ses rôles pour pouvoir rendre les œuvres correctement, dans toute leur subtilité et leur profondeur. Comme Caruso, il lui arrive encore de chanter, sans les comprendre, certains passages trop arides ou compliqués, mais de moins en moins fréquemment, se répète-t-il pour s'encourager. Du courage, il en faut pour affronter la compétition incessante à laquelle se livrent les futurs interprètes entre les murs de l'établissement et la férocité qui en découle. Comme son héros, Claudio a, lui aussi, connu le succès rapidement. Son entrée sur la scène artistique parisienne lui a toutefois imposé un grand isolement. Il n'a développé aucune amitié, aucune complicité, car si son incontournable talent est apprécié chez les professeurs, il l'est beaucoup moins par ses pairs, qui le perçoivent comme une menace. Le jeune homme ne force pas son intégration, d'autant plus qu'il éprouve encore de nombreuses difficultés à saisir les subtilités de la langue française. Et puis, il maîtrise mal les codes implicites de sa culture d'accueil, complexes, raffinés, subtils. Plutôt que de s'humilier en commettant des impairs, il choisit souvent de rester à part.

Issu d'une grande famille et habitué à la vie en groupe, Claudio a dû s'adapter à la solitude, l'obstacle le plus difficile à surmonter, plus que de s'habituer à la quantité de travail ou aux échecs inévitables des débuts. C'est la raison pour laquelle la découverte de ce ténor prend tellement d'importance pour le jeune homme qui, du coup, a l'impression d'avoir trouvé un frère. À tel point que Claudio décide, ce jour-là, d'écrire une lettre personnelle à son alter ego napolitain, y mettant son cœur, relatant son parcours, dévoilant ses aspirations et évoquant le découragement qui l'envahit, parfois, quand il envisage tout ce qu'il a encore à accomplir...

Ces quelques mots alignés avec maladresse sur un papier de piètre qualité auront pourtant un effet libérateur sur le baryton : il a ouvert son cœur, confié ses peines, ses doutes, sa vision de l'art et de la musique. Il s'est exprimé simplement, mais avec une certaine confiance en son jugement artistique. Cela s'avère quelque chose de nouveau, un changement de paradigme dans son attitude. Tout à coup, il se donne la permission d'avoir une opinion en tant qu'artiste et se permet de s'affirmer comme tel.

Sa précieuse missive à la main, il se dirige vers un bureau de poste peu fréquenté en espérant passer inaperçu. Et alors qu'il cherche à s'en éloigner, le Conservatoire vient à lui en la personne d'Isabelle Lefebvre, une jeune et jolie collègue qu'il n'avait jamais remarquée jusque-là.

— Monsieur Calvino ! lance-t-elle, les joues rougies par la gêne... Vous êtes bien le chanteur ? Je vous reconnais !

Comme le jeune homme fait un effort sincère pour replacer ce visage et se souvenir du nom de la jeune femme, celle-ci éclate d'un rire clair.

— J'ai assisté au dernier concert donné au Conservatoire. Je vous ai entendu et j'ai été complètement transportée. J'ai tenté d'aller vous saluer dans les coulisses pour vous dire combien votre prestation m'avait émue, mais je me suis fait bloquer l'accès. Hélas ! j'ai dû rebrousser chemin.

D'un naturel extraverti, elle raconte avoir été tout récemment admise à la prestigieuse école comme soprano. Grâce au soutien d'un mécène, elle étudie le chant. Depuis l'enfance, elle ne s'intéresse à rien d'autre dans la vie. Tandis qu'elle s'exprime avec une aisance qui trouble son interlocuteur, elle remarque l'enveloppe que celui-ci tente de dissimuler. Elle déchiffre l'en-tête lorsqu'il baisse momentanément sa garde.

— Vous écrivez à Enrico Caruso ? Le ténor italien, c'est bien de lui qu'il s'agit ? J'étais par hasard à Livourne, en Toscane, lorsqu'il a chanté *La Bohème*, de Giacomo Puccini. L'interprétation incroyablement sublime de cette œuvre magistrale m'a troublée pendant plusieurs semaines. Cet homme a la voix d'un ange venu du ciel. Un jour, il sera connu dans le monde entier, je vous le garantis !

Elle s'interrompt un instant puis reprend avec le même enthousiasme.

— Mais si vous lui adressez une lettre, personnellement je veux dire, c'est donc que vous le connaissez ? Comment est-il, dites-moi ?

Séduit par la spontanéité et la candeur de la demoiselle, il répond avec franchise qu'il n'a jamais rencontré celui qu'il considère comme son idole. Il avoue à quel point il craint que sa démarche auprès d'un homme aussi illustre soit tournée en ridicule.

— Mais allons, pourquoi cela ? Qui en voudrait à ceux qui l'admirent ? Au contraire, croyez-moi, vous risquez plutôt de faire le meilleur effet. Et je vous encouragerai même en vous accompagnant pour poster cette enveloppe. En échange, si vous aviez la gentillesse de me tenir compagnie jusque chez moi, je serais ravie. Je crois que je me suis un peu égarée…

Ainsi, Claudio Calvino passe l'été 1899 au bras d'une charmante, brillante et talentueuse Bretonne qu'il reconduira à plusieurs reprises à partir de ce jour-là, avec toute la galanterie possible, jusqu'à la pension pour jeunes filles où elle loge, située à quelques rues au nord du Conservatoire. Dès les premières secondes de leur rencontre, il a deviné que l'attraction qu'il ressentait provoquerait un tournant dans sa vie et que, pour Isabelle, il accepterait de courir certains risques. Il est fasciné par sa grâce, par cette façon qu'elle a de tout prendre avec légèreté, de faire face à l'angoisse en souriant. Cet optimisme lui est si peu familier que cela le choque presque au début, puis l'envoûte. Il ne se lasse pas de la voir s'enthousiasmer du moindre événement, et admire sa facilité à éloigner la malchance, à voir le verre à moitié plein quand lui le voit à moitié vide. Cette attitude lui fournit en quelque sorte des vacances de lui-même, de son perfectionnisme et de son naturel inquiet.

Lui qui a été, jusque-là, plutôt inconscient de ses charmes et de sa beauté découvre le bonheur de plaire à une femme et le sentiment de confiance qui en découle. Voilà que, pour séduire sa belle, il se surprend à accorder une importance significative à sa tenue vestimentaire. Et de se sentir aimé, après toutes ces années de solitude extrême et de travail acharné, le comble d'une joie sans pareille.

13

Pour Clara Colbert, cet été 1899 s'avère instructif. Elle s'interroge longuement sur la pertinence de ses articles et sur son droit d'utiliser la vie privée des autres, fussent-ils riches et corrompus, pour son avancée professionnelle. Use-t-elle de l'abus de pouvoir qu'elle entend dénoncer ? Hantée par ce doute, elle entreprend sa rédaction avec une circonspection d'autant plus grande, validant chacun des faits, s'assurant qu'aucune information n'est contestable. Intense, passionnée, perfectionniste et armée de ses carnets, où elle a soigneusement annoté et commenté toute la vie de Maurice, elle se donne pour mission d'exposer, le plus exactement possible, les réseaux dont le pouvoir se nourrit, que la vie mondaine des possédants tisse constamment. La thèse, intéressante, exige néanmoins une minutie de tous les instants. Clara rédige ses articles une première fois, les fait lire et commenter par des femmes de son entourage, provoquant chez plusieurs d'entre elles colère et malaise. Se sachant sur la bonne voie, elle continue d'affiner son propos, précisant les données et approfondissant son point de vue. Puis, satisfaite, elle se rend au journal pour remettre le tout à la rédactrice en chef.

Lorsque Marguerite Durand achève sa lecture, elle pose les feuillets sur la table, effarée, encore sous le choc de la puissance du texte qu'elle vient de parcourir. Cette Colbert sait pondre un papier et mettre le feu aux poudres !

— Ces articles vont faire trembler la ville, chère Clara. Je vous préviens. Vous démontrez très clairement à quel point les plus forts se soutiennent et se protègent entre eux. Vos histoires, toutes simples, frappent comme un coup de poing au cœur de la justice sociale.

— J'ai peut-être trop épuré ? Il faut qu'on me prenne au sérieux.

— Vous le serez, n'ayez aucune inquiétude là-dessus.

De fait, personne n'aurait pu prévoir l'incroyable écho que la publication allait trouver dans un public majoritairement composé de femmes en quête d'une plus grande égalité. Des femmes actives et impliquées socialement, fatiguées de la misère, des familles à la rue, des enfants abandonnés, vendus ou exploités, et du contraste écœurant que leur opposaient les industriels et les financiers qu'elles croisaient de près ou de loin. Le premier article que Clara Colbert signe sous le pseudonyme de « Madame C » est rapidement remarqué par la presse conventionnelle qui, de façon un peu absurde, s'agitant et décriant, fait enfler la publicité autour de son édition. Au deuxième jour déjà, une augmentation notable du tirage se fait sentir après le dévoilement dans le menu détail de ce qui a été avalé et bu au cours d'une soirée particulièrement festive chez ces hommes de la haute société. Dans un contexte de difficultés populaires criantes, cette description d'une fête orgiaque fait l'effet d'une bombe. À partir de là, *La Fronde* voit son lectorat s'accroître de façon continue pendant quatre bonnes semaines, atteignant certains jours un pic de cinquante mille exemplaires vendus, un record !

La rebelle féministe reçoit enfin la reconnaissance recherchée et goûte une forme de vengeance pour tout ce qu'elle a supporté en silence alors qu'elle travaillait comme gouvernante à la maison Achard. Si elle se réjouit de son succès, qui lui permet de gagner suffisamment pour vivre en célibataire, sous la botte d'aucun homme, elle éprouve malgré tout un vide immense, car sa petite Alice lui manque beaucoup plus qu'elle ne l'aurait imaginé. Elle se souvient des leçons quotidiennes, des mains minuscules de l'enfant, comme des pattes d'oiseau, posées sagement sur ses genoux, puis sur le clavier avec une élégance rare et naturelle. Elle entend le jeu, naïf par moments, mais toujours sincère et soutenu par l'enthousiasme. Puis elle revoit le regard illuminé par la fierté de celle qui venait de maîtriser un passage difficile. Clara ressent de nouveau l'immense satisfaction d'avoir guidé une âme vierge vers un plus grand bonheur, ce qu'aucune réussite professionnelle ne peut remplacer. Lorsqu'elle songe aux éclats de rire, aux petits secrets, aux silences complices et aux câlins qui égayaient son existence, elle tente tant bien que mal de contenir une douleur intense et une envie de pleurer. À tel point que l'idée de rendre visite à sa pupille se met à l'obséder. Il faut qu'elle revoie

Alice, qu'elle sache si tout se passe bien, qu'elle la serre fort tout contre son ventre et qu'elle lui embrasse le front avec tendresse.

— S'il existait quelque possibilité pour que vous organisiez une série de conférences en Suisse, je serais partante !

Quelle femme étrange que cette Clara : secrète, indépendante et autonome, refusant d'être entretenue par quelque prétendant, nombreux pourtant. Impulsive et imprévisible, dotée d'une hypersensibilité souvent dérangeante, Marguerite Durand a appris à ne pas poser de questions à cette impétueuse collaboratrice, qu'elle considère désormais comme une amie.

— Ne serait-il pas plus logique de vous faire connaître en France avant de passer à la Suisse ?

— Probablement. Mais la logique, ça n'est pas pour moi.

— Si vous me dévoiliez les vraies raisons qui vous poussent à partir alors que vous connaissez un succès démesuré ici, je pourrais peut-être vous aider.

— J'ai besoin de changer d'air, pour me remettre justement de tout le battage autour de mes articles. J'ai des amis qui logent sur les rives du lac Majeur pendant l'été. Ils m'attendent, mais je n'ai pas les moyens de m'y rendre. Tout coûte tellement cher là-bas. Alors, si le journal m'invitait, cela rendrait les choses possibles pour moi…

— C'est un homme ?

— Non… une fillette de neuf ans, plutôt… Elle se nomme Alice.

À l'évocation de celle qui la hante, elle ne peut

se retenir de fondre en larmes. L'impitoyable Mme Colbert, celle qui a réussi à faire plier la crème de la crème parisienne, sanglote comme une gamine éperdue.

— La fille d'une grande amie, morte en couches. Elle est adorable, si vous saviez…

— Et que fait-elle en Suisse ?

— Elle se trouve en vacances chez sa tante. J'ai besoin de la revoir, elle me manque trop. Je croyais pouvoir m'en priver et passer l'été sans peine, mais je suis forcée d'admettre que j'ai eu tort. Je dois savoir si elle va bien, si elle est heureuse là-bas. Je me suis beaucoup occupée d'elle depuis la mort de sa mère.

— Où se trouve-t-elle exactement, votre protégée ?

— Dans le Tessin…

— Le Tessin ? À la bonne heure : il y a beaucoup de banquiers dans le Tessin, beaucoup de gens très riches, aussi.

— Et alors ? Je ne vois pas…

— Vous pourriez y mener une nouvelle enquête. Sur le même modèle que la précédente. Là, je serais entièrement d'accord pour assumer vos frais.

La journaliste ne met pas longtemps à accepter cette offre providentielle, dont le principal avantage sera de lui permettre de revoir celle qui lui a été enlevée. Comme tout sursis lui est insupportable, elle organise rapidement son départ. Et Clara part, mue par un désir spontané, sans penser que, désormais, chez les Achard, elle pourrait ne plus être la bienvenue.

Enthousiaste, ravie par la beauté des paysages, elle parcourt donc le chemin qui la mènera vers cette enfant qui, elle en est consciente maintenant, a donné un sens à son existence, voire à son combat. En effet, si elle se bat, ce n'est plus seulement pour toutes celles qui viendront après elle, mais c'est surtout pour Alice, pour qu'elle puisse grandir libre et affranchie des abus de pouvoir des hommes.

Profitant de la luminosité extraordinaire de la région, Clara admire l'architecture de style lombard et les châteaux majestueux qui surplombent le lac Majeur, d'un bleu profond. Elle s'ébahit des palmiers qui poussent au pied des montagnes enneigées et que de tels contrastes puissent cohabiter en harmonie. Elle remarque les gens, ces hommes et ces femmes qui gesticulent à la manière italienne s'exprimant avec leurs mains autant qu'avec leurs mots, chauds et ensoleillés comme le climat. Cette ferveur, juste ce qu'il faut pour ne pas tomber dans l'excès, lui fait du bien. Et c'est pacifiée qu'elle met les pieds à Locarno, dans un décor presque surréaliste de beauté.

Lorsque Mme Colbert arrive à la porte de la coquette maison d'Antonio Di Marco et se présente comme étant une amie de la famille, elle a de la chance que Maurice Achard soit parti quelques heures en visite chez une connaissance. Jeanne Martin, désormais Di Marco, les traits tirés par une nuit écourtée, s'avance à sa rencontre, intriguée par l'accent français qu'elle croit avoir perçu de loin. Les cris joyeux des enfants parviennent de l'arrière de la maison, parmi lesquels ceux que Clara reconnaîtrait entre tous. Surmontant son bouleversement, elle s'efforce de sourire et tend la main avec courtoisie :

— Jeanne ! Comme il y a longtemps !
— Ma chère Clara, vous avez si peu changé.
— Un moment, j'ai cru revoir Marianne. Quel étrange effet ! Vous lui ressemblez tant ! Elle me manque, vous ne pouvez vous imaginer à quel point…
— Mais que faites-vous ici, grands dieux ?

À l'anxiété qu'elle note dans sa voix, Clara devine que les choses ne se dérouleront pas comme elle le prévoyait. Son hôtesse, loin de l'inviter à entrer, la pousse gentiment vers la sortie, la forçant à reculer jusqu'à ce que toutes deux se trouvent à l'extérieur, sur le pas de la porte qu'elle referme doucement.

— Il fallait que je voie Alice… Juste de l'entendre, là, j'ai des douleurs dans le ventre. Le temps m'a paru tellement long depuis qu'elle est partie !
— Si vous l'aimez vraiment, si vous l'aimez autant que vous le dites, vous ne chercherez pas à la revoir aujourd'hui.
— Et pourquoi donc ? Elle est malade ?
— Elle ne l'est plus, devriez-vous plutôt dire. En fait, à son arrivée, tout se déroulait très bien, elle s'amusait avec ses cousins et semblait ravie. Jusqu'à ce que le piano, commandé par son père, nous soit livré. Elle a sorti ses cahiers, s'est installée, nous a joué un nombre incroyable de pièces, toutes plus difficiles les unes que les autres. Puis, elle a cessé de nous parler et a pleuré de façon quasi continue pendant une bonne quinzaine de jours. Elle n'a plus approché son instrument. Pour qu'elle retrouve son sourire, il a fallu déplacer temporairement le piano au garage pour qu'elle ne le voie

plus. Elle n'a repris son allant du début que depuis quelques jours, pour vous dire la vérité.

— Mais pourquoi cela ? Elle adore la musique !

— Oui, vous avez raison, elle l'adore. Et pour elle, la musique, c'est Marianne et c'est vous, Clara. Et vous lui avez manqué terriblement !

— C'est pour la voir que je suis ici, justement !

Agacée, Jeanne détourne le regard. Elle pose ses mains sur ses hanches, puis les passe fébrilement sur les plis de sa robe, pour reprendre une contenance.

— Pour le moment, il ne saurait être question de vous laisser entrer chez moi. Maurice ne me le pardonnerait pas. Il se remet très difficilement de vos attaques. Il voyage beaucoup, ne passe ici que pour embrasser et saluer sa fille, puis il repart.

— Je n'ai attaqué personne. Je n'ai écrit que la vérité. Et le nom d'Achard n'a pas été mentionné.

— Ne jouez pas l'innocente. De mon côté, je travaille à adoucir la colère de Maurice, parce que je sais à quel point Alice vous est attachée. Mais vous revenez beaucoup trop tôt. Si vous avez de la chance, vous la reverrez à l'automne. Mais si je peux me permettre un conseil, attendez que M. Achard vous y invite. N'agissez pas de votre propre chef.

— Tout de même, je n'ai tué personne à ce que je sache.

— Non, mais vous en avez blessé plusieurs. Faut-il que vous soyez aveuglée par votre cause pour ne pas l'admettre !

— Aveuglée ? N'est-ce pas un peu exagéré ?

— Au nom de l'attachement que Marianne avait

pour vous et de la tendresse que sa fille vous garde, j'essaie tant que je peux de réparer les pots que vous avez cassés. Mais aidez-moi un peu, je vous en supplie, et quittez le domaine au plus vite afin que personne ne soit informé de votre effronterie.

Ébranlée et déçue, Clara a tourné les talons et repris la route en sens inverse, annulant ses engagements professionnels. Le décor pittoresque qu'elle a apprécié en arrivant la heurte et la blesse désormais, car elle s'y sent encore plus isolée et orpheline. Rien ne la distrait de son ennui, ni les excursions ni les succulents repas. Rien ne l'offusque non plus, pas même le luxe exagéré qu'elle côtoie dans l'indifférence, ou le prix exorbitant qu'elle doit payer de sa poche pour les quelques nuits passées sur place et pour son retour précipité vers la capitale française. La colère à prévoir de sa rédactrice en chef ne changera rien à sa volte-face. Une fois dans le train, la tête appuyée contre la vitre, Clara Colbert s'en veut pour son entêtement et pour cette tendance, trop souvent répétée, à détruire ce à quoi elle s'attache. À cause de son désir de sauver le monde entier, c'est à son monde à elle qu'elle risque de devoir renoncer, et c'est une équation qui, de toute évidence, ne penche pas en sa faveur.

Elle ne peut qu'attendre l'automne et espérer qu'Achard lui permettra de reprendre une place auprès de celle qu'elle considère comme sa fille.

Pendant ce temps, la petite Alice, loin de se douter des passions qu'elle soulève, se préoccupe plutôt de ce bouquet de camélias, qu'elle s'affaire à assembler pour le donner à sa tante. Elle s'extasie devant ces arbustes aux fleurs tantôt rouges, tantôt blanches, tantôt jaunes, ou de ces teintes mêlées, et elle se précipite de l'un à l'autre, incapable de choisir laquelle des couleurs elle préfère ! Cherchant plus que tout à faire plaisir, elle entraîne son cousin dans l'aventure, remplit son tablier de pétales en criant de joie sous un soleil radieux. Elle court et crie avec une énergie retrouvée pour son plus grand bonheur. Elle déteste ces moments d'angoisse qu'elle traverse parfois – que tante Jeanne appelle « des crises » – et au cours desquels elle n'arrive plus à se mouvoir, à manger, à s'exprimer...

— C'est un malaise, ma chérie. Ne t'inquiète pas, ça va passer. Viens ici, viens dans mes bras... Es-tu bien, là ?

Et alors, elle se laisse cajoler, tandis que le feu dans son ventre s'apaise doucement. Elle respire mieux, ferme les yeux, glisse sa main dans celle de sa parente et perçoit que les battements de son cœur reprennent un rythme plus normal. Incapable d'expliquer ce qui lui prend, elle ne peut qu'attendre que la panique se calme. Les premières fois, une envie de faire pipi s'ajoutait à ce sentiment, la forçant à demander les cabinets dix, quinze fois de suite.

— On compte jusqu'à trois ensemble, et tu iras ensuite...

— Si vous comptez avec moi, je veux bien...

— Entendu. Un... deux... trois... Bravo ! Vas-y maintenant !

De trois, elle a prolongé l'attente jusqu'à quatre, puis dix, puis trente, jusqu'à parvenir à supporter des délais raisonnables et qu'enfin cette fâcheuse manie disparaisse.

Pour sa tante, elle serait prête à n'importe quoi, car elle l'adore et celle-ci le lui rend bien :

— Moi, je n'ai que des garçons ! C'est si bon de dorloter une petite fille, qui se laisse faire !

Son époux ne comprend pas cet attachement démesuré qu'éprouve sa femme pour une enfant qui n'est même pas d'elle. Cela l'agace souvent.

— Tu t'en occupes avec excès.

— Allons donc, Antonio, un enfant n'a jamais trop d'amour.

— Tu ne pourras plus t'en séparer. Et elle non plus.

— Elle n'a pas vu son père depuis trois bonnes semaines. C'est ma nièce, la fille de mon unique et défunte sœur. Je ne peux pas m'empêcher de l'aimer et d'en prendre soin.

— Comme tu voudras. Mais je t'aurai prévenue.

— Et si nous la gardions avec nous ? Nos fils l'adorent, et il en va de même pour elle.

Pour toute réponse, Antonio retourne à son jardin. Il déteste voir son épouse chagrine ou contrariée ; il lui donnerait l'univers entier pour lui prouver combien elle lui est chère. Mais il n'ose pas lui dire à quel point il trouve que leur vie a changé depuis l'arrivée de cette nièce que tout inquiète, si sensible aux moindres bouleversements, et dont les réactions sont démesurées. En homme bon et doux, il se tait et garde ses réflexions pour lui, dans l'espoir que son épouse en viendra d'elle-même à partager son avis. Il reste silencieux donc, esquivant la question.

Jeanne, pour sa part, n'ajoute rien non plus. Elle le laisse se détourner et se diriger vers ses légumes gorgés de saveurs et d'odeurs suaves, qui le reposent tant une fois sa lourde année de travail derrière lui. Avec cet homme, pense-t-elle, la dispute est impossible tellement il se montre compréhensif, généreux et patient. Père exemplaire auprès de ses fils, il est tout aussi irréprochable à titre d'époux. Prévenant, travailleur et aimant... Elle a eu de la veine de tomber sur lui et n'est pas sans le savoir, car elle mène aujourd'hui la vie respectable d'une femme comblée et équilibrée. Pourquoi risquer de compromettre son bonheur en essayant de réparer le passé en reprenant sous son aile celle qu'elle n'aurait jamais dû quitter ? Avec ses trois garnements, bagarreurs, curieux de tout et sans cesse en action, qu'elle adore, n'a-t-elle pas de quoi satisfaire amplement ses instincts maternels ? Pourquoi faut-il toujours qu'elle transgresse les limites ? Une force la pousse néanmoins à tout tenter pour récupérer cette enfant, fruit d'un amour aussi passionné qu'interdit, pour la protéger et espérer assumer enfin librement le rôle qu'elle aurait toujours dû avoir.

Feignant de capituler devant les réticences de son époux, la jeune femme entreprend cependant une lutte plus sournoise, de manière à le convaincre subtilement. Chaque fois que l'occasion lui en est donnée, elle rapporte telle ou telle finesse de la gamine envers l'un ou l'autre. Elle se montre toujours plus qu'enthousiaste aux mots d'esprit ou aux réussites de la fillette. Elle ne le remarque pas, mais son attitude, au lieu d'attendrir Antonio, l'importune et accentue ses réserves. Peut-être que, d'instinct, il a pressenti que l'insistance de son épouse trahit quelque secret inavouable. Plutôt que de s'attacher à l'enfant, il se met à s'en méfier. Et le couple, qui jusque-là vivait dans une complicité harmonieuse, s'engage dans une période plus compliquée au bout de laquelle Antonio va déposer les armes. Pour la première fois de leur union, il ment à sa bien-aimée, faisant fi de ses hésitations profondes.

— Puisque tu y tiens tant, gardons-la… Tu as obtenu ce que tu voulais. Et ne m'en parle plus, surtout.

Déstabilisée par l'intonation dure, si inhabituelle chez son époux, Jeanne retourne à ses occupations en tentant de se réjouir, alors qu'en fait elle se sait coincée entre deux feux, deux amours, deux vies.

Maurice Achard, de son côté, passe son été à s'accorder de folles dépenses et à voyager à s'en étourdir. Il s'arrête très sporadiquement en Suisse pour repartir chaque fois plus libéré du fardeau de sa petite bâtarde, comme il l'appelle parfois, avec tendresse, car il n'est pas méchant homme et ne souhaite de souffrances à personne, encore moins à une enfant charmante, talentueuse et sans malveillance. Il doit admettre toutefois que la présence de la fillette dans sa vie et chez sa tante surtout lui rappelle sans cesse cette faute irréparable qu'il a commise avec la sœur cadette de son épouse légitime, dans un élan aussi interdit que fou. Oui, l'absence d'Alice lui offre une liberté dont il profite sans remords. Il s'amuse de tout, se surprend à sourire et à blaguer, comme autrefois, lorsqu'il était tout jeune homme.

Par un soir de juillet, alors qu'il se trouve pour affaires dans la splendide ville de Carcassonne, Maurice Achard se plaît à admirer la féerie de lumières colorées qui traversent le ciel. Chaque fois qu'il regarde à sa droite lui apparaît le visage d'une madone, une jeune femme d'une beauté tellement unique qu'il se demande un moment s'il n'est pas en train de rêver éveillé. D'un échange de coups d'œil à l'autre, il a l'impression que non seulement elle l'observe, mais qu'elle se rapproche de lui, au bras d'un homme plus âgé.

— Monsieur Achard, permettez que je me présente. Je me nomme Jean-Louis de Gourmont et voici ma fille, Léonie. Nous nous sommes croisés à Tours. Je suis marchand…

— Ah oui ! Je me souviens… Mademoiselle…

Il ne lui faut qu'un baisemain pour être envahi par un sentiment amoureux, d'autant plus que l'attirance est clairement partagée. En cet homme influent, veuf, mûr, mais pas encore empâté par l'âge, Léonie de Gourmont voit celui qui lui permettra enfin de franchir les portes de la vraie richesse, celle qui donne accès aux quelques places réservées tout en haut de la pyramide du pouvoir. Elle ne laissera pas passer si parfaite opportunité et encouragera Maurice dans ses démarches pour la conquérir. À la suite de cette première rencontre, d'autres suivent, avivant leur attirance.

Quand, après quelques semaines de fréquentation, vient le temps de passer aux actes, de donner son corps de vierge au bougre assoiffé, Léonie met un terme abrupt à leur liaison. Elle ne cédera aux avances de Maurice qu'une fois mariée, déclare-t-elle. Achard, qui ne sait pas attendre, ne se le fera pas dire deux fois. Il s'empresse d'organiser une cérémonie rapide afin de pouvoir se délecter des fruits de la jeune ingénue.

14

Alice n'a absolument pas l'intention de s'arrêter, répétant frénétiquement un passage difficile qu'elle rate, toujours au même endroit, sachant combien cela peut importuner sa belle-mère, dame Léonie. Pendant qu'elle s'acharne sur le clavier, son esprit vagabonde ; elle se demande pourquoi on l'a si mal nommée, car son histoire n'a rien du pays des merveilles. S'il ne lui a pas facilité les choses, le temps a quand même irrémédiablement passé sur son existence.

Tandis qu'elle s'exerce dans le petit pavillon, elle perçoit qu'on vient. On referme la porte de la maisonnette avec fracas. Voilà Léonie, poussée à bout. La jeune fille sourit intérieurement.

— Alice, est-il possible d'avoir un peu de calme ? Je me repose.

Elle ne fait que ça, rester allongée, se coiffer, se changer, manger une bouchée, dormir, se changer de nouveau, et encore, et de nouveau... pense la pianiste tout en ralentissant la cadence pour varier son jeu. *Pourquoi ne m'envoie-t-on pas à l'école, comme les autres filles de mon âge ? Ou mieux encore, au pensionnat ? Rien ne me ferait plus plaisir que de quitter cette maison lugubre !* Il n'y a, en effet, aucune logique dans l'entêtement de celle qui a épousé son père. Complexée par son jeune âge, Léonie cherche à prouver à son nouveau conjoint et à leurs connaissances qu'elle peut malgré tout se conduire en femme accomplie et en mère efficace. Voilà la raison pour laquelle la jeune épouse, une fois le mariage conclu et célébré en vitesse, a tenu mordicus à ce que sa belle-fille quitte la Suisse et le giron de sa tante adorée pour s'installer en banlieue de Paris, dans la splendide demeure familiale, un château entouré de verdure à une heure en voiture de la capitale, une maison choisie, décorée et meublée par la nouvelle mariée.

Alice n'avait aucune idée de ce qui l'attendait. Mais comme si elle avait pressenti la séparation imminente, effrayée par l'orage se préparant au-dessus du lac, terrorisée par les coups de tonnerre sourds et menaçants, elle s'était mise à hurler sans retenue, en proie à la panique. Elle avait exigé que sa tante l'accepte dans son lit, ce à quoi Antonio s'était opposé. Il avait saisi l'enfant fermement et l'avait reconduite à sa chambre. Alice avait crié, griffé, mordu, s'était débattue dans les bras de son oncle. Jeanne avait tenté d'intercéder en faveur de la petite, mais Antonio s'était mis en colère, ce qui se produisait rarement. Exaspéré par cette réaction démesurée comparativement à tout ce que ses propres garçons avaient jamais manifesté, il ne pouvait en tolérer plus. Poussé à bout aussi par le réflexe de protection qu'avait eu sa femme, il ne décolérait plus. Dès le lendemain, il avait quitté le Tessin et était reparti vers Bâle en compagnie de ses fils, écourtant leurs vacances et abandonnant sa femme à cette diablesse et à ses crises hystériques. Il avait avisé Jeanne qu'il ne reprendrait la vie de famille que lorsque sa nièce serait retournée chez son père.

Devant l'ultimatum de son homme, Jeanne avait dû s'avouer vaincue : il devenait désormais évident que si elle se battait davantage pour sa fille, c'est son mari qu'elle perdrait. Et ses fils. Et la sécurité financière qu'un horloger de bonne réputation lui offrait généreusement, sans jamais regarder à la dépense ou chercher à la restreindre. Encore une fois, elle avait dû céder à la raison, rendre Alice à son destin, rejoindre son époux et reprendre, sans sa fille, le cours de son existence. Elle avait donc organisé une rencontre avec Achard, en privé, pour s'assurer de sa bonne volonté et de sa patience dans les circonstances. Il devait écourter son voyage de noces et reprendre sa fille avec lui.

Léonie de Gourmont, maintenant Achard, avait accompagné son mari, désireuse de montrer son attitude positive et compréhensive à l'égard de la petite fille. Elle avait insisté pour que l'enfant soit sous son autorité dès son retour en sol français. C'est avec beaucoup de confiance que Léonie comptait entrer dans la vie d'Alice. Elle allait vite se rendre compte que la partie ne serait pas si facile.

— Elle en aura pour quelques semaines… Elle a réagi exactement de la même façon lorsqu'elle est arrivée ici, refusant de nous regarder, de nous parler. Et puis, ça a passé, avait expliqué Jeanne, au téléphone, pour tenter de minimiser les réactions démesurées d'Alice.

— Je comprends très bien, madame Di Marco. Cela ne me fait pas peur. Votre nièce s'habituera.

— Donnez-lui du temps et de l'amour. Elle

adore qu'on la prenne, qu'on la serre et qu'on la berce. Et qu'on lui chante des chansons, surtout le soir, au moment du coucher...

Bonne élève, Mme Achard avait noté avec grand sérieux les multiples indications de Jeanne Di Marco. Elle était décidée à faire le nécessaire pour que l'adaptation se fasse en douceur, ignorant tout de l'infinie patience qu'il faut pour que des liens, plusieurs fois rompus, se tissent de nouveau et que les racines émotives reprennent. Elle se sentait prête à accueillir sa belle-fille.

Quelques semaines de répit avaient offert à Jeanne et à Alice le luxe de rapprochements intenses, prémices aux adieux à venir. Comme si elle devinait ce qui la guettait, la fillette suivait sa tante partout, discutant avec elle, partageant son lit, savourant chaque instant jusqu'à ce qu'on lui annonce la célébration du mariage de son père, ce qui avait mis un point final son insouciance.

— Nous avons passé un été magnifique. Maintenant, tu dois retourner voir ton papa.

— Pourquoi ?

— Parce qu'il t'offre une nouvelle maman... Tu sais, la dame qui est venue, l'autre jour.

— Je veux rester ici, avec vous !

— Mais Alice, moi j'habite en Suisse, j'ai mes garçons et Antonio. Alors que toi, tu dois t'installer dans ta nouvelle maison, celle que ton papa a achetée tout près de Paris, avec ta maman toute jeune et toute gentille.

Quelques secondes avaient suffi pour qu'elle comprenne que, encore une fois, on la laissait tomber. Jeanne ne l'avait pas démentie. L'enfant n'avait pas fait d'histoires, s'assombrissant plutôt, se fermant, comme un cercueil.

— Je te rendrai visite. C'est promis, avait murmuré Jeanne, retenant ses larmes.

En attendant l'arrivée d'Alice, la nouvelle Mme Achard avait fait meubler une chambre en fonction des goûts de la petite, ne lésinant sur rien pour offrir à la nouvelle venue un environnement digne d'une princesse. Elle avait mis beaucoup de soin à aménager une salle de musique qu'elle avait décorée avec attention, faisant installer au centre le fameux piano, fraîchement accordé. C'est elle qui avait intercédé auprès de son époux pour que Clara Colbert puisse reprendre son rôle de tutrice et ses cours hebdomadaires. Avec sincérité, elle avait fait tout ce qui était en son pouvoir pour faciliter et adoucir le retour de la fille de cet homme, âgé de vingt ans de plus qu'elle, qu'elle venait d'épouser.

Le jour du départ tellement redouté était arrivé. Contrairement à ce que les adultes auraient voulu croire, la jeune enfant comprenait très bien la suite à prévoir, devinant aussi en son for intérieur qu'entre Jeanne et elle existait un lien inexplicable, plus puissant que tout ce qu'elle avait connu jusque-là dans sa courte existence.

— Emmenez-moi ! Permettez-moi de rester votre petit ange.

— Léonie va prendre soin de toi. Elle aura même une surprise, que tu désires depuis longtemps. Et puis, ton père a promis que Clara Colbert serait autorisée à te rendre visite. Tous les jours si tu le souhaites.

— Non. C'est vous que je veux…

Ébranlée, la femme avait tenté du mieux possible de cacher son trouble. D'un pas décidé, elle avait entraîné l'autre dans son sillage, consciente de l'insupportable douleur qui allait s'ensuivre. La petite s'agrippait à sa robe, refermait solidement ses poings et les serrait le plus fermement qu'elle le pouvait. Tandis qu'on essayait de dégager l'étreinte éperdue d'Alice, Léonie, accompagnée de son mari, feignait de ne rien voir et affichait son plus beau sourire. Elle tenait une grosse boîte rouge, qu'elle tendait comme un bonbon, aussi énorme que l'attrait qu'elle espérait susciter. Un jappement s'échappait de la boîte et distrayait tout le monde. Bientôt, la bête avait fait sauter le couvercle. Comme percevant la détresse de l'enfant, le chiot, balourd, s'était blotti tout contre elle, la forçant à lâcher l'élégante cotonnade à laquelle elle s'était accrochée. Vive, la belle-mère en avait profité pour saisir sa menotte au vol et l'accaparer.

— Allez, ma belle chérie. J'ai hâte de vous montrer la maison et votre chambre. Il y a un lit pour le chien, tout à côté du vôtre…

Les bras enroulés autour de la bête, comme autour d'une bouée, la fillette s'était laissé emporter sans un son tandis que Maurice parlait fort, lançait ses salutations à la volée et promettait de donner des nouvelles. Alice avait enfoui son visage dans les poils de l'animal pour y laisser couler ses pleurs. Elle gardait les yeux fermés, comme pour s'épargner le spectacle de ce nouvel abandon.

Alice a donc quitté la paisible Suisse pour se diriger vers la banlieue parisienne.

Pendant des semaines, elle n'a parlé qu'à son chien. La bête, un berger des Pyrénées blanc taché crème au regard plein de bonté, suivait sa maîtresse pas à pas, cherchant par tous les moyens à la rendre heureuse. On aurait juré que le chiot comprenait le sens de tout ce qu'elle lui racontait et que, pour l'entendre rire, il commettait les pires gaffes imaginables. Il devait travailler fort, car l'enfant souriait peu, dormait beaucoup, se désintéressait vite des promenades dans le jardin où il y aurait eu tant de merveilles à découvrir.

Grâce à la patience et à l'amour inconditionnel de cet animal, Alice a repris lentement le chemin de la vie, se jurant toutefois de ne plus jamais se lier à un être humain. Seul Tout-Blanc, le nom de son chien, aurait sa confiance. Et la bête deviendrait une mère, en quelque sorte, pour cette petite âme frêle, trop souvent déçue.

Forte de cette grande complicité animale qui s'était greffée à sa vie, Alice affichait une attitude de refus catégorique envers sa belle-mère, qui se démenait pour satisfaire tous ses caprices et soutirer un peu d'attachement. Une femme d'expérience aurait peut-être su mieux réagir aux rejets et aux affronts répétés, mais ce n'était pas le cas de l'épouse immature de M. Achard, laquelle, à force d'impertinences et de crises de nerfs, a fini par se cabrer elle aussi. Elle en a eu assez qu'on lui manque de respect et qu'on la rabroue pour un oui ou pour un non. À son tour, elle a pris les armes.

Sept années de malheur et d'une guerre souterraine menée dans le silence allaient s'ensuivre entre les deux femmes de la vie de Maurice Achard. Ni l'une ni l'autre n'en sortiraient indemnes.

Le combat s'est révélé sans merci. Alice fête ses seize ans isolée dans une carapace translucide, mais plus solide que l'acier trempé. Elle a fait tout un voyage, constate-t-elle en observant les jeunes filles de son âge, de loin, derrière sa vitre glacée. Elle les envie lorsque leurs rires, portés par le vent, perturbent un silence intérieur que seule la musique parvient à remplir. Enfant unique, puisque l'ironie de la vie aura voulu que Léonie ne parvienne pas à enfanter, ses plus grands complices restent son chien, qui la suit comme une ombre, et son piano, à qui elle consacre toutes ces heures que l'on passe habituellement, lorsqu'on a son âge, à folâtrer. Comme elle souhaiterait parfois trouver le courage d'aller vers les autres, de se fondre parmi eux et de s'échapper d'elle-même ! Pourtant, cela reste, pour le moment, un risque trop énorme, dont la seule évocation suffit à la terroriser et à provoquer des crises d'inquiétude fort incommodantes qu'elle n'arrive à calmer qu'au prix d'efforts soutenus. Elle joue et s'adoucit. Ses mains, affairées sur le clavier, apaisent sa peur. Elle confie tout à son piano, comme à un ami, à un frère télépathique. Les notes s'envolent, limpides et claires. Illuminée par un rai de lumière, Alice trône comme une reine des glaces. Jouant une pièce de Bach, exigeante techniquement, rationnelle, calibrée au quart de tour, elle se fond dans cette rigueur, s'y noie. Plus rien n'a d'importance que cette illusoire atteinte de la perfection. L'artiste impétueuse, indomptable, se déchaîne sur son instrument à défaut de comprendre cette force qui l'habite. Elle ignore la faute qu'elle a pu commettre pour qu'une telle furie brûle en elle.

15

À Paris, avec la fougue et l'énergie créatrice qui ont fait sa réputation, Claudio Calvino enfile les vocalises et les passages compliqués. Tout comme Alice, il peut passer plusieurs heures à répéter avec une opiniâtreté extrême, dont ses collègues, même les instrumentistes, parlent. Rien ne l'arrête, si ce n'est l'épuisement, et encore, car il est doté d'une force physique peu commune. Son acharnement et son intelligence instinctive de la musique lui ont permis d'accéder au statut de chanteur de premier plan. Celui qui posait des briques sur le parvis des monuments il y a quinze ans enchaîne aujourd'hui les prix et les grands rôles. À trente ans, il n'a rien perdu de sa fierté naturelle, bombant le torse, regardant les gens droit dans les yeux, quel que soit leur rang social, les considérant d'égal à égal. Il a appliqué dans son parcours la même sagesse que son corps a mémorisée : c'est pierre par pierre que les cathédrales se construisent, et c'est étape par étape que se bâtit une carrière.

Avec une conviction éperdue, et sous l'impulsion de sa fidèle Madame Coco, Alice prépare un concours pour jeunes pianistes virtuoses. À la fois excitée de partager sa musique avec les autres et terrifiée par la crainte de leur condamnation, elle travaille sans relâche.

— Elle a un doigté réellement exceptionnel.
— Avec le temps qu'elle y consacre ! Encore heureux qu'elle obtienne quelque succès ! Elle devrait plutôt s'occuper de son avenir.

Ces réflexions cinglantes, la jeune fille ne les entend plus, emmurée dans un monde où sa belle-mère ne peut pas l'atteindre. Pourquoi s'acharne-t-elle ainsi sur elle ? Alice a remarqué que, depuis quelque temps, dame Léonie lui fait sans cesse des leçons de morale à propos des devoirs sociaux auxquels il faut s'astreindre lorsque l'on arrive à l'aube de l'âge adulte. Et elle semble déterminée à veiller à ce qu'Alice soit invitée à toutes sortes de réceptions mondaines tellement ennuyeuses… Quelle mouche l'a piquée ? L'adolescente ne comprend pas que si Léonie insiste tant pour lui faire porter des corsets étouffants, des robes paralysantes, des bibis, des plumes, des souliers pointus extrêmement inconfortables, si elle la force ainsi à sortir les cheveux lissés, les mains gantées, le visage poudré et maquillé, c'est que dans son esprit se dessine à gros traits l'esquisse d'un mariage à venir, avec le meilleur parti que sa belle-fille saura attirer.

— Comment se fait-il que vous sembliez chaque fois avoir oublié tout ce que je vous ai enseigné ? Le faites-vous exprès ? On le jurerait !

Alice tente de corriger ses erreurs et de ne rien répondre qui puisse attiser les foudres de sa marâtre déjà suffisamment emportée. Tandis qu'elle se penche pour masser sa cheville douloureuse, elle annonce à sa belle-mère :

— Il ne me sera pas possible de vous accompagner. Je vous fais mes excuses.

— C'est bien la moindre des choses ! Puisque j'allais là-bas en grande partie pour vous !

— Je suis désolée.

— Rien n'est plus faux ! Vous vous en trouvez ravie, au contraire. Vous pourrez rester avec votre maudit piano.

— Je dois travailler en prévision de cette épreuve dont je vous ai parlé…

— Vous ne jouez pas pour vous inscrire à des concours, allons donc ! Vous jouez tout simplement parce qu'il est du devoir de toute jeune fille bien née de maîtriser un instrument ! Les concours vous font connaître et vous permettent de vous distinguer pour qu'un jour un jeune homme de bonne famille vous remarque et ait la bonté de vouloir de vous ! Ce besoin que vous avez de faire systématiquement différemment des autres m'agace au plus haut point, sachez-le ! dit Léonie en agitant légèrement les mains, signe de grande impatience…

Quelle désolation que celle de se savoir haïe et de haïr tout autant ! Proposer la droite et se faire indiquer la gauche, avoir envie du chaud alors qu'on lui offre le froid, ne jamais se trouver sur la bonne route… Avec sa belle-mère, c'est le désaccord parfait. Pourquoi l'avoir laissée si souvent et si longtemps seule à son piano si c'est pour lui en faire le reproche aujourd'hui ? Sans le regard noir et éperdu que Tout-Blanc pose inconditionnellement sur elle, Alice sombrerait.

Dans les moments de trop fortes tensions, lorsqu'elle se sent envahie par des fantasmes morbides et suicidaires, elle s'imagine morte, allongée dans un cercueil autour duquel toute une procession de dames du monde s'apitoie faussement. Au loin, elle voit la forte stature de son père, trinquant aux dernières nouvelles de la Bourse et lançant des clins d'œil grivois et heureux à sa jeune épouse, tous les deux enfin soulagés de leurs obligations parentales. Voilà les pensées qui empoisonnent son esprit et qu'elle surmonte avec peine.

Assise à la fenêtre, piquant l'œil du chaton sur le travail d'aiguille que sa belle-mère lui impose, Alice retrouve son calme en répétant mentalement, en secret, presque honteuse, la partita de Bach qu'elle devra présenter sous peu. Obstinée, elle visualise le mouvement de ses doigts sur le clavier et le battement régulier du pied sur la pédale. Elle l'entend de l'intérieur. Tout-Blanc, à ses pieds, semble l'entendre aussi... Pour elle, plus rien n'existe que ce concours de jeunes talents. Pour alimenter son jeu, elle ne puise dans aucun souvenir, aucun visage, ni celui de sa mère ni celui de sa tante ou de Madame Coco ; sa mémoire s'est couverte de neige. Et cet hiver lui a permis de survivre aux chagrins trop nombreux de sa courte vie.

— Pas de piano aujourd'hui ! Nous sommes attendues chez Mme Verneer, une amie de votre tante Jeanne. Elle vit en Suisse et s'est arrêtée à Paris pour quelques jours... Vous m'accompagnez, ai-je dit ! Je vous donne congé de répétition, c'est décidé !

Léonie, le sourire convaincu, lui tend la main.

Du haut de ses seize ans, Alice sait bien que le combat est perdu d'avance ; elle ne peut rien contre la tyrannie des adultes.

— Inutile de tergiverser. Sa fille Constance l'accompagne ; elle a exactement votre âge. Vous aurez mille choses à vous dire…

La jeune fille se lève, signifie d'un hochement de tête qu'elle cède. En esprit, elle empoigne un long couteau dont elle enfonce la lame dans le dos de cette femme qui lui ruine l'existence. Saisissant la main tendue, elle s'avance. Toutes deux marchent côte à côte, en cadence, comme le feraient deux amies. Elles s'en vont rencontrer les Verneer.

Si la Constance en question a en commun avec son interlocutrice le fait d'avoir seize printemps, là s'arrêtent les comparaisons et les points de convergence. Imitant sa mère à la perfection, buvant son thé au même rythme, blaguant en inclinant la tête légèrement sur le côté, mais pas trop, Constance reproduit avec une précision mécanique les rituels de la conversation mondaine. Les potins vont bon train, adultes et adolescentes commentent la vie des uns et des autres, critiquant les sorties de deuil trop précoces, les tenues malséantes et les couples désassortis. La mère et la fille, dans un ballet synchronisé, s'essuient poliment les coins de la bouche, sans qu'il y paraisse et sans tacher le carré de coton finement brodé qu'elles reposent ensuite, en un geste étudié, sur le genou. Tant bien que mal, Alice essaie de suivre les échanges et de reproduire, elle aussi, les mimiques de dames du monde, jusqu'à ce que, à un moment donné, son système nerveux se débranche et qu'elle s'absente complètement de la situation. Elle ne parvient plus à répondre aux questions ni même à opiner du bonnet en guise de oui ou de non. Un sentiment de frayeur l'étreint, elle sent son cœur battre de plus en plus fort, ses mains deviennent moites, puis tout à coup vient la noirceur totale : elle s'écroule dans un fracas lointain de porcelaine brisée. Appelé à la rescousse, un majordome accourt, l'entraîne dans une pièce attenante.

— Plus jamais vous ne porterez un fleuri aux motifs aussi énormes. Cela manque totalement de classe, lui déclare Léonie lorsqu'elle revient, encore un peu ahurie.

Pas un mot sur son évanouissement. On fait comme s'il n'était rien arrivé, comme si elle n'avait pas cette coupure à la lèvre et ce bleu au front, conséquences de la chute.

— Votre père dînera avec nous. Je compte sur vous pour lui dire combien vous vous êtes amusée cet après-midi. Et pour que vous lui touchiez un mot à propos de ce carnaval du canton auquel nos amies nous ont invitées. Nous irons en Suisse ! Vous pourrez y voir votre chère tante, et vous y ferez de belles rencontres ! Vous voyez comme je pense à votre avenir.

L'arrivée de Maurice Achard au château change l'atmosphère et les préoccupations. Il est de ces hommes intuitifs, légers, qui fuient la confrontation comme la peste. Son enrichissement constitue sa grande passion et guide toutes ses décisions. La vie lui donne raison, car tout ce qu'il a touché s'est transformé en or, lui permettant désormais de s'offrir le luxe en majuscules. Pour tout le reste, il adopte une désinvolture salvatrice ; rien ne vaut la peine de s'en faire. Pacha, comme ses amis s'amusent à l'appeler, fréquente une faune bigarrée d'artistes qu'il encourage et qui, en échange, l'amusent. Peu scrupuleux pour tout ce qui concerne les questions éthiques, pas le moins du monde ébranlé par la série d'articles qu'a signés Clara Colbert quelques années plus tôt, il répète souvent que l'argent n'a pas d'odeur et que son travail consiste à prendre des décisions. Pour cette raison, dans sa vie privée, il s'efface et déteste qu'on lui demande de prendre parti. Entre sa fille et son épouse, même s'il accepte fréquemment de franchir le champ de bataille dans un sens ou dans l'autre, jamais il ne choisira son camp.

— Alors, mes femmes, quoi de neuf ?

Madame, splendide d'élégance, raconte les événements des derniers jours tandis que mademoiselle, raide comme une barre, cède la place à sa rivale. La présence de son père, son énergie, sa voix calme et chaude lui donnent la force de supporter sans frémir ce soliloque absurde. Une fois celui-ci enfin achevé, lorsque son père se tourne vers elle pour lui signaler son tour de parler, elle enchaîne :

— Puis-je vous faire entendre ma pièce ? J'ai progressé, vous verrez.

— Votre fille n'a qu'une idée, toujours la même, lance Léonie avec un soupir agacé.

— Sa mère aussi adorait la musique. Allez au piano, jeune fille, que je vous écoute.

Elle ne se le fait pas dire deux fois. Magnifique dans sa beauté naissante, elle déplie ses jambes maigrelettes, traverse le salon, rejoint le banc de cuir et s'y assoit. Investie d'une confiance qu'elle n'éprouve nulle part ailleurs, elle attend que son père s'installe dans le fauteuil Voltaire qui lui donne des allures de juge. Elle sait qu'elle ne dispose que de quelques secondes. Bientôt, l'attention de Maurice se sera envolée, captée par quelque autre distraction. Sa chance ne repassera pas. Si elle joue mal, ou commet la moindre erreur, Léonie en profitera pour arguer que les leçons ne servent à rien, qu'il vaudrait mieux se concentrer sur plus utile. L'adolescente crispée se concentre, s'efforce d'ignorer les manifestations de la mauvaise humeur de madame, ses récriminations sur le travail des domestiques, sur l'argent qui ne lui suffit jamais, sur les prix exorbitants et sur les travaux encore à faire dans la maison. S'imposant un moment de recueillement intérieur, la virtuose laisse ensuite courir ses doigts sur le clavier et surmonte sans le moindre faux pas les difficultés extrêmes. Elle joue avec une grande sensibilité ce morceau qu'elle maîtrise à la perfection. Une fois le silence revenu dans la pièce, son père s'exclame :

— Excellent travail ! Je suis très fier de vous.

Ces quelques mots, prononcés avec tendresse, provoquent presque des sanglots. Bien sûr, madame stoppe tout, commentant l'acharnement exagéré de sa belle-fille, le nombre effarant d'heures qu'elle consacre à s'exercer, sa mauvaise volonté quant aux obligations mondaines. Maurice acquiesce avec nonchalance tandis qu'Alice sait qu'elle a gagné des points et que, tant qu'il sera à la maison, elle pourra répéter sans crainte de représailles.

— Votre fille est trop vaniteuse. Elle veut gagner et qu'on l'applaudisse, voilà tout ! Et ces concours ne font qu'accentuer ce vilain défaut.

Décidée à aborder cette question délicate, Léonie, enfin seule avec son époux, tente tant bien que mal de maîtriser ses émotions, car rien n'agace plus Maurice que les mouvements hystériques et les haussements de voix.

— Si je vous ai demandé un entretien privé, vous vous doutez bien que j'ai de bonnes raisons. Vous avez beaucoup voyagé dernièrement, je connais votre état de fatigue…

— Venons-en au fait. Je dois aller au lit de bonne heure. Une très longue journée m'attend demain.

— Je crois fermement que la pratique du piano contrevient aux intérêts de notre enfant.

— Allons donc ! Qu'est-ce que c'est que cette idée ? Pourquoi cherchez-vous constamment la guerre ?

— Comment osez-vous ? Si quelqu'un veut son bien, ici, c'est moi. C'est moi qui ai insisté pour qu'Alice habite avec nous, ici. Pour qu'elle connaisse une vie heureuse à laquelle elle avait droit. N'eût été mon insistance, vous l'auriez abandonnée chez sa tante.

Il soupire. Quelle erreur, se dit-il, que d'avoir accédé à la demande un peu enfantine de Léonie alors qu'il avait la quasi-certitude que les relations avec sa fille ne pouvaient que tourner à l'échec ! Il aurait dû se montrer plus ferme, suivre son intuition, confier Alice aux bons soins de Jeanne, beaucoup plus expérimentée en ce qui a trait à l'éducation des enfants et avec qui l'enfant aurait préféré rester. Harassé de travail, où il devait sans cesse affronter des problèmes, des tensions, des embûches, il supportait très mal de ne pas trouver la paix absolue une fois de retour chez lui. Depuis des années, il assistait aux frictions croissantes, aux tentatives mesquines de part et d'autre ; cela le fatiguait. Paradoxalement, la seule démonstration que son épouse avait réussi à faire était celle de son incapacité à dominer la conduite de sa belle-fille, tout en contribuant à créer un climat malsain dans la maison.

Lorsqu'il avait décidé de déraciner sa fillette de nouveau pour l'installer près de Paris avec eux, il espérait la naissance rapide d'autres enfants pour assouvir les instincts maternels de la nouvelle mariée et lui permettre de jouer à la mère tout en mettant à sa main sa propre progéniture. Il avait mesuré l'ampleur de son erreur quand il avait compris que sa compagne, quoique dans la fleur de l'âge et en parfaite santé, pour des raisons inconnues de la médecine ne pouvait pas donner la vie. Elle avait donc jeté son dévolu sur une âme assombrie de neuf ans, pas du tout encline à ce que l'on réglemente ses faits et gestes. Témoin de conflits perpétuels, il avait un temps songé au pensionnat pour régler les différends, mais encore une fois il avait essuyé un refus formel de la part de son épouse, pour qui la solution apparaissait comme un désaveu.

— Je tiens à ce qu'Alice ait un précepteur, comme

elle le mérite. Je n'accepterai pas que ma fille vive sous un autre toit que le nôtre.

Plus Alice s'opposait à Léonie, plus celle-ci tenait à avoir sur elle l'autorité qu'une mère aurait été en droit et en devoir d'exercer sur son enfant.

— J'exige qu'elle m'appelle « mère » ! Car c'est bien ce que je suis ! Je ne puis me charger de toutes ces tâches ingrates pour ensuite être traitée comme une étrangère !

Il avait eu beau exiger, admonester, punir, jamais la jeune fille n'avait cédé. Tout au plus avait-elle concédé un froid et lointain « dame Léonie » pour désigner celle qui, quoi qu'elle puisse faire ou dire, porterait tous les défauts de la terre et ne pourrait être considérée autrement que comme une ennemie aux yeux de l'entêtée enfant.

— Cette fois, chère amie, vous me voyez obligé de vous faire remarquer que, pour une personne qui prétend chercher le bien, vous faites tout ce qu'il faut pour déclencher une tornade. Alice n'aime que le piano.

— Justement, voilà le problème : elle n'accorde aucune importance au reste, ce que les gens perçoivent très bien. Ses comportements étranges nuisent à sa réputation. Elle ne parle que de musique, de compositeurs, de concerts, d'interprétation ; sur toute autre question, elle fait preuve d'une totale indifférence, communique à peine, reste dans son coin, ce qui est lassant, à la fin, et ne me facilite pas la tâche, convenez-en, mon ami !

— Il me plaît, à moi, qu'elle soit musicienne, car sa mère en aurait été fort heureuse. Par respect pour sa mémoire, je vous demanderai de ne plus revenir sur ce sujet. C'est une affaire classée. Et sur ce, je vous prie de m'excuser, il me faut me coucher tôt.

Tandis qu'il se relève, elle essuie l'affront et se soumet. Aucun autre choix ne s'offre à elle, puisqu'elle dépend totalement de son époux et que, en plus de son autorité indiscutable, elle doit aussi subir les effets de sa jalousie extrême. Le seul pouvoir qu'il lui accorde, elle ne peut l'exercer que dans la maison, auprès des domestiques et d'Alice. Pourtant, il vient de lui faucher l'herbe sous le pied et elle en pleurerait de rage, car elle est convaincue de n'agir que pour le bien de sa belle-fille, et la mollesse de son époux la frustre...

Alice poursuit donc la répétition de ses gammes et de ses arpèges, sous le regard bienveillant de Madame Coco, appuyée sur l'instrument, qui bat la mesure, mieux qu'un métronome mécanique.

Le jour de la compétition se rapproche, et la jeune fille a de plus en plus de mal à dormir. Elle repasse mentalement ses expériences passées, l'attitude des juges, les scènes tellement impressionnantes, ses mains moites, les battements accélérés de son cœur et la griserie d'échapper à cette tension en se mettant à jouer. Savoir que son père, quelque part dans la salle, l'écoutera avec attention, qu'il indiquera à quelques connaissances que cette virtuose est sa fille, cela la rassure. Par la musique, elle se sent exister.

— Votre père vous fait dire qu'il risque de ne pas revenir à temps pour votre concours. Il vous prie de l'excuser et vous fait savoir qu'il sera de tout cœur avec vous en pensée.

Mensonge ! L'adolescente ne peut y croire et ne voit là qu'une nouvelle machination de son ennemie pour miner sa confiance. Confuse, et touchée en plein cœur, elle s'accroche à cette conviction que dame Léonie lui ment, et passe son temps à se répéter en boucle qu'il ne peut que s'agir d'un leurre. Elle refuse d'envisager que son admirateur puisse lui faire faux bond, alors qu'il a tant fait pour que fleurisse son talent.

16

Sur la scène de l'Opéra de Paris, un couple récolte les fruits de son labeur. Elle, d'une fragilité sublime, assise à sa fenêtre et se croyant seule, déclare son amour à Roméo. Sa chevelure, qui flotte sur ses épaules, accentue la splendeur de sa poitrine rebondie et blanche de poudre. Elle s'emporte dans les aveux de sa passion, qu'elle ne sait pas encore partagée. Claudio, dans les coulisses, ne peut qu'admirer la sincérité avec laquelle elle révèle les émotions qui l'habitent. Isabelle Lefebvre, son amante, n'a récolté que d'élogieuses critiques, plus que méritées, pour son interprétation magistralement réussie, émouvante et tellement juste de ce personnage mythique de l'œuvre de Shakespeare, magnifiquement soutenue par la musique de Gounod.

Claudio et Isabelle sont beaux, appréciés de tous et de plus en plus demandés. Ils ont commencé leur carrière ensemble, se sont épaulés, ont travaillé, répété et auditionné pour devenir, en cette année 1906, les étoiles montantes du monde de l'opéra parisien.

Avec *Roméo et Juliette*, Claudio assiste, non sans fierté, à la consécration de celle qui partage sa vie de bohème. La jeune soprano exulte dans ce rôle, qu'on dirait taillé sur mesure pour elle, d'une jeune femme hésitant entre l'amour et la tendresse, s'ouvrant à une réalité qui emporte tout, jusqu'à sa propre vie. Les premiers soirs, il se réjouit d'entendre le crépitement soutenu des applaudissements lorsque Isabelle, seule sur scène, fait sa révérence, grisée par cette drogue dont l'artiste ne peut plus se passer une fois qu'il y a goûté. Elle tend la main à son complice, ténor de grand talent, son amoureux de la famille Montaigu. S'il savoure la réussite de sa bien-aimée au début, Claudio finit par sentir s'estomper son plaisir. Voir celle qu'il aime déclamer soir après soir sa passion pour un autre, vibrer d'une telle intensité et se consumer d'une ferveur destructrice, l'amène à éprouver une colère sourde mais persistante, dont il se décide à parler ce soir-là, après la représentation…

— Un peu plus et on te croirait jaloux !

— Et toi donc ! On jurerait que tu ne joues pas, que tu souhaiterais brûler en enfer avec lui…

— Si j'ai réussi à te duper à ce point, je le prends comme un compliment ! Quand même l'homme que j'aime s'y trompe…

— Vous semblez tellement complices… Attirés comme deux aimants, j'avoue que ça m'incommode.

La jalousie d'un homme constitue un mal difficile à surmonter. Claudio, qui la ressent pour la première fois depuis qu'il forme avec sa belle cantatrice une union médiatisée et intéressante pour les amateurs de potins artistiques, supporte péniblement ce sentiment. Il essaie tant qu'il peut de refouler cette émotion qui lui fait honte, mais il ne peut plus la nier. Lorsque à cela s'ajoute l'envie, si courante entre artistes, alors les choses deviennent carrément insupportables et les querelles de plus en plus fréquentes.

— Parce que tu voudrais que je quitte la scène ? Tant que le public applaudit, j'y reste ! Allons donc !

— Oui, je sais, tu te délectes de cette admiration infinie, de ces hommes à tes pieds, de ces rappels enthousiastes. Plus tu en obtiens, plus tu en redemandes. Ne sais-tu pas te montrer digne et te détacher des applaudissements ? Je ne te savais pas aussi vénale… Ça n'est pas toi qu'on aime autant, mais Juliette !

— Vénale, tu dis ? Ai-je bien entendu ?

— Je ne suis pas le seul à le penser… Et ton jeune ténor, qui te tient la main telle une icône ! Vous semblez tellement satisfaits qu'on vous adule ! Ah ! ça oui, vous formez un joli couple de vaniteux !

À peine a-t-il prononcé ces mots qu'il les regrette. Son aigreur évidente le met mal à l'aise. Du coup, il se trouve ignoble. Et s'entendre formuler d'aussi énormes reproches le force à se questionner sur leur signification profonde. De fait, depuis son arrivée à Paris, il avait toujours cru qu'il pourrait un jour, s'il travaillait sa voix avec acharnement, décrocher les rôles de ténor. Puisque, il faut l'avouer, dans tous les grands opéras, les barytons ne jouent que très rarement les jeunes premiers, confinés plutôt à en être les amis, les complices. D'un autre côté, les rôles de ténors sont aux hommes ce que ceux de sopranos sont aux femmes : ils leur offrent l'accès au statut de vedettes, de héros, d'étoiles. Et de voir Isabelle, portée aux nues en Juliette, aux côtés d'un Roméo à la voix un peu plus aiguë que la sienne, alors qu'il doit se contenter d'interpréter un Mercurio, apprécié mais plus effacé, cela contribue à générer chez lui un sentiment d'échec. Une insécurité s'installe et croît, trompant, d'une représentation à une autre, l'amour qu'il porte à son amante ; la haine et l'envie prennent le pas sur l'admiration. La chanteuse remporte seule un succès qu'il aurait voulu connaître à ses côtés. Car si Claudio auditionne depuis fort longtemps comme ténor, il est toujours retenu pour les rôles de baryton. C'est à ce titre que sa voix trouve un son plein, riche et étoffé et qui le démarque de celle des autres chanteurs.

Partager vie professionnelle et vie amoureuse relève parfois de la haute voltige. Pour Claudio, *Roméo et Juliette* marque le début du déclin de son sentiment amoureux pour Isabelle. Cherchant à éviter une rupture qu'il ne souhaite pas, il fait tous les efforts possibles pour cacher cette fissure béante entre eux. Rapidement, ni lui ni elle ne parviennent plus à entretenir l'illusion. Bientôt, alors qu'ils se réunissent dans un restaurant pour festoyer en compagnie de camarades de travail, ils ne prennent pas place côte à côte, comme ils l'ont toujours fait jusque-là. Elle préfère s'asseoir en compagnie d'un admirateur et répondre à sa cour assidue. Claudio comprend au premier coup d'œil et s'éclipse discrètement, sans avoir avalé une bouchée. Il rentre seul dans le petit appartement qu'il partage avec elle. Elle ne revient pas de la nuit. Il ne dort pas, espérant, à chaque pas résonnant sur le carrelage noir, que leur amour n'en est pas à sa fin. En vain.

Isabelle Lefebvre envoie chercher ses affaires quelques jours plus tard. Ils rompent sans explications. Et même s'il se sent brisé par cette rupture, Claudio Calvino ne voit pas d'autre issue à leur histoire, où une cantatrice occupe toute la place et ne laisse plus rien à l'amoureuse. Avec courage, il chante dans l'opéra *Roméo et Juliette* jusqu'à la fin des représentations, témoin de la métamorphose de celle qui disparaît dans la nuit, qui lui échappe pour se plonger dans un monde irréel et futile, celui de la célébrité, mais pour lequel il aurait néanmoins tout donné. Sa voix de baryton le condamne à une certaine humilité. Il doit se rendre à cette évidence, non sans peine.

17

En ce début de siècle, la légèreté du monde flotte comme un voile, enveloppant de sa fluidité les classes possédantes. C'est sur les recommandations impératives de sa belle-mère que, parée comme un cheval de parade, Alice fait son entrée dans l'impressionnante salle de concert. Léonie a insisté pour nouer une quantité incroyable de rubans soyeux et colorés dans sa chevelure, déjà fortement bouclée. À chacun de ses pas, elle a l'impression que sa tête va s'envoler puis retomber sur ses épaules dans un ridicule consommé. Sa robe, aussi gonflée que ses cheveux, suit les hauts et les bas de son avancée vers l'instrument. La jeune pianiste s'assoit avec classe et essaie de garder sa concentration. Elle frotte ses mains l'une contre l'autre, puis, le poignet bien souple, les pose sur le clavier. Un instant, elle est tentée de renoncer, de se relever et de rentrer chez elle, mais elle fait un effort pour dominer sa peur, pour que cessent les tremblements qui la secouent. Elle se sent ridicule et seule, entourée d'ennemis.

Au moment critique, juste comme elle pense abandonner, elle aperçoit le bout d'un haut-de-forme qui avance dans la foule tout près des portes d'entrée et vient changer la donne. Elle reconnaît immédiatement le port altier, l'allure fière... Du coup, le sang circule de nouveau dans ses veines. Son père est là ! Contrairement à ce que sa belle-mère avait annoncé, il est venu, pour elle ! Elle respire à fond, redresse l'échine, fixe un point droit devant elle et retrouve son enthousiasme. Presque frondeuse, elle reprend goût à la bataille.

Les sons, d'une maturité étonnante et d'un talent indéniable, virevoltent dans la salle. Alice joue sans se préoccuper des juges, de leurs hochements de tête qui marquent leur fascination pour la personnalité de l'artiste, l'intelligence de l'œuvre et le jeu remarquablement maîtrisé. Envoûtée, Alice rend parfaitement la composition qu'elle connaît comme si elle l'avait écrite. Les corsets n'existent plus, ni les bouclettes ni les froufrous absurdes. Elle brise son carcan. Sa prison éclate en mille notes qui retombent sur l'auditoire médusé.

C'est une adolescente surprise mais comblée qui arrive au bout de sa partition. Déjà ? Sa main s'attarde sur le clavier, puis se cambre avec élégance dans un geste arrondi qui signale la fin de la prestation. Immobile, paralysée devant tous ces regards à affronter, la jeune fille surmonte son extrême timidité et, dans un mouvement maladroit, se tourne pour faire face au public. C'est alors que l'un des juges, pour signifier son contentement, transgresse les règles élémentaires de l'objectivité obligatoire pour amorcer un applaudissement discret. L'auditoire ne met pas longtemps à emboîter le pas. Alice, qu'une grande fatigue étreint, ne trouve la force ni de sourire ni de se lever pour saluer. Elle reste là, gênée, ses mains tournoyant toutes seules nerveusement. Son père fend la foule comme une flèche, puissant et conquérant, s'avance vers elle et la rejoint. Fier comme un paon, il lui tend la main et l'entraîne avec autorité.

— Mademoiselle, vous avez joué divinement et m'avez rendu mille fois les efforts qu'il m'a fallu fournir pour venir ici vous entendre !

Sa main blottie dans le creux de celle de cet homme tant admiré, sautillant derrière lui, elle pleure de joie.

— Un maître vient de m'offrir de vous prendre comme pupille. Il prétend que vous avez l'étoffe d'une grande soliste.

Gonflé d'un orgueil déjà démesuré, il lui parle avec un tel engouement qu'il ne remarque pas l'air agacé de son épouse, qui se dit affligée d'une migraine insupportable et exige de rentrer au plus vite. Toute cette attention accordée à sa belle-fille l'irrite terriblement, d'autant plus que, en public, elle doit feindre la satisfaction pour un talent qui, à ses yeux, n'encourt que perte de temps et d'argent.

— Trop de flatteries sont cause de vanité.

Ce jour-là, Maurice Achard fait la sourde oreille aux mises en garde. Il assiste avec bonheur à la remise des prix, où sa fille remporte tous les honneurs d'un concours prestigieux et très couru par des gens venus des quatre coins du pays. Pour récompenser l'enfant prodige, monsieur son père décide sur un coup de tête de l'emmener passer quelques jours à Paris.

À Paris ! Dans la grande capitale ! Seule avec son père ! Une semaine complète ! Alice est folle de joie. Elle prendra le train, découvrira odeurs et paysages, et surtout elle reverra sa tante chérie, installée à Paris depuis la mort tragique de son mari, assassiné lors du cambriolage de sa boutique. Désireuse de se rapprocher de sa famille, particulièrement de ses parents établis dans la Ville lumière, Jeanne a quitté la Suisse pour revenir près d'eux. Alice, qui n'a revu sa parente que sporadiquement, aura enfin le temps qu'il faut pour renouer les liens.

Prudente, elle ne montre pas son emballement avec trop d'exubérance, de peur d'exaspérer dame Léonie et de l'inciter à céder à l'envie de compromettre l'extraordinaire projet. Celle-ci affiche une très mauvaise mine et geint plus que de coutume, plus exigeante et irascible que jamais. Alice reste stratégiquement silencieuse à propos du projet annoncé par son père et compte les jours... jusqu'au matin tant attendu, où sa belle-mère décrète qu'elle ira elle-même conduire sa belle-fille à la gare, étant donné l'absence de son époux.

Trop prise par l'excitation de partir, Alice ne se méfie pas du temps exagérément long que met Léonie pour exécuter chaque geste. *Si ça continue, je vais manquer mon train !* Cette pensée suffit à lui faire prendre conscience des sombres desseins de sa rivale. Plutôt que de montrer son impatience, Alice, au contraire, reste stoïque jusqu'à l'heure convenue de son départ. Pour éviter de laisser voir à Léonie qu'elle a compris son plan, elle s'efforce de cacher son inquiétude, sa vulnérabilité. Impassible, elle prend place sur le siège de cuir rouge de la voiture Renault récemment acquise et attend, le cœur battant, le regard fixe, les mains posées l'une sur l'autre. Une minute, cinq minutes, dix... Puis, déterminée, elle lance au chauffeur :

— Partons. Madame nous rejoindra plus tard.

Le chauffeur hésite quelques secondes, mais finit par obtempérer car, après tout, monsieur lui a expressément précisé de veiller à ce que la jeune demoiselle parvienne à l'heure à la gare, où il doit la retrouver. La voiture s'ébranle, parcourt la longue allée bordée de peupliers géants. *Ah ! La griserie de n'avoir plus rien à perdre !*

Bercée par le ronronnement régulier et rassurant du moteur, Alice se laisse conduire à destination et arrive à l'heure. Fière de son initiative, c'est d'un pas assuré qu'elle entre dans un petit café pour y rejoindre son père, en train de terminer son déjeuner. Celui-ci s'étonne à peine de la voir arriver seule, se frayant un chemin dans la cohue. Il pose peu de questions, ayant deviné son incartade et imaginant sans peine la rage de son épouse. Se soustrayant au conflit comme toujours, il fait mine de ne pas comprendre. Sa fille offre une fausse explication, dont il se contente.

— Dame Léonie a confondu les heures, ment-elle avec l'assurance de ceux qui ont décidé d'avancer, quels que soient les obstacles.

Comme la gare grouille de monde, le père et la fille se tiennent la main pour se rendre ensemble jusqu'à leur wagon. Émus tous les deux par ce geste inhabituel, ils évitent d'y faire allusion une fois installés dans leur compartiment. Maurice remarque les étoiles qui s'allument dans les yeux de sa fille, dont la beauté et l'épanouissement viennent tout juste de le frapper. Il blague avec elle, comme avec une nouvelle maîtresse, lui offrant une coupe de champagne pour célébrer ce bon moment qu'ils passent ensemble. Maurice Achard réalise que sa fille a pris des allures d'adulte.

Le train se met en branle.

Alice ne cesse de sourire, le bonheur accroché au visage. Son père, loquace comme jamais, désigne du doigt chaque bâtiment et agrémente d'une anecdote les arrêts dans chacune des villes sur leur parcours. Le cœur d'Alice pourrait-il éclater ? Elle aurait stoppé le temps s'il n'y avait pas eu sa tante qui l'attendait.

— Votre tante vous logera sous son toit…
— Nous n'irons pas à l'hôtel ?
— Moi, j'y serai, mais Jeanne a insisté pour vous avoir avec elle ces quelques jours. J'ai des clients à rencontrer. J'en profiterai, vous sachant en bonne compagnie.

Comme le train entre en gare et que tout devrait la réjouir, elle se sent au contraire envahie d'une tristesse sans nom. Une impression diffuse, un pressentiment étrange lui glacent le sang : dans un éclair de lucidité, elle se voit basculer dans un trou de boue.

Tante Jeanne, sur le quai, rompt sa vision d'angoisse, agitant un foulard de soie d'un jaune vif qu'Alice repère tout de suite. Son regard monte lentement du foulard au bras, du bras à l'épaule et, comme une bombe, c'est le visage de sa mère qui lui revient d'un coup, puis sa douceur, son odeur, sa chaleur, sa tendresse et son absence. Oubliant les bagages et les bonnes manières, elle se met à courir comme une gamine, bras tendus. Elle ne voit que

Jeanne, son sourire, ses yeux doux. Blottie contre son ventre, elle ne retient plus ses sanglots de joie et de chagrin mêlés. L'autre, tout aussi bouleversée, embrasse les cheveux de sa filleule, s'efforçant de rester digne.

— Ma poupée, comme tu as grandi ! Je ne t'aurais pas reconnue ! Tu es une femme, ma parole !

— Plutôt magnifique ! ajoute Maurice, le regard empreint d'une grande fierté.

— Et qui a terminé première à un certain concours, à ce qu'on m'a raconté. Tu flattes ton professeur, jeune fille.

Prononçant ces mots, Jeanne enlace l'adolescente et la maintient contre elle, plus longtemps que ne le veut l'usage. Les deux femmes, immobiles, restent ainsi soudées, comme si leurs corps se reconnaissaient après une trop longue absence.

— J'ai une surprise pour toi, ma splendide.

— Une surprise ? Dites vite !

— Je t'emmène à l'Opéra de Paris. Ton père m'a fait savoir que tu n'y étais jamais allée…

— Jamais, tante Jeanne !

— Alors, prépare-toi à un tremblement !

Maurice suit de loin les échanges joyeux entre les deux femmes et salue au passage une personne de sa connaissance qu'il cherchait depuis des mois à rencontrer. De nouveau accaparé par son travail, il entame une discussion avec cet investisseur parisien, qui l'interroge sur des placements aux Indes. Comme il reconnaît des amis anglais, il signifie de la main à sa belle-sœur qu'il les rejoindra à l'Opéra, en soirée. S'il le peut. S'il a le temps.

Tandis qu'elle lui souffle un baiser discret, Alice,

pour une fois, ne se sent pas délaissée, ni abandonnée. Elle regarde son père, discutant et négociant déjà une fructueuse association avec ce partenaire d'affaires et lui sourit avec amour. Oui, cet homme-là, elle l'aime malgré tout, parce qu'il a toujours veillé à son bien-être et ne l'a jamais laissée tomber. Elle sait à quel point la mésentente avec Léonie l'attriste et se fait la promesse qu'une fois de retour au château elle fera un effort pour travailler à une plus grande harmonie entre elles. Main dans la main, Jeanne et Alice se dirigent vers le fiacre qui les attend.

Les deux femmes n'ont pas une seconde à perdre. Sillonnant les rues de Paris, elles entrent dans les boutiques, toutes plus attrayantes les unes que les autres. Un chapeau ici, une broche là, les achats pleuvent sur une jeune fille étourdie par tant d'objets luxueux. Une folie grisante et inhabituelle.

— Pour la robe, je t'en prêterai une. Nous avons la même taille et j'ai quelque chose qui t'ira à ravir, beaucoup mieux que tout ce que nous avons vu ici !

Depuis la mort de son Antonio, et depuis que ses garçons ont été pris en charge par leur grand-père paternel, puis admis comme pensionnaires dans un collège militaire, Jeanne occupe seule un appartement coquet, mais sans prétention. Sur le chemin qui y mène, Alice se laisse emporter par la gaieté de cette femme dont elle n'aurait jamais voulu être séparée. C'est elle qui aurait dû remplacer sa mère. Comment son père a-t-il pu décider de la mettre sous l'autorité d'une marâtre impatiente et stupide ? Il aurait dû mieux la protéger…

En arrivant, sa tante la conduit à sa chambre, lui présente une ou deux tenues, tentant de chasser les pensées sombres qu'elle lit sur son visage. Nue devant la glace, Alice se surprend à n'éprouver ni honte ni gêne.

— Je n'ai pas de gouvernante. Je fais tout moi-même… Excuse-moi de te le dire, mais quels seins tu as, ma biche !

— Vous les trouvez… beaux ?

— Des joyaux, ma chérie ! À conserver dans un écrin en attendant celui qui saura les rendre heureux !

Cette phrase déclenche chez l'adolescente un rire nerveux que sa tante dissipe avec sérieux. Il ne s'agit pas d'une blague ou d'une boutade. La jeune fille se ressaisit. Elle éprouve une fierté exaltante et intense en enfilant la robe de soie, douce comme une caresse. Comme si elle entrevoyait au vol ce que seront les délices de la jouissance physique et les extases que les effleurements lui causeront, devinant la force de guérison qu'un corps épanoui apporte parfois à l'âme.

L'Opéra de Paris, plus somptueux et grandiose que ce qu'elle imaginait, transporte Alice dans un autre monde. Tant de faste l'impressionne : les balcons à étages, comme des bras dorés, les bas-reliefs magnifiquement ouvragés et ces moulures partout ! Étourdie par cette orgie de raffinement et de beauté, Alice ne sait plus où donner de la tête. Elle circule, au bras de sa tante chérie, percevant les regards admiratifs qui se posent sur elle, celui d'hommes mûrs attirés comme des papillons de nuit par la lumière, par sa naïveté de provinciale, sa peau de vierge, sa sensualité néanmoins indéniable et son immense besoin d'amour. Sur son passage, les femmes repèrent cette présence rivale et s'en méfient d'instinct.

Quand Maurice rejoint sa fille, sagement assise à sa place, il s'adresse à elle comme à une femme du monde. Il n'en finit plus de la présenter à ses amis et à ses connaissances, aux gens de l'entourage immédiat, visiblement très fier.

Le silence s'installe ensuite dans la salle alors que les lumières s'éteignent et que le cirque mondain cesse.

Enivrée dès les premières mesures par cette musique d'un compositeur de plus en plus en vogue, qui se nomme Debussy, Alice ne respire plus de peur de manquer une seule note. L'opéra, intitulé *Pelléas et Mélisande*, avec ses personnages un peu irréels et sans passé, interpelle la jeune fille. La candeur des deux héros, leur amour virginal et prisonnier des convenances sociales, la passion soutenue et intense que l'on devine entre eux sont autant d'éléments dramatiques qui la font se sentir mille fois plus vivante que tout ce que l'existence a pu lui réserver à ce jour. Oui, c'est sa vie qu'elle voit, là, sur cette scène où chante ce jeune homme dont elle ne peut détacher son regard ! Elle aussi se sent prisonnière d'un monde auquel elle n'appartient pas. Le spectacle l'émeut profondément. Si bien qu'à l'entracte, avec la tombée du rideau, elle se sent prise d'un vertige et doit s'accrocher à sa tante pour se ressaisir et recouvrer ses esprits.

— Allez, belle jeunesse, lève-toi ! Nous n'avons pas une seconde à perdre car, grâce à l'intervention de ton père, nous sommes invitées dans les coulisses. Quelle chance : nous rencontrerons les artistes !

Bousculée et intimidée, elle aurait préféré l'immobilité alors qu'elle se faufile jusque vers les décors, puis vers les loges, croisant des gens costumés, maquillés avec excès, issus d'un monde fantastique.

Quand Alice tombe nez à nez avec Pelléas en personne, elle s'évanouit presque. Plus beau encore que sur la scène, le jeune premier lui tend la main, ému lui aussi, osant à peine lui jeter un regard tant le contact entre eux est magnétique et le frappe de plein fouet.

— Monsieur Calvino, voici ma fille, Mlle Alice Achard.

Il prend sa main, murmure quelques mots qu'elle ne distingue pas. Elle ne sait plus où elle est, ni qui elle est tellement tout tremble en elle. Cet être, le son de sa voix, plus magnifique encore que lorsqu'il chantait, la font littéralement vibrer.

— Quel honneur pour moi…

Elle lui donnerait sa vie sur-le-champ.

Jeanne, témoin de cette scène, est désolée de briser un tel moment, mais saisit le coude de sa nièce pétrifiée. Elle doit l'inviter à retourner dans la salle.

C'est seulement une fois bien assise à sa place qu'Alice revient à la réalité, tandis que son père, non loin de là, achève à voix basse de boucler une entente auprès d'un industriel rencontré à l'entracte.

Pelléas reprend vie et semble étinceler de feux plus éblouissants encore qu'à l'acte précédent. La suite de l'œuvre prend une tournure plus tragique pour la jeune fille, qui se sent interpellée par l'histoire dramatique. Incapables de transgresser les interdits, la seule étreinte à laquelle les deux amants accèdent enfin est punie par la mort du héros, de la main de son propre frère, Golaud, amoureux de Mélisande lui aussi. Inconsolable, Mélisande s'enfuit et meurt de ne pouvoir affronter l'existence sans son amour dans un finale grandiose d'une grande noblesse, qui émeut Alice aux larmes. La représentation est époustouflante et la prestation du ténor particulièrement réussie.

Les applaudissements nourris, telle une grêle d'été, sortent la jeune fille de son extrême félicité. À l'instar de tout le monde autour, elle se lève, retenant une envie de sangloter, comme une enfant déçue de voir son plaisir se terminer. Le salut des artistes lui offre une transition qui s'achève avec le silence et la tombée définitive du rideau.

Elle saisit sa pelisse et va, déçue que ce soit déjà la fin du spectacle, vers le hall puis franchit les portes somptueusement travaillées. Maurice Achard en profite pour entretenir ses relations, saluant l'un, puis l'autre. Habituée à passer en second, elle ne s'impatiente pas et attend, stoïque. Elle perd Jeanne de vue, celle-ci ayant reconnu un ancien collègue de son époux. La demoiselle, élégante, reste donc seule, enrobée par le murmure des gens du monde.

Soudain, elle ressent une chaleur derrière son épaule. Elle tourne la tête de quelques degrés et l'aperçoit. Lui qui a enfin pu décrocher un rôle de ténor, après un travail régulier et tout en douceur sur sa voix pour développer son registre aigu, la vedette de la soirée, démaquillé et vêtu normalement, scintille comme un astre. Alice ne rêve pas : l'homme lui sourit, avec classe et distinction. Pourtant certaine d'être restée aux côtés de son père, elle se rend compte que, sans le vouloir, elle s'est doucement déplacée vers Claudio. À un point tel qu'ils se touchent presque.

— Vous avez aimé la représentation ?
— Plus que ma vie, monsieur !
— Sachez que j'ai chanté pour vous, croit-elle l'entendre murmurer tandis qu'elle distingue la masse corpulente de son père qui se rapproche d'eux.

Forcée de s'éloigner, elle lui lance du regard un au revoir plein d'espérance, auquel il semble répondre avec beaucoup de confiance. Tous les espoirs sont permis.

À la sortie du spectacle, au milieu des fiacres en attente, une pluie fine et soutenue tombe sur la ville.

Le retour vers l'appartement de Jeanne se déroule dans la bonne humeur et la gaieté. La soirée a comblé les attentes de tous, attablés avec bonheur autour d'un souper tardif. Cette atmosphère joyeuse permet à la jeune fille de passer un moment exceptionnel en compagnie de son père et de sa tante. Rires et échanges d'un naturel peu courants lui laissent un souvenir mémorable des dernières heures de Maurice Achard sur terre.

En effet, le lendemain, à l'aube, Alice trouve le riche banquier étendu, raide et bleu, sur le plancher froid du couloir. Maurice a été foudroyé pendant la nuit par un infarctus. Alice mettra bien des années à comprendre pourquoi son père avait dormi chez sa tante, cette nuit-là, alors qu'elle avait pourtant cru le voir repartir vers son hôtel. Désemparée par sa découverte, espérant naïvement ramener un cadavre à la vie, elle masse le corps inerte pendant de longues minutes, refusant d'admettre que la mort va encore une fois lui ravir tout ce qu'elle aime. Et c'est Jeanne qui doit séparer la fille du père, de force, tentant en vain de rendre moins brutal le départ. Maurice Achard laisse une enfant de seize ans, démunie, aux mains d'une marâtre exécrable et destinée à devenir tutrice légale… Par testament, il a révoqué les droits de Clara Colbert, abandonnant Alice à son ennemie.

Après avoir passé deux jours dans un état brumeux et comateux à mesurer l'immensité du chagrin à assumer, la fille de Maurice Achard se couvre d'un noir opaque, de ceux qui mettent la survie en péril. Inspirée par Mélisande, elle se laisse lentement mais sûrement couler au fond du désespoir. Ni sa tante ni Madame Coco, appelée en renfort, n'arrivent à la sortir de la torpeur envahissante à laquelle l'adolescente s'abandonne. C'est à peine si elle lève le regard lorsqu'on s'adresse à elle. Tout lui parvient de loin, comme un écho.

Incapable d'assister à l'enterrement, Alice reste

prostrée et retirée du monde, cachée dans la chambre d'amis de l'appartement de sa tante, qui est convaincue que, cette fois, la petite ne surmontera pas l'épreuve.

Lorsqu'il apprend la mort du célèbre financier, Claudio Calvino se précipite au cimetière dans le but d'y réconforter la rayonnante jeune femme croisée quelques jours plus tôt. Comme il ne l'aperçoit pas parmi les proches, il se doute que quelque chose ne tourne pas rond. Après avoir pris des renseignements, il finit par aboutir dans le quartier de l'Arsenal, où loge celle qu'il souhaite retrouver coûte que coûte. Jeanne Di Marco, restée auprès de sa nièce, ouvre elle-même la porte. Inquiet, Claudio demande à voir Alice.

— J'aimerais lui transmettre mes sincères condoléances.

— Entrez.

Alice, allongée sur la méridienne, n'a aucune réaction, gardant les yeux fermés, comme si elle était morte, elle aussi. Claudio Calvino s'approche tout près, se met à lui parler doucement, lui rappelant son jeune âge et toute cette vie qu'il y a encore devant elle. Sa belle voix, elle la reconnaît tout de suite. Mais elle ne bronche pas, n'ouvre même pas l'œil. Elle ne peut pas réagir.

Désemparé, Claudio opte spontanément pour ce qu'il sait faire de mieux : il se met à chanter, patiemment, affectueusement, des airs qui remplissent le vide. Pendant plus de deux heures, il entonne les airs de cet opéra qu'elle a tant apprécié. Il parvient à émouvoir l'orpheline. Alice va trouver la force de se donner l'impulsion qu'il faut pour remonter.

Lorsque Claudio Calvino quitte l'appartement de Jeanne Di Marco, celle-ci est plus rassurée sur l'état de sa nièce. On le réinvite à titre d'ami de la famille.

— Revenez quand vous voudrez…

Et il reviendra tous les jours, pendant presque un mois, serinant et vocalisant pour la jeune fille, jusqu'à ce qu'elle reprenne pied et renonce à suivre son père dans la mort. Ensemble, ils parlent peu. Il chante, elle l'écoute. Rien de plus. Il repart, tout à la satisfaction de constater l'amélioration de l'état général de sa protégée.

Un jour, il se présente chez Jeanne avec un bouquet de fleurs. Alice devine qu'un changement s'annonce. Doucement, il lui raconte son admiration pour un Italien, un chanteur, issu comme lui d'un milieu ouvrier. Il s'adresse à cette jeune fille comme à une égale, persuadé qu'elle le comprendra, et lui fait découvrir Enrico Caruso, qu'il désigne comme son modèle, celui qui a toujours illuminé son chemin lorsqu'il perdait espoir.

— Il y a quelques années, j'ai écrit à ce Caruso. Et il m'a répondu. Depuis, nous correspondons une fois par an au moins.

À son intonation tellement enthousiaste, elle déduit :

— Et vous allez le rejoindre !

— Il m'invite chez lui, à sa villa italienne où il prend du repos. Il désire me recevoir et m'entendre !

— Qu'attendez-vous ? Partez vite, monsieur ! Et ne vous en faites pas pour moi.

— Vous vous remettrez à votre piano ? Ai-je votre parole ?

— Je vous le promets. Dès mon retour au château, qui ne saurait tarder.

Ils se quittent sur cette seule promesse. Confiants et rassasiés l'un comme l'autre par la qualité de leurs échanges, réunis dans une passion commune pour la musique, ils ne peuvent que se retrouver un jour !

Comme dame Léonie a refusé de renoncer à la garde de sa belle-fille, Alice doit se résigner à quitter la capitale, son fourmillement artistique, ses concerts et ses mélomanes, pour revenir à un isolement que cette fois Maurice Achard ne viendra plus briser.

Jeanne a tenté l'impossible pour garder l'adolescente auprès d'elle. Elle a intercédé auprès de sa propre famille, a elle-même essayé de faire entendre raison à la veuve. Sans succès.

Tout aussi anéantie par la situation, Mme Colbert, de son côté, fait face à un dilemme qui lui semble impossible à régler. Elle s'est décidée à s'en ouvrir à Jeanne, qui partage avec elle un amour protecteur pour la fille de Marianne et souhaite son bien.

— Maurice Achard m'a confié une lettre, il y a plusieurs années. En me faisant jurer de la remettre à sa fille si jamais il décédait. Je ne sais que faire… Alice commence tout juste à retrouver son équilibre. Elle est tellement fragile. À quoi bon risquer de la bouleverser de nouveau ?

— Vous avez parfaitement raison. Elle a eu plus que sa part de drames, et il faut lui épargner tout nouveau choc pour le moment…

— Mais qui nous dit que cette lettre causerait un choc ?

Jeanne Martin, mal à l'aise, hésite à répondre.

— Rien, en effet, mais il vaudrait mieux ne pas prendre le risque… Je m'étonne un peu : il gardait pourtant ses distances envers vous, non ?

— Il m'a remis ce document il y a bien longtemps, avant que nous ne nous trouvions en mauvais termes. Je l'ai gardé, sans jamais l'avoir lu. Aujourd'hui, il vaut mieux que je vous le remette. Cette lettre vous revient plus qu'à moi. Vous jugerez du moment le plus propice pour informer Alice.

— Ma nièce ne pourrait supporter aucun nouveau traumatisme. Je garderai cette missive précieusement et la lui remettrai quand elle sera remise.

C'est ainsi que les deux femmes concluent ce pacte.

18

Été 1912. La fête bat son plein. Alice pénètre dans l'immense salle bondée de gens qu'elle connaît à peine. Elle fait l'effort de tendre la main, de sourire, de s'enquérir de la santé de l'un et d'adresser quelques bons mots à l'autre. Elle joue son rôle d'hôtesse efficacement. Chaque réception passée sans anicroche s'avère pour elle une victoire sur sa peine immense et indomptée, lovée en elle comme un tigre. Il lui faut beaucoup de volonté pour dominer sa nature sauvage et l'inconfort perpétuellement présent en elle. Elle lutte pour combattre cette envie de fuir tout ce que, pour survivre, elle a dû surmonter. Elle passe devant les gens, déguisée comme une poupée de porcelaine et délicieusement parfumée, suscitant l'admiration pour cette aisance à maintenir ses distances et à garder le contrôle en toutes circonstances, attitude fort prisée chez les femmes de son monde. À ses côtés, et vêtue exactement comme elle, sa fille, Annabelle, jubilante, tente d'imiter les faits et gestes de sa mère, avec peu de succès.

— Attention, ma chérie, garde ta tête haute et droite.

— Oui, maman, répond l'enfant, qui ne cesse de gigoter, de sauter sur une jambe, sur l'autre, d'enlever son chapeau, de le replacer maladroitement et de multiplier les gestes inutiles et inélégants.

Déjà quatre ans ! Comme le temps a filé ! Malgré tout, elle ne regrette pas un seul instant la décision qui lui a permis d'échapper à la vie aux côtés de Léonie. Devenue reine omnipotente à la suite de la disparition du roi, celle-ci s'était mise à tirer une sorte de plaisir maladif à provoquer chez sa belle-fille des crises nerveuses et des désespoirs infinis. Cet étrange et sadique passe-temps l'occupait pleinement. Il faut dire qu'Alice s'était montrée révoltée par la mort abrupte de son père et par ses volontés testamentaires aussi aberrantes qu'injustes. Le défunt avait en effet cédé à son épouse la totalité de son imposante fortune. Celui qu'on surnommait à juste titre « pacha » n'avait rien prévu de particulier pour sa propre fille. En conséquence, Alice s'était vue obligée d'habiter au château et d'y vivre jusqu'à sa majorité sous le joug de sa détestée parente par alliance et désormais tutrice légale. L'homme aurait voulu provoquer la haine qu'il n'aurait pas mieux agi. Une guerre s'était déclenchée. La première ordonnance de Léonie, une fois sa belle-fille rentrée de Paris, avait été d'interdire la pratique du piano. Scandalisée, Clara Colbert en avait appelé de cette décision, en priant Jeanne d'intervenir, impertinence qui lui avait coupé l'accès à sa protégée. Privée de tout ce qu'elle aimait, Alice n'avait plus qu'un objectif : trouver le moyen de fuir sa perverse geôlière. Attendant son heure, elle avait feint la bonne grâce et s'était soumise à toutes les mondanités, tous les rendez-vous arrangés, toutes les frivolités qu'elle avait jusque-là exécrés et évités le plus possible. Sans mot dire, préparant sa fuite, elle avait courbé l'échine. Parmi ses prétendants, pas si nombreux du reste étant donné sa situation, elle avait choisi le plus fortuné et surtout le plus empressé. Son choix s'était arrêté sur Georges Deusden, un banquier habitant la Suisse, issu d'une famille de trois générations de financiers. Le jeune homme lui faisait une cour assidue et extrêmement plaisante pour une jeune fille si peu habituée à la tendresse et aux égards. Avec un banquier, métier qu'avait exercé son propre père, elle se sentait en confiance. Fasciné par la beauté de la jeune fille et par son apparente servilité, Georges Deusden avait vite manifesté son intérêt. La demande en mariage ne s'était pas fait attendre. La célébration de l'union non plus, solution radicale à une situation invivable.

Trop heureuse de trouver auprès de son époux le droit de jouer du piano, une liberté contrôlée et une certaine forme d'amour, Alice avait suivi Georges Deusden à Bâle, sa ville natale, bien décidée à faire tout ce qu'il faudrait pour y trouver le bonheur. Courageusement, avec le soutien de Clara Colbert, de retour à son service comme professeur, elle avait entrepris une grande transformation personnelle pour parvenir à s'intégrer à sa nouvelle existence et honorer une vie enfin bien à elle.

— Si vous voulez prendre place, madame...

Le majordome, raide comme un piquet, attend, prêt à la guider.

— J'arrive. Annabelle, ma chérie, va trouver Geneviève.

L'enfant hurle le nom de sa gouvernante, sous les regards complaisants des invités, qui multiplient les efforts pour dissimuler leur malaise devant cette furie impertinente, qui n'obéit à personne et qui répond avec insolence, affichant un sans-gêne étonnant pour une fillette de son âge. Discrètement, Alice signifie du regard à la bonne d'emmener sa fille, avec laquelle, il faut bien l'admettre, elle n'arrive à rien, manquant de patience, d'affection et de souplesse ; tout ce qu'elle a si peu connu elle-même. Cet être, par lequel son union a été définitivement scellée, lui échappe chaque fois qu'elle essaie de s'en approcher, se faufile quand elle tente de l'enlacer et se rebiffe quand elle veut la soumettre. Rien ne semble convenir à cette petite déchaînée, fruit d'une union sans hauts ni bas avec un homme qui, plus elle apprend à le connaître, par son faciès autant que son attitude, lui rappelle souvent son père.

— Madame…

Voilà M. Deusden qui arrive, puis saisit la pointe du coude de son épouse avec classe pour la guider avec assurance et fermeté vers la rotonde. Les convives, attroupés autour du magnifique piano à queue, attendent l'interprète depuis plusieurs minutes. Dans sa tenue impeccable, choisie avec le plus grand soin, il en impose, en dépit de sa dégaine juvénile. Respecté pour son pouvoir et son intelligence, il est connu de tous les hommes d'affaires du pays comme un habile stratège. On dit de lui qu'il n'a pas son pareil pour marchander. Hélas ! cela ne fait pas de lui un bon amant, loin de là ! Mais ça, personne ne s'en soucie. Car, si on ne peut rien reprocher à Georges sur ses inestimables aptitudes en affaires, on ne peut en dire autant de son adresse sur le plan sensuel. Alice, sans en connaître beaucoup sur l'amour, sait que son corps mériterait mieux que des caresses malhabiles qui, tristement, restent invariablement les mêmes.

— Est-ce absolument nécessaire ? Le moral me manque, aujourd'hui.

— Trop tard, chérie, on vous attend.

Habitués à ce dialogue de sourds, les deux époux, raides comme les barreaux d'une prison, se dirigent vers le centre du jardin, qui semble crouler sous les fleurs ensevelissant la coupole comme la cascade d'une rivière.

Contrariée, Alice apparaît dans toute sa splendeur sous les applaudissements chaleureux et nourris de l'assistance. Vantées par un conjoint avide de reconnaissance et en pleine ascension sociale, les qualités pianistiques de la jeune femme sont devenues l'occasion d'assister à des représentations privées et prétexte à des rencontres d'affaires pour un gratin en manque de distractions et désireux de passer pour cultivé. Alice pose une main filiforme, rougeâtre et glacée, sur le clavier. Ces concerts en plein air, qu'elle adorait au départ, l'ont transformée à la longue en bête de cirque asservie aux tractations politiques d'un jeune loup qui souhaite élargir son cercle de connaissances. À l'amorce, elle tente de retrouver la conviction qui l'habitait jadis. Sans grand succès. Son jeu, mécanique, s'avère d'autant plus attristant que personne n'en remarque la superficialité. Tout semble se dérouler comme d'habitude… jusqu'à ce qu'elle reconnaisse la chaleur d'une braise qui éveille ses sens, enflamme son jeu et redonne à Chopin toute sa fragilité. Que se passe-t-il donc ce jour-là ?

Renouant avec la passion, elle se demande encore ce qui emporte son cœur en folie et le fait renaître à l'ivresse. Un toucher, comme si quelqu'un tout près posait une main amie sur son épaule, la fait frémir. Prise par l'œuvre qui l'entraîne, elle perd la notion du temps, de l'espace. Quand, parvenue au bout de son souffle, épuisée par une course exigeante, la pianiste s'arrête enfin, elle lève son regard, qu'elle sent puissamment attiré dans une direction précise du jardin. Son regard croise celui d'un beau ténébreux aux cheveux longs tombant sur ses épaules. Il a vieilli, mais elle le reconnaît immédiatement. Six ans ont passé depuis leur dernière rencontre, mais c'est bien lui : Claudio Calvino, celui qu'elle n'a jamais cessé d'attendre !

Ils se trouvent à bonne distance l'un de l'autre et, pourtant, elle est persuadée qu'il observe les traits de son visage, admire son buste, sa taille, ses reins. Plutôt que de baisser les yeux, elle relève le menton et lui offre sa gorge, plus franchement encore. *Vous, enfin ! Je ne vous ai pas oubliée…* semble-t-il dire. *Moi non plus, si vous saviez ! Mais la vie m'a emportée au loin…* Interrompant abruptement leur dialogue intérieur, le rire de Georges Deusden éclate comme une bombe entre Claudio et Alice.

Alors que celle-ci s'était montrée réticente au fait de devoir se donner en représentation, voilà Mme Deusden qui, plutôt que de se lever pour se mêler aux convives, enchaîne avec une pièce de Debussy, une adaptation pour piano seul, tirée de

Pelléas et Mélisande. Dans une interprétation divine et lumineuse, elle lance son appel plus distinctement que si elle avait hurlé son amour d'un bout à l'autre du jardin. Celui à qui elle s'adresse ne s'y trompe pas : rester un instant de plus, c'est s'exposer à un revirement dangereux, car il devine que l'attirance qu'il éprouve pour cette femme peut l'emporter sur tout et causer des bouleversements vertigineux.

Tandis que sous ses doigts défile, de mémoire, le passage qu'elle préfère entre tous, une voix se fait entendre, sa voix, qui franchit la roseraie pour monter parmi les liserons. Elle se revoit, six ans plus tôt, à l'Opéra de Paris, assise entre Maurice Achard et Jeanne Di Marco, en un instant de pure extase. Elle s'y replonge souvent pour y puiser des forces. Elle se remémore le chanteur qui ensorcelle l'auditoire, interprétant la déloyauté d'un proche. Et ce triste moment la ramène au soir terrible où dame Léonie, venant tout juste d'apprendre son mariage, s'accordait un dernier plaisir en lui révélant que sa naissance était le fruit d'une relation adultère de son père. Marianne ne l'avait pas portée et l'avait adoptée en bas âge. Sur le coup, Alice ne l'avait pas crue, mais la méchante femme avait juré dire vrai et répété ce que son défunt époux lui avait confié, par un soir trop arrosé. Ainsi donc, on l'aurait doublement trahie : Maurice et Marianne pour lui avoir caché son histoire véritable et ses parents, qui l'avaient mise au monde puis abandonnée. Constatant les effets ravageurs de ses révélations, Léonie en avait rajouté, prétendant que la femme qui l'avait mise au monde était probablement toujours vivante mais n'avait aucun intérêt à retrouver sa fille... Alice renoue avec l'étrange sensation d'irréalité qui avait suivi et duré pendant plusieurs semaines.

À partir de ce jour, elle avait voulu accélérer les procédures de son union maritale pour fuir au plus vite sa marâtre. Celle-ci avait consenti au mariage, Alice étant encore mineure. Les célébrations avaient promptement eu lieu. Assommée par les divulgations de sa belle-mère, la jeune femme s'était sentie complètement indifférente à tout ce qui arrivait autour d'elle. Léthargique, elle avait pris mari, sans rien révéler des méchancetés de sa belle-mère. Georges Deusden, inquiété par l'état de sa nouvelle épouse, avait alerté Clara Colbert. Alice se souvient de l'acharnement qu'avait alors manifesté sa protectrice pour l'empêcher de perdre pied. Jamais elle n'oublierait la tendresse hors du commun dont cette femme avait fait preuve, mettant de côté une seconde fois sa carrière de journaliste pour rester auprès d'elle et la soutenir. Clara n'avait ni confirmé ni infirmé les propos de Léonie. Elle n'était pas au courant, avait-elle prétendu. Aussi, Alice s'était mis en tête que, si Madame Coco se montrait tellement dévouée, c'était qu'elle devait avoir une bonne raison. De fil en aiguille, Alice en était venue à penser qu'elle était celle qui avait aimé Maurice et mis au monde son enfant. Les protestations de Clara Colbert n'y faisaient rien : la jeune fille n'en démordait plus et voulait croire que sa protectrice était en fait sa mère, préservant du coup son fragile équilibre psychologique.

Le morceau s'achève sur ces pensées, et le silence revient dans cette rotonde romantique, puis reste un instant suspendu. Claudio ne la quitte pas des yeux. Elle se lève, salue avec dignité les invités tandis qu'un brasier s'empare d'elle, rougit ses joues et réchauffe le bas de son dos. Plus que tout, la jeune femme souhaite mettre fin à cette existence confortable, où elle tourne en rond comme une bête en cage. Les convenances ne la retiendront pas cette fois, pas plus que la différence d'âge, qui lui semble tout de même plus acceptable entre eux deux depuis qu'elle est devenue une femme. Pour lui, elle sait qu'elle est prête à transgresser tous les interdits et à franchir tous les obstacles. Ça ne l'effraie plus : elle le suit ou elle meurt. Plus rien n'existe que cet appel, intense, direct, incontournable, auquel elle entend obéir.

Alors qu'elle devrait remercier les invités de quelques mots polis, prononcer un discours courtois et de circonstance, voilà que, statufiée, elle s'avère incapable de produire un son. Parce qu'il se tient là, devant elle, à quelques mètres. *Comment avons-nous pu être séparés si longtemps ?* semble-t-il demander. *Séparés ? J'ai pensé à vous chaque jour depuis que vous êtes parti pour l'Italie*, répond-elle mentalement.

Dans son rêve, Alice saisit la main de Claudio pour l'entraîner ailleurs, dans un lieu où ils pourraient se rassasier l'un de l'autre. Elle désire cet étranger plus qu'elle n'a jamais désiré son mari, tellement gauche et ennuyeux ! Comment cela peut-il être possible ? Que faire lorsque, en une seconde, on se rend compte qu'on n'aime plus son époux ? Qu'on préfère un inconnu ? Tandis que les bravos s'estompent dans l'idyllique jardin où le moindre arbuste a été placé, taillé, nettoyé, elle se sent encore plus imparfaite, s'esquive rapidement, prétextant un malaise. Elle se précipite comme une voleuse vers la petite porte à l'arrière de la maison, réservée aux ouvriers et qu'elle utilise souvent pour fuir les soirées trop fades. Georges, occupé à discuter avec ses invités et à commenter l'actualité financière et politique, ignore tout de sa sortie impétueuse. Elle se retrouve sous le petit porche, devant une porte exceptionnellement fermée à clé. Coincée comme une bête, elle tente de recouvrer ses esprits en replaçant les volants de sa robe. Elle redresse le buste, mais hésite à revenir sur ses pas. À peine a-t-elle repris un peu de sa contenance qu'elle l'aperçoit, lui, marchant vers elle d'un pas assuré, prêt à la secourir.

— Vous vous sentez mal ?
— En quelque sorte, oui…
— Avez-vous besoin de mon aide ?
— Je ne crois pas, puisque vous êtes précisément la cause de mon malaise, monsieur.
— Moi ?
— Oui. Vous. Et vous savez très bien pourquoi.

À quoi bon mentir ? La jeune femme hausse les épaules, laisse un instant sa vision se porter au loin, puis, prête pour l'aventure, elle plonge son regard dans celui de cet homme racé, observe ce corps divin qu'elle discerne sous les pans de son costume trop sévère. Envolées, ses bonnes manières et sa retenue ! Disparues, les règles de conduite, les civilités ! L'animal en elle s'est éveillé. Avec Claudio

Calvino, Alice Deusden a la ferme conviction qu'elle peut enfin se reposer, qu'elle est parvenue à destination.

— Et si vous ne quittez pas cet endroit immédiatement, vous mettez en grand danger nos réputations respectives. Soyez-en avisé.

Plutôt que de reculer de quelques pas pour la laisser passer, comme le ferait tout homme galant, il s'avance doucement, s'approche d'elle et bloque l'issue qu'elle aurait pu prendre. Sa bouche l'attire, tout autant que ses mains, son ventre, ses seins. Un violent désir l'emporte vers cette jeune femme bourgeoise, totalement différente de lui, une enfant jadis furtivement croisée, maintenant adulte et tellement séduisante. Il n'oublie pas que la belle est désormais mariée à un cambiste en vue. Pourquoi revient-il vers elle, avec son allure insaisissable et révoltée ? Il n'est pas certain de le savoir lui-même ! Se peut-il que la vie n'apporte parfois aucune réponse ? Même s'il ignore tout de cette ravissante musicienne et de ce que le temps a fait d'elle, il en est irrémédiablement amoureux. Bien qu'il n'en soit pas à ses premières armes en matière de relations avec la gent féminine, il se sent comme un amant débutant et timide. Il a pourtant succombé souvent à des aventures passagères. En tournée. À Paris. D'un soir à l'autre. D'une représentation à une autre. À tel point qu'on le surnomme « don Juan ». Quand il met les pieds sur une scène, il devine l'attrait qu'il exerce sur les femmes. Parfois, elles vont jusqu'à lui vouer une adulation sans fondements, mais à laquelle il a à maintes reprises goûté, se laissant bercer par de folles chimères et par l'assouvissement trompeur des sens. Mais rien de ce qu'il a vécu ne se compare toutefois au sentiment qu'il éprouve pour cette personne hors du commun, Alice…

— Avec une autre femme que vous, j'admets que m'en aller constituerait effectivement la meilleure décision, vu les circonstances…

— Oui, vu les circonstances. Je vous l'accorde.

— Mais je ne m'y résoudrai malheureusement pas, murmure-t-il dans un souffle.

Toujours si sûr de son instinct d'ordinaire, Claudio se sent soudain pris d'un vertige. Une seule caresse et le mur sera franchi : ils basculeront ensemble du côté des bannis. Va-t-il, pour une aventure, risquer de détruire vingt années d'un travail acharné pour devenir un artiste reconnu, respecté ? Et perturber l'existence pleine de promesses d'une beauté sans histoire ? Pourquoi elle ? Pourquoi lui ?

Tandis qu'il tergiverse, de grandes questions existentielles tournoyant dans son esprit, sur ses larges mains, comme les petits pas d'une mouche, les doigts d'Alice s'avancent vers les siens, avec une maturité et une confiance étonnantes. Du coup, il s'en trouve même un peu effrayé : que fera-t-il d'une telle fougue ? Comment garder le cap et soutenir un amour tel que celui-là, intransigeant, sans compromis, avide ?

— Souvent, il m'arrive de passer ici. Pour m'esquiver en douce. Mais rien n'est comme d'habitude, aujourd'hui.

— Je partage votre impression.

Elle maintient sa main fermement soudée à la

sienne. Le temps n'existe plus. Claudio et Alice, propulsés dans l'univers des sens, du désir et de la découverte, se construisent à deux. L'amour fait naître quelque chose de neuf. Elle l'entend dire, d'une voix pleine d'un respect solennel :

— Vous êtes une grande musicienne, comme j'en croise rarement.

— Et vous, un immense chanteur, une richesse nationale, lui répond-elle, sourire en coin.

— Je cherche une répétitrice.

— Parfait. Indiquez-moi où vous ferez passer vos auditions.

— C'est que… je vous ai déjà choisie, madame.

Flattée autant que décontenancée, elle baisse les yeux, telle une enfant prise en faute.

— Il y a des années que je me démène pour dénicher une complice avec laquelle travailler. Vous savez jouer Debussy comme personne.

— Je n'ai eu qu'à laisser mon âme être portée par votre présence. Mon jeu s'est imposé de lui-même. Je n'ai pas de mérite. Je ne décide rien dans tout ça.

C'est différents qu'ils reviennent vers la masse des convives. Elle, désirante et chaude, vulnérable, tremblante, se prête de bonne grâce aux échanges mondains et dissimule son complet détachement derrière un sourire aussi charmant que faux. Georges Deusden se satisfait de constater à quel point la grâce de son épouse fournit un liant social positif à ses affaires. Lui, remarqué et remarquable, salue les convives, distribue les poignées de main et les tapes dans le dos et s'éloigne en donnant à chacun l'impression qu'il regrette de devoir le quitter, ce qui, dans les circonstances, ne pourrait être plus mensonger.

Dans les semaines qui suivent cette rencontre magique, Claudio loue un minuscule appartement dans le quartier des artistes. Cet atelier de répétition, rempli de lumière à toute heure du jour, deviendra le lieu des rencontres d'un homme et d'une femme que tout aurait dû séparer.

Timides l'un autant que l'autre, ils s'apprivoisent grâce à la musique. Plusieurs fois par semaine, elle se rend au studio, grimpe l'escalier escarpé, cogne quelques coups discrets à la porte, qui s'ouvre sur lui. Il l'attendait, prêt pour le travail. Ils parlent peu et se mettent vite à répéter chaque partition, visant à atteindre une maîtrise absolue. Perfectionnistes, ils s'absorbent dans leur travail, et rien ne les détourne de leur objectif. Alice joue sans hésitation, connaissant ses pièces, tandis que lui chante et s'exerce avec acharnement. Chaque rencontre dure deux heures, parfois trois, rarement plus. Ils se quittent sans échanger beaucoup, épuisés par un labeur exigeant. Ils hésitent à avancer davantage. Ils s'habituent l'un à l'autre, s'explorent, apprennent peu à peu à se connaître. Et leur désir, loin de s'apaiser, enfle, se gonfle comme les voiles d'un navire appelé par le vent du large. Chacun de leurs rendez-vous amplifie le souffle venu de la mer. Ils ne sont pas encore amants, mais ne sont pas sans savoir qu'on ne peut résister longtemps aux forces de l'océan. Une seule vie leur est donnée, une seule au cours de laquelle ils ne veulent rien regretter.

Alice qui, au cours de son existence, a été tenue

bien loin des duretés de la vie, tenue en laisse par son père, sa belle-mère, puis son mari, découvre, en quittant les quartiers propres de Bâle pour rejoindre les faubourgs moins nantis, une tout autre réalité. Les usines, dont elle a entendu parler sa vie durant, prennent forme, tout comme les ouvriers qui en sortent, noircis par la sueur et la crasse mêlées, courbés par les trop longues heures passées penchés sur les machines. L'indigence environnante la gêne autant qu'elle se sent proche de tous ces pauvres. Comme si elle faisait un lien entre l'exploitation, la domination et l'injustice auxquelles elle-même a été exposée dans son foyer cossu et celles vécues et partagées par des milliers de gens dont elle entrevoit le quotidien autrement plus pénible. Du coup, cela lui donne envie de jouer pour ces gagne-petit, ces soumis, ces exploités, de s'adresser à eux, de les rejoindre par la musique. Elle a l'impression de s'être trouvé une raison noble de jouer, un public qui vaille la peine. Cela lui donne des ailes.

D'une répétition à l'autre, la voix de Claudio s'habitue au son du piano, et la musicienne au jeu du chantre. Les deux éléments, de mieux en mieux liés, forment un tout plus vibrant et puissant. Alice et Claudio savent toutefois qu'ils devront finir par céder à la pulsion des corps, incontournable et insistante. Mais plus ils reportent le moment de leur rencontre physique, plus ils se sentent proches, en symbiose dans leur art, et plus il devient difficile de séparer ce qui appartient à l'un ou à l'autre. Un lien, mille fois plus solide que n'importe quel contrat, enchevêtre leurs destinées. Le yin et le yang se complètent, dans une même fréquence.

De sa liaison, quoique toujours platonique, Alice ne ressort pas indemne. Si Georges Deusden a autorisé ces sorties quotidiennes dans le cadre d'un engagement temporaire à titre de répétitrice, c'est beaucoup par admiration pour les artistes et pour offrir un soutien au monde de la musique, ce qui constitue une sorte de tradition à laquelle sa noble famille l'a habitué. Avec une ouverture d'esprit qui est toute à son honneur, le jeune banquier apprécie sincèrement les talents de sa compagne et entend les encourager. Son épouse reconnaît sans peine cette magnanimité. Mais il reste que son amour clandestin ne peut que tout changer des rapports entretenus avec son mari.

— Vous m'accompagnez à Paris ?

Ces mots, ceux de son époux, qui autrefois déclenchaient son chagrin, elle les espère désormais comme une délivrance, car ils signifient pour elle liberté !

— Hélas ! notre fille a contracté une mauvaise toux, et je ne peux la laisser seule.

— Je serai de retour avant la fin de la semaine. Soyez sage, mon ange.

Il prononce ces mots sur un ton paternel… Soyez sage… Alice les entend qui résonnent, tandis qu'elle se prend déjà à rêver du studio de répétition. Elle voudrait l'implorer à genoux qu'il la libère de l'engagement qui les a unis ! Sa vie appartient désormais à Claudio Calvino, l'homme de la rue devenu chanteur. Elle ne peut connaître d'autre destin !

19

Dans le studio de Claudio, une lumière de fin d'après-midi inonde la pièce de douceur.

— Vous ne repartez pas ?

— Non. Aujourd'hui, j'ai tout mon temps.

Sans rien ajouter, elle reste au piano, reprend la phrase mélodique, traîne sur les pauses, tel un chat s'étirant sur le bord d'une fenêtre pour ensuite se réinstaller, ronronnant, les yeux fermés de contentement. Claudio ne sait que faire. Une telle sensualité se dégage d'elle ! Il devine que ce jour-là aura un dénouement inhabituel.

Presque intimidé, mais fébrile de percevoir ce signal tant espéré, il hésite puis pose doucement un baiser sur son épaule. Il monte ensuite, avec délectation, sur son cou pendant que les arpèges s'enchaînent à un rythme accéléré. Il voudrait que jamais elle ne cesse et la prendre tandis que le piano chante et magnifie son allégresse.

— Je n'existe que pour vous, lui avoue-t-il.

Cet aveu éperdu, murmuré contre son oreille, l'achève. Elle se tourne vers lui, offerte. Un silence envoûtant tombe sur le studio. Et même si les mains de la pianiste ne courent plus sur son clavier, elle entend toujours la musique en elle, qui les enveloppe et les réchauffe. Elle effleure ses épaules musclées et passe ses doigts dans sa chevelure ondulée. Elle frémit en constatant qu'il se laisse faire lorsqu'elle le dévêt. Il se donne pleinement, révélant son désir, vulnérable et indestructible tout à la fois. Une fois nu, à son tour il enlève avec lenteur chacun des vêtements d'Alice, prenant le temps qu'il lui faut pour admirer ce cadeau tant de fois imaginé. Alors qu'il la touche, elle se découvre des audaces, laissant ses mains parcourir le corps de cet homme, caressant son ventre, saisissant son sexe. Aucune gêne ne ternit leur plaisir. Il s'approche d'elle.

— Moi de même. Vous êtes ma vie, lui répond-t-elle sans chercher à dissimuler son adulation.

Collés l'un contre l'autre, ils s'étendent sur le sol, illuminés. Il entre en elle, sachant calmer son empressement. Il sait attendre jusqu'à ce qu'elle le supplie tendrement. Puis la jouissance, si longtemps retenue et attendue, explose comme un feu d'artifice. Un immense bonheur, pris d'un seul coup. Puis de nouveau le silence. Enlacés, les amoureux gardent les yeux fermés, priant pour que ce moment ne connaisse pas de fin.

— Mme Deusden est morte aujourd'hui. Je n'appartiens plus qu'à vous.

— Ce serait trop triste de vous mettre en cage. Je vous aime libre, comme vous l'êtes à mes côtés. Aussi, ne m'appartenez pas, je vous prie.

Ils restent un long moment couchés, sereins.

Si la jeune femme, une fois de retour chez elle, parvient à vaquer à ses tâches de mère et de maîtresse de maison, c'est pourtant sans la moindre concentration, rien ne comptant plus désormais que le prochain rendez-vous avec son amant. Ensorcelée, elle a déserté son existence d'autrefois, abandonnant une peau sèche et morte sur le sol de son quotidien.

Claudio, tout aussi atteint, ne dort plus désormais que quelques heures par nuit. Il ne flâne plus avec ses complices, mais travaille comme une bête pour trouver un peu de paix. Du haut de sa trentaine bien sonnée, lui qui se croyait à l'abri des tempêtes comprend l'ampleur de sa méprise. Il ne voit plus les autres femmes, n'en désire qu'une seule. Il se prépare fébrilement pour chaque nouvelle répétition, où il ne parvient plus à travailler, d'ailleurs. Alors qu'il s'éloignait de la capitale française pour perfectionner sa technique vocale, voilà qu'il se dévoue plus à celle du plaisir physique et des ébats sexuels fous.

Comme pour s'harmoniser à la passion qui se déchaîne en son territoire, la Suisse connaît, cet été-là, des chaleurs exceptionnelles. Les arbres croulent sous leurs fruits juteux. Le soleil luit comme jamais et chauffe Bâle et ses amours clandestines d'une moiteur presque exotique. On se croirait au paradis.

Les voyages de Georges, qui jadis attristaient tant Alice d'être délaissée, se font plus fréquents cet été-là, permettant à l'heureuse femme adultère de multiplier les moments d'une extase dont elle avait jusque-là été privée. Un peu plus chaque jour, elle se sent transportée.

— Maman ? Pourquoi tu sors encore ? Reste avec moi, maman !

La seule ombre à son tableau idyllique reste

Annabelle, dont la souffrance et l'ennui s'intensifient, au point de rendre l'enfant très souvent irascible, geignarde et encore plus insupportable aux yeux de sa mère, d'autant plus peinée qu'elle-même connaît très bien les douleurs de l'abandon. La petite résiste à tout, cumule les caprices, se révèle malheureuse en quasi-permanence. Jusqu'au jour où Alice, touchée par la détresse de sa fille, décide d'opérer un changement dans leurs rapports. Désormais, à peine levée, plutôt que de la fuir, elle rejoint Annabelle dans sa chambre, l'habille elle-même et passe un bon moment en compagnie de la petite à jouer. Quand vient l'heure de la sieste, en début d'après-midi, la gamine comblée et rassasiée cesse ses lubies. Les sorties sont alors beaucoup plus faciles pour la mère qui ne peut que constater les bienfaits de la tendresse et de l'attention accordée aux êtres chers. Elle essaie de ne pas penser au jour inévitable où elle en sera elle-même de nouveau privée.

— Claudio, que deviendrai-je quand tu repartiras ?

— Nous avons encore deux splendides semaines devant nous.

— Et si tu ne retournais pas à Paris ?

— Des engagements m'attendent. Je me dois de les honorer. On ne me laisse pas le choix. À toute absence injustifiée sont associées de fortes amendes. En plus de ruiner ma carrière, je serais condamné à la faillite. Et tu n'aimerais plus l'homme malheureux que je deviendrais.

Comme il a raison et qu'elle ne peut le nier, elle se rend tous les jours avec un acharnement obstiné au petit studio de répétition, caché sous les toits, prenant le temps de jouer avec retenue les pièces à répéter, pour se laisser aller ensuite à l'extase et au relâchement physiques.

— Tu m'écriras ?

— Tous les jours et toutes les nuits. Et dans six mois, je serai de retour, le temps de vacances de quelques semaines.

Six mois ! Claudio peine à croire qu'il ait pu dire pareille insanité : rentrer à Paris et se priver de son âme sœur pendant plus d'une demi-année. *Il le faudra bien, pourtant.* Il se répète pour la centième fois cette phrase absurde tandis qu'il dépose dans sa valise quelques mouchoirs dentelés délicatement parfumés, cousus de la main même de son amante. Des airs d'opéra fusent dans son esprit meurtri, déchirants et lancinants dans un feu d'artifice triste. Sa propre histoire ressemble en tous points à celles qu'il a tant chantées et jouées : impossible et tragique. Le chanteur du peuple, amoureux fou d'une aristocrate mariée. Un thème qui se termine mal, invariablement. Comment a-t-il pu être aussi naïf ?

Vérifiant une dernière fois qu'il a bien tout emporté, il ne peut que se faire une raison et s'avouer qu'il doit mettre fin à leur liaison. Les ruptures franches sont celles qui cicatrisent le mieux, ça aussi, il l'a appris au fil de ce qu'il a chanté. La nature humaine n'aime pas les zones grises.

— Mais je puis aisément accompagner mon époux ! Il se rend à Paris très souvent pour ses affaires. Nous pourrions nous revoir chaque fois, puisqu'il m'abandonne des jours entiers à moi-même !

— Il ne le faudra pas, Alice. Ne nous revoyons pas. Dans six mois, lorsque je reviendrai, nous jugerons mieux.

— Nous jugerons mieux ? Mais de quoi ?

— Notre histoire n'offre aucun avenir, ma chérie adorée. Une fois que le temps aura passé...

— Dans six mois, tu m'auras oubliée ? C'est ce que tu me dis ? Il ne te faudra que six pauvres petits mois ?

— Tais-toi...

— C'est toi qui dois cesser de parler, car ce que tu dis n'a aucun sens.

Claudio et Alice, nus, les yeux pleins de larmes, s'enlacent une dernière fois dans cette pièce unique qui a abrité la passion à laquelle ils doivent mettre fin.

— Qu'est-ce que je vais devenir sans toi ?

— Dès le premier jour, nous étions perdus, nous le savions très bien.

— C'est faux. Nous ne sommes pas condamnés. Je m'y refuse.

Le jour du départ de Claudio, une pluie diluvienne rend leur séparation encore plus sinistre. La ville de Bâle, qui avait tant séduit le chanteur, lui semble désormais la plus triste du monde. S'il pouvait arrêter le temps, s'arracher le cœur en pleine rue ! Tel un automate, il se rend à la gare. Deux amis l'accompagnent et le poussent dans le train. Sans eux, il ne serait jamais parti. Il serait resté là, ruisselant sur un banc, pétrifié...

— Tu ne la vois pas ?

— Non. Il n'y a personne sur le quai. Elle n'est pas venue, Claudio. Allez, lève-toi, c'est l'heure.

La déception lui troue la poitrine. Pourtant, il a lui-même insisté, la veille, pour qu'elle ne se présente pas à la gare.

— Je ne supporte pas les adieux.

— Il ne peut être question d'adieux. J'irai à Paris et je te retrouverai.

— Il ne faut pas. Ça rendra les choses plus difficiles.

— Tu devras me battre si tu veux m'empêcher de revenir vers toi.

— Tu es mariée, Alice. Comment peux-tu…

— Au fond, notre amour te terrifie. Je ne te laisserai pas céder à la peur.

Avec ses yeux de feu et sa démarche déterminée, c'est en colère qu'elle s'était résolue à le laisser partir. Et si elle n'assiste pas au départ de son amour, ce jour-là, c'est bien parce qu'elle ne l'accepte pas.

Le regard tourné vers la fenêtre, Claudio voit défiler sa vie, en même temps que la campagne et les paysages bucoliques. Il se remémore sa petite enfance en Italie, marquée par la famine et la détresse de sa famille. Le voyage vers la France, les longues heures de marche, le travail harassant pour survivre de justesse. La rigueur de sa mère, qui lui imposait d'apprendre à l'oreille des airs populaires, à la perfection, pour qu'il les interprète ensuite, au hasard des rues, récoltant quelques sous. Ces longues heures passées à connaître l'humiliation, à tendre la main, avec pour seul réconfort les chants de son pays, entonnés avec conviction. Ensuite, l'adolescence et l'embauche sur les chantiers, le travail de la pierre auprès d'un père rude et exigeant. La servitude. Le malheur. Puis la musique, qui lui avait offert une seconde chance, faisant tourner les tables du destin, lui permettant de devenir chanteur. Et la musique encore, qui lui apporte son plus grand amour, et la peine insondable de le savoir perdu. Tout ce chemin pour aboutir sur une route sans issue…

Profondément ébranlée par le départ de son amant, Alice n'a plus qu'une idée : se rendre à Paris ! Cherchant intensément des raisons qui pourraient motiver son voyage et n'en trouvant pas, elle a l'idée de revenir à cette histoire que lui avait naguère révélée sa belle-mère. Si elle avait dit vrai ? Si cette mère dont il avait été question n'était pas Clara ? Si elle habitait Paris, comme Léonie l'avait laissé entendre ? Et la voilà qui prétend entreprendre des recherches, dont elle s'entretient le plus souvent possible avec Georges Deusden.

— Si cette femme existe, il faut que je la retrouve.

— Bien sûr. Mais n'y comptez pas trop. Votre belle-mère vous a fait ces révélations sous le coup de la colère. Elle voulait vous punir parce que vous lui aviez échappé. Il n'y a probablement rien de vrai dans ses dires.

— Peut-être. Mais à cause d'un rêve que j'ai fait récemment, où ma mère naturelle m'est apparue, me suppliant de la retrouver, je voudrais aller en sol français.

Georges se désintéresse de la question et opine du bonnet tandis que son épouse poursuit ce qui lui semble être des élucubrations féminines et vaguement ésotériques.

— D'accord, allez à Paris et logez chez votre tante. Pour ma part, j'ai quelques affaires à régler du côté de l'Espagne… Votre petite investigation vous tiendra occupée. Retrouvons-nous dans quelques semaines, puisqu'il vous plaît de jouer les détectives !

— Entendu. Vous me redonnez de l'espoir !

Alors qu'à Bâle sa maîtresse reprend courage, le jeune baryton qui adorait arpenter les rues de la Ville lumière le jour tout autant que la nuit s'y sent désormais gelé, étranger et mal à l'aise. Seul le travail offre un peu de répit à sa souffrance, aux émotions à vif. Sur scène, prendre la peau d'un autre lui donne un congé de la sienne, et il se livre à son art sans réserve. Les applaudissements du public, qui l'emplissaient auparavant d'une paix bienheureuse, l'attristent car ils signifient le retour à la dure réalité, à l'absence et à la solitude. Ses camarades peinent à reconnaître celui qui savait profiter de tout.

— Vous pouvez dormir ici, si vous le voulez.

— Merci, maestro, je vais rester.

— Faut-il que vous soyez malheureux pour ne pas souhaiter rentrer chez vous.

— Je n'habite nulle part, désormais. Aucune demeure ne me rassure, aucune nourriture ne me rassasie, aucun sommeil ne me repose.

Le maestro Conte a l'habitude du désespoir des âmes qui constituent son matériau de travail. Pris de pitié et de compassion pour ce jeune homme abattu devant lui, il l'invite à le suivre dans son bureau, à l'abri des regards, et lui offre une écoute attentive, paternelle. Cette nuit-là, tous les souvenirs heureux du temps passé à Bâle lui sont confiés.

— De toutes les femmes de la terre, vous avez choisi la plus inaccessible ? Je vous reconnais bien, là, monsieur le tragédien !

Claudio sourit à la raillerie, soulagé du poids de ses peines enfin partagées avec un autre, et ne peut que donner raison à son perspicace interlocuteur.

— Quoi qu'il en soit, vous avez cette femme dans la peau et vous aurez bien du mal à en chérir une autre…, lance-t-il, un sourire dans le regard. Certaines ruptures, une fois que le temps a fait son travail, s'avèrent bénéfiques, alors que d'autres se révèlent impossibles.

Claudio ne peut qu'acquiescer. Maintenant qu'il est privé de la personnalité de son amante, de son intelligence, de son corps, de ses mains sur le piano, de sa patience à reprendre mille fois les passages difficiles, de sa vision de la musique si pareille à la sienne, de son interprétation inégalable des pièces, il réalise quelle folie ça a été que de croire qu'il pourrait s'en passer.

— Donnez-moi une semaine. Permettez-moi de me rendre à Bâle.

— Cinq jours, pas un de plus. Les représentations reprennent ce samedi, et vous y êtes requis. En pleine forme et heureux comme un roi. Entendu ?

L'existence d'un chanteur d'opéra apparaît comme incontestablement plus facile physiquement que celle d'un maçon, qui doit être doté d'une charpente robuste et d'une endurance inébranlable afin de supporter un travail rude et de longues journées. Mais il reste qu'une partie invisible du travail d'un chanteur exige une sensibilité particulière faite de fragilité et de force, également dosées. Les artistes doivent plonger dans le monde des émotions, les explorer, comme d'autres sillonnent les fonds marins afin de revenir ensuite pour partager le fruit de leurs expéditions. L'entreprise demande du courage, de l'équilibre, de la résistance et beaucoup de discipline.

À peine s'est-il extirpé de la gare bondée que déjà, à la simple idée de savoir Alice là, non loin dans cette ville, et d'imaginer qu'à tout moment il peut la croiser, Claudio se sent réconcilié avec la vie. Le son de ses pas fait résonner la place de la Cathédrale, où les maisons, comme les rues, plus astiquées et parfaites les unes que les autres, affichent un air d'irréalité qui le perturbe car, bien qu'il ait parcouru mille fois la route en compagnie de son amoureuse, voilà qu'il a du mal à s'y reconnaître. Le cœur battant, armé d'un plan de la ville, il suit son chemin, aveugle aux passants, aux boutiques, n'ayant de pensées que pour elle, celle qu'il va enfin serrer contre lui. Quand enfin il se présente sur le palier de la maison Deusden, lui qui ne sait pas mentir est prêt à raconter une histoire, montée de toutes pièces, de partitions oubliées et absolument nécessaires.

— Je regrette, Madame n'est pas à la maison aujourd'hui.

— Pouvez-vous me dire quand elle sera de retour ?

La gouvernante hésite mais, ne pouvant résister au sourire du chanteur, elle lui fait une confidence :

— Mme Deusden loge chez sa tante, à Paris, elle mène une sorte d'enquête, à ce que j'ai cru comprendre.

Bouleversé, il peine à croire qu'alors qu'il déplaçait des montagnes pour rejoindre son amour à Bâle, celle-ci parcourait le chemin en sens inverse et débarquait à Paris ! Il l'imagine devant la porte de chez lui en ce moment même ! Assommé par cette ironie du sort, il en a le souffle coupé et décide de s'arrêter dans un café pour recouvrer ses esprits. Et chaque minute qu'il perd le pousse un peu plus à bout. Il ne prend pas le temps d'avaler une bouchée du plat qu'il vient de commander, il paie la bière qu'il n'a pas bue, il laisse tout en plan et se dirige, en courant comme un fou, vers la gare pour acheter le premier billet pour le prochain départ vers Paris. Il s'assoit sur un banc, désarçonné. De quelle recherche peut-il s'agir ? Quel mystère ! Il doit fournir un effort titanesque pour parvenir à se rassurer, à se convaincre qu'il ne s'agit que d'un contretemps, que l'existence est bien faite et que tout va bien se terminer.

De retour à son point de départ, fatigué après une nuit blanche, Claudio ne veut plus qu'une chose, retrouver Alice coûte que coûte, mais il doit contenir sa fougue pour ne pas hurler d'exaspération.

Presque au même instant, Alice réprime aussi une envie de hurler devant cet hôtel particulier de la rue Montmorency dont, en temps normal, la beauté l'aurait émerveillée. Elle serre très fort dans son poing l'adresse qu'un collègue de Claudio lui a griffonnée à la hâte, devant son insistance. Après l'avoir attendu, puis cherché à l'Opéra avec l'acharnement d'une lionne qui aurait perdu un petit, voilà qu'elle se cogne à un nouveau mur, puisque la logeuse lui révèle que le chanteur n'a pas été vu depuis plus de deux jours.

Où Claudio peut-il se cacher ? Dans les bras d'une autre femme ? Elle refuse d'envisager cette possibilité. Comment pourrait-il en aimer une autre alors qu'elle n'a que lui en tête, qu'elle a pris tous les risques pour le revoir, qu'elle souffre chaque minute passée sans lui ? Elle tend l'oreille, espérant le voir émerger au détour d'une rue, chantant et faisant résonner les murs de sa joie, comme il le faisait souvent à Bâle. Pour toute réponse, elle n'obtient que le silence. S'abandonnant à son découragement, elle pleure un bon coup, prostrée sur un banc public, indifférente aux regards des curieux. Au bout d'un long moment, elle se relève, et, d'une démarche de somnambule, elle reprend le chemin vers l'appartement de sa tante, certainement très inquiète à son sujet, vu l'heure tardive.

Son cerveau, engourdi, ne nourrit plus aucune pensée positive. Elle a perdu Claudio. Elle n'a plus touché à son piano depuis le départ de celui-ci. N'ayant plus d'appétit, elle a maigri de cinq kilos. Elle ne supporte plus sa fille, Annabelle, dont elle se sépare le plus souvent possible, car la tendresse de l'enfant à son égard l'agace, l'irrite, l'exaspère. Quant à son époux, à ses maladresses encore plus évidentes et pénibles désormais, elle ne parvient pas à se faire à l'idée de devoir passer une vie entière avec lui. Son existence l'horripile. Elle comprend qu'un jour cette femme qui était sa mère l'ait abandonnée, car elle n'en valait pas la peine. Grâce aux démarches qu'elle a entreprises sur ses origines, elle a vite compris que sa belle-mère avait dit vrai. Son acte de naissance avait été trafiqué, son nom de famille, ajouté... Sans la grandeur d'âme de ses parents adoptifs, elle aurait été condamnée à la misère et probablement morte en bas âge, comme bien des bâtards placés comme elle en nourrice dans des familles d'immigrants. Il aurait peut-être mieux valu qu'elle meure, se répète-t-elle, au rythme militaire de son pas. Si ses pas la mènent à la Seine, elle s'y noiera.

Pendant ce temps, Claudio Calvino, préoccupé, se rend chez Jeanne Di Marco, son seul espoir de retrouver sa douce. Emporté par la cadence, il réfléchit et émet des hypothèses sur cette intrigante enquête évoquée par la bonne. Il prend à gauche plutôt qu'à droite, se retrouve dans un cul-de-sac, revient sur sa route, s'engage dans une ruelle assez sombre, commet une nouvelle erreur et tombe... face à face avec son amoureuse, l'air perdu, de grosses larmes de chagrin roulant sur les joues.

— Alice ? Mon Alice ?

Elle stoppe net, incrédule, et l'observe. Lui aussi a maigri. Ses cheveux, plus longs, tombent en cascades bouclées sur ses épaules et encadrent son magnifique visage qui lui a tant manqué. Elle se blottit contre son cœur, sans se soucier des passants, des ragots ou des interdits. Enfin, ses bras entourent ses épaules, et sa voix grave murmure :

— Mon bel oiseau du paradis…

Les voilà vaincus et pourtant tellement plus solides, car d'un seul jet la vie leur est revenue, tel un cœur qui s'est remis à battre, mais plus fort, puisqu'ils savent que rien ne pourra plus empêcher leur union.

— Allons chez toi !

— Tout de suite, ma belle adorée !

Main dans la main, grisés, ils pressent le pas. Leurs corps n'en peuvent plus d'attendre et les poussent vers le plaisir. À tel point qu'il reconnaît à peine son immeuble, l'escalier, les marches, le palier, la porte qu'il referme derrière elle et sur laquelle il l'appuie pour l'embrasser avec fougue. Les paroles qu'il murmure en italien, bien qu'inintelligibles, sonnent comme de la musique.

— Tu ne pars pas d'ici ce soir. Tu dors avec moi.

— Je ferai livrer un mot à Jeanne. Elle comprendra.

Elle se dégage une minute, se dirige avec assurance jusqu'au petit secrétaire ouvragé, à l'entrée. Elle trouve de quoi écrire. Il l'observe, fou de joie de la voir bien en vie sous ses yeux. Une fois la missive rédigée, elle la tient entre le pouce et l'index, son coude appuyé sur la table, et déclare :

— Si j'envoie ce message et que je reste ici cette nuit, c'est que plus jamais nous ne nous séparerons. Quoi que cela exige…

— Je t'en fais la promesse…

— J'appelle le coursier.

Dans sa voix, la détermination, la maturité et la certitude se font entendre. Leur différence d'âge n'existe plus. Ce sont juste un homme et une femme unis jusqu'au-delà de la mort.

Enfin ensemble et en paix, les deux amants s'abandonnent aux pulsions physiques qui les ont hantés. Avides de caresses et de tendresse, ils se gavent goulûment, refusant de penser aux obstacles qui les ont séparés et qui les attendent toujours.

— Ma magnifique !

Quand Jeanne est interrompue par un messager pendant la dégustation de son succulent potage Parmentier, elle se doute bien que la note vient de sa protégée. Mais jamais de sa vie elle n'aurait pu deviner ce qu'elle y lirait : *Les voies de l'amour se croisent de nouveau. Considérez-moi comme disparue. Du moins pour quelque temps...* Elle replie le papier de bonne qualité, le glisse dans l'enveloppe et repousse son assiette. L'appétit lui a passé. Encore une fois, le remords, terrible, l'envahit. Mille fois depuis la naissance d'Alice elle a failli révéler son lourd secret à cette enfant du péché dont elle a dû se séparer. Mille fois elle s'est tue.

Ardente jeune femme, au summum de sa beauté, elle n'avait pas trouvé la force de porter la vérité au grand jour. Elle n'avait pu renoncer à sa jeunesse et au mariage pour s'engager dans un rôle de mère célibataire qui ne lui disait rien. Puis, une fois mariée et bien engagée dans le chemin du mensonge, elle avait assumé sa lâcheté et fait avec Antonio comme si elle était vierge, innocente des choses de l'amour, puis avait comblé ses instincts maternels avec ses trois fils. Maintenant veuve, à la veille de la quarantaine, elle s'interroge sur les bénéfices à tirer d'une révélation si bouleversante pour une personne telle qu'Alice, à l'équilibre délicat et à la sensibilité à fleur de peau, manifestement mal à l'aise dans son rôle de femme bourgeoise, mariée, forcée à jouer l'artiste de salon. *Non*, pense-t-elle, *comme le dit le proverbe : toute vérité n'est pas bonne à dire*. D'autant plus que, dans la famille, on supporte très mal le moindre écart de conduite. Divulguer les faits aurait une conséquence immédiate : son beau-père cesserait sur-le-champ de lui verser la pension gérée par ses bons soins et tirée des profits qu'avait entraînés la vente du commerce de son défunt mari. Qu'elle se trouve à la rue n'aiderait personne, et surtout pas sa fille. N'empêche qu'elle se demande si le secret sur la naissance d'Alice n'expliquerait pas une partie de l'impétuosité de son enfant et de son incapacité à vivre une vie comme celle des autres femmes de son âge et de son rang. Le souvenir de Maurice lui revient, elle a l'impression de l'entendre lui souffler à l'oreille que leur amour ne peut que donner un fruit hors du commun…

Le fruit en question ne refait surface qu'une semaine plus tard et subtilement transformé par la passion, les traits du visage plus adoucis, le corps alangui et rassasié. Jeanne lui remet un télégramme envoyé par son époux.

— Georges Deusden m'ordonne de rentrer à Bâle !

— Il reste ton mari, très chère. Tu ne peux pas faire comme si tu étais une femme libre.

— Ces mots ont-ils un sens ? Que dois-je faire au juste pour devenir une femme libre, comme vous le dites ? J'aime un homme plus que moi-même, et je ne veux plus le quitter !

Ravagée, elle éclate en sanglots. Son existence entière lui semble une suite d'empêchements, de refus, d'éloignements imposés, de séparations. Elle n'a rien à faire des convenances et des interdictions. Elle déteste son mari, la Suisse et son argent. Cette fois-ci, elle entend suivre son cœur.

— Crois-tu être la première qui tombe amoureuse d'un autre que son époux ? Allons, allons, belle fougueuse, il y a les émotions, certes, mais la raison doit compter un peu aussi.

Et la tante expose à sa protégée la force des liens du mariage, les difficultés auxquelles s'exposent les étourdies qui ne les respectent pas, mille fois plus punies que si elles avaient tout simplement vécu leur union adultère discrètement, sans faire d'éclats. Elle cite en exemple son amie qui a tout perdu et que sa famille, sa propre mère, même, a reniée.

— Pour cela, je n'ai rien à craindre ! Ma belle-mère achève de dépenser tout ce que mon père aurait pu me laisser ! Je n'ai rien à perdre, moi, ma tante. Si un jour je retrouve ma mère, et si elle peut m'aider, peut-être pourrai-je jouir d'autres ressources, mais pour le moment, je ne possède que ce que mon époux me concède.

— C'est justement ce que tu as le devoir de préserver.

Prise d'un vertige, Jeanne doit faire un effort pour ne pas avouer la vérité et prendre sa fille sous son aile afin de lui permettre d'accéder au bonheur auquel elle aspire. Mais ce serait les condamner toutes deux à un avenir misérable.

— J'en veux à cet homme qui me tient en laisse comme une bête. Plus il tente de me soumettre et plus je le maudis. Vous ne désirez pas mon bonheur !

— Calme-toi et vois où se trouve ton intérêt, et même celui de l'homme que tu chéris. Il faut bien voir qu'un artiste peut difficilement vivre sans mécène, et M. Calvino encore moins que les autres étant donné le milieu duquel il est issu.

Et elle poursuit.

— Si la furie des gens de pouvoir s'abattait sur lui, ton Claudio perdrait tous ses appuis et devrait renoncer à la pratique de son art. Crois-moi, ma chérie, il faut te faire une raison.

L'amoureuse n'ajoute rien, s'installe au piano et entame la *Suite allemande pour piano* de Bach, chantant avec l'instrument sur un tempo modéré et l'accompagnant dans sa lente et lancinante mélopée. Puis, refermant le couvercle sur le clavier, elle reste silencieuse la soirée entière. Le lendemain, elle se résigne à quitter Paris pour Bâle.

— Excusez mes dures paroles d'hier. Vous êtes ma seule alliée...

— Tu peux compter sur ma grande tendresse et sur mon aide. Je comprends très bien dans quelle situation tu te trouves, car je l'ai moi-même vécue.

— Ah bon ?

— J'ai aimé un homme qui m'était interdit. Et je l'ai payé très cher. J'essaie simplement de t'épargner des peines, pour que tu ne souffres pas autant que moi.

Bouleversée par cette révélation, la jeune femme

quitte l'appartement avec moins de colère dans l'âme. Elle se jure de revenir à Paris le plus souvent possible, et Jeanne promet de l'y aider.

Cependant, une fois à Bâle, rien ne se déroule comme prévu. Tout commence avec Annabelle, qui se conduit comme mille diablesses, multipliant les exigences et les maladresses. Puis il y a Georges, qui lui reproche son absence prolongée, la tenue de la maison qui se relâche de façon exagérée. En plus, il exprime son besoin d'avoir l'appui de son épouse au cours de l'automne chargé de réceptions et de sorties. Sa femme s'efforce de faire en sorte que son retour ne révèle aucune fausse note. Mais quand, le soir venu, son époux la rejoint dans sa chambre, comme il en a souvent l'habitude après une séparation, elle comprend à quel point ses bonnes résolutions seront difficiles à tenir.

— La route a été longue. Je me sens souffrante, ce soir.

— Vous m'avez manqué. Votre tante m'a appris que vous aviez donné une série de concerts…

— Elle préside une organisation charitable pour jeunes mères dans le besoin. Je ne pouvais pas lui refuser cette faveur.

— Complètement d'accord avec vous.

— D'ailleurs, elle m'a demandé de poursuivre tout au cours de l'année à venir. M'en accorderiez-vous la permission ?

— Vous me délaisseriez donc plus souvent ?

— Une fois par mois. Deux, exceptionnellement.

— Laissez-moi y réfléchir. Je vous donnerai ma réponse demain matin.

Mesurant la fragilité de sa situation, Alice pense

qu'en donnant à Georges ce qu'il attend elle pourra obtenir de son conjoint qu'il soit mieux disposé à accepter ses escapades hors du foyer conjugal. Elle s'efforce donc de lui sourire, prétend qu'elle s'est ennuyée et se dit prête à surmonter sa fatigue. Dissimulant son aversion, elle l'embrasse, mais avec une certaine réserve, cherchant à rester dans les limites de ce qu'ils ont toujours connu ensemble sur le plan physique. Elle en fait un peu, puis le laisse se décharger en elle, sans bouger, en silence et fixant le plafond, occupant son esprit à penser à la journée passée. Il ne devine rien du dégoût qu'il lui inspire et s'endort comme un loir, tandis qu'elle, une fois son devoir accompli, se lève pour se nettoyer méticuleusement et se purifier des saletés dont il l'a emplie. *Il me doit une faveur, maintenant*, pense-t-elle en revenant s'allonger dans son lit, vide, car il est déjà retourné dormir dans le sien.

Les bienveillances sexuelles ne suffisent pas toujours, elle l'apprendra à ses dépens. Il lui faudra beaucoup de patience et d'intelligence pour berner un compagnon aguerri par les affaires, les feintes en tous genres, les stratégies subtiles et les objectifs dissimulés. Georges a acquiescé aux échappées de sa femme, à la condition que celles-ci concordent avec ses déplacements d'affaires dans la capitale française, de sorte qu'il puisse, chaque fois que possible, assister aux représentations caritatives que Jeanne a dû improviser à la hâte, une fois informée clandestinement par sa nièce. L'aurait-il mise réellement en cage, s'il l'avait pu ? Peut-être, car le sentiment qu'il éprouvait secrètement ne le trompait jamais : sous les prétentions, les gentillesses, les caresses, il y avait quelque chose qui lui échappait mais qui l'incitait à la méfiance.

Entre les concerts, les représentations au théâtre et les réceptions auxquelles Alice se doit de parader au bras de son financier, il ne lui reste que de courtes plages de liberté qu'elle meuble rapidement chez son amant. Des échanges aussi passionnés que furtifs qui ne parviennent qu'à la combler en partie.

— Si une fée me permettait de réaliser un souhait, un seul, je choisirais de vivre avec toi, quelque part aux Indes.

— L'Afrique non plus ne me déplairait pas…

— Serait-ce suffisamment loin de mon époux, tu crois ?

Son sourire, moqueur, en dit long sur le mépris qu'elle voue à son mari. Ce sentiment n'a fait que grandir au fil des acceptations conditionnelles, des questions incessantes, des interrogatoires quasi policiers que Georges a imposés à Alice.

— Plus il cherche à me coincer, et plus je deviens habile. Comme si, en quelque sorte, il m'apprenait à lui mentir.

— J'espère que jamais tu ne parleras de moi sur ce ton.

— Plus il me veut pour lui et plus je le déteste.

— Un jour, nous trouverons le moyen de vivre ensemble, j'en prends l'engagement solennel.

Quand il promet ainsi, avec autant de gravité, cela la rassure et la pacifie. Son désir, éveillé par cet espoir partagé, s'impose. Bientôt, leurs corps s'embrasent.

— Nous n'avons plus de temps, mon amour, il me faut rentrer.

— Tu trouveras bien une excuse, ma mie…

Ses mains, habiles, courent avec adresse sur le bas de son ventre et la font frémir. Elle s'abandonne, repoussant les limites et taisant la voix de la conscience…

Quand elle parvient chez sa tante Jeanne, en retard, encore étourdie d'ivresse, elle est surprise de voir Geoges qui l'attend, faisant les cent pas dans le petit salon attenant au hall d'entrée.

— Eh bien, belle dame, avez-vous donc oublié notre rendez-vous ?

— Vous me voyez désolée. Je me trouvais aux Archives de Paris. J'ai rencontré quelqu'un là-bas qui m'a semblé pouvoir m'éclairer dans mes recherches.

— Je déteste qu'on se joue de moi. Tenez-le-vous pour dit. Si vous avez quelque chose à me cacher, assurez-vous que ce soit bien fait.

Les menaces à peine voilées ébranlent la jeune épouse. Coupable, elle ne pourrait l'être plus puisque, après avoir traîné dans les bras de Claudio, ce n'est qu'en coup de vent qu'elle s'est rendue à la mairie pour y faire acte de présence et y rejoindre sa chère Clara, affairée à mener les explorations à sa place. Tandis qu'elle tente d'avoir un comportement à peu près irréprochable au bras de son maître, telle une ballerine de porcelaine, raide et blême, tournoyant en accéléré sur son pied, Alice parvient péniblement à duper son époux et à reprendre le fil d'une conversation entamée et portant sur un tout autre sujet. Néanmoins, les paroles de son mari la font réfléchir sur l'importance de jouer franc-jeu dans une relation véritable, Aussi, elle décide de se confier à Claudio, lors de leur prochaine rencontre, sur un sujet qui la préoccupe...

— Il me faut t'entretenir de quelque chose, mon amour. Tout de suite.

— Prends le temps de t'asseoir.

— Il y a un fait dont nous avons très peu parlé ! Ou quelqu'un, plutôt... que je ne peux t'imposer. Nous aurions dû en discuter dès le premier jour de notre amour.

Il essaie de la calmer, en vain. La panique et l'angoisse se lisent sur son visage.

— Et c'est ma fille ! Ma petite Annabelle, qui est âgée de quatre ans et dont il me serait absolument impossible de me séparer. Bien que je ne réussisse pas à me conduire de façon à être la mère que je souhaiterais pour elle, il reste que je l'aime de toute mon âme. Si tu exigeais que je l'abandonne pour te suivre, sache que j'en serais incapable, même par amour pour toi.

— Bien... Comme la vie prend parfois des détours étranges ! D'abord, j'aime les enfants, rassure-toi, et la tienne encore plus que les autres. De plus, me voilà placé devant un fait nouveau et surprenant qui risque de changer le cours de mon existence et peut-être... de la tienne.

Plutôt que de se détourner d'elle comme elle le craignait, Claudio lui sourit et, de sa voix chantante d'Italien, entame le récit d'un événement survenu dans la journée, alors qu'au moment de la pause en répétition, maestro Conte l'a fait mander à son bureau.

— En toute confidentialité, j'ai une proposition qui devrait vous intéresser, a annoncé le maestro. Saviez-vous que l'Opéra de Boston cherche un baryton ?

— Je n'étais pas au courant, a répliqué Claudio. Tout ce que je sais de l'Opéra de Boston, c'est qu'on y aime les interprètes français.

— Cette institution effectue en effet un travail magnifique et embauche beaucoup d'artistes de ma connaissance. J'ai soumis votre candidature, il y a quelques mois déjà.

— Sans m'en avoir touché mot ?

— S'ils ne vous avaient pas retenu, vous auriez été déçu. Mais l'examen de votre dossier a été concluant : vous correspondez à ce qu'ils recherchent. Ils vous attendent, dès que possible. Des offres pareilles ne passent qu'une fois en carrière. Vous serez accueilli par un public raffiné et enthousiaste, qui raffole des chanteurs français en ce moment. Sans compter que, pour lancer une carrière internationale, il n'y a pas de meilleur endroit.

Aussi incroyable qu'inouïe, cette opportunité se présente à un moment clé de sa vie, c'est du moins ce que Claudio tente de faire valoir à sa maîtresse. Le poste leur permettrait de fuir l'Europe et ses contraintes, tout en s'assurant un revenu confortable :

— Partons pour l'Amérique. De là-bas, tu entreprendras les démarches pour obtenir le divorce.

Ton mari ne pourra rien contre toi, car tu seras loin !

— C'est impossible, à cause de ma fille, Claudio ! Je ne peux pas la laisser derrière moi !

— Mais on l'emmène, qu'est-ce que tu crois !

Son rire cristallin illumine les murs sombres et les idées noires. Une issue s'ouvre devant eux, tellement parfaite qu'on la croirait planifiée. Voilà que soudain ils ont la possibilité de faire table rase, d'effacer tous les obstacles et de recommencer à zéro. Il faut saisir la chance au vol. D'autant plus que les conditions offertes par l'Opéra de Boston surpassent tout ce que Claudio pourrait rêver d'obtenir en Europe. Exaltés par la perspective d'une liberté pleine de promesses, ils élaborent un plan ingénieux.

Quelques semaines plus tard, Claudio accepte l'offre, quitte Paris, fait ses adieux à ses amis et collègues et s'embarque pour l'Amérique. De son côté, Alice, de retour à Bâle, cesse presque complètement de s'alimenter, prétextant maux de ventre, de tête, crises d'anxiété et insomnies. Au fil des mois qui passent, elle consulte plusieurs médecins. Puis, elle évoque New York de plus en plus fréquemment, et cette cure dont elle a entendu parler, qu'elle pourrait suivre tout en logeant chez des amis de la famille… Elle insiste tant et si bien que, bientôt, Georges lui-même en vient à croire que l'idée est de lui.

— Les meilleurs médecins sont en Amérique.

— Vous pourriez m'accompagner ? Vous m'avez souvent décrit New York.

— Cette ville m'est très chère, vous dites vrai, car mon père m'y emmenait chaque fois qu'il le pouvait. Entreprendre ce long voyage en votre compagnie me serait plaisant, mais j'ai tant à faire en ce moment ! De plus, comme votre suggestion me semble constructive, la première proposition positive depuis des mois, je tiens à vous encourager. La famille Christian vous recevra avec plaisir. Et puis, on ne dit que du bien de cette fameuse école thérapeutique…

Ainsi, avec l'aval de son époux, Alice se prépare donc à partir à New York, avec son Annabelle, pour y recevoir des soins. La stratégie élaborée par les deux amants fonctionne. Une fois réunis aux États-Unis, ils auront tout le loisir de se retrouver et de vivre ensemble.

Alors qu'elle s'affaire à remplir ses malles, se réjouissant à l'idée de vivre bientôt un bonheur sans contraintes, Alice reçoit un mot de Paris, rédigé à la hâte par Clara Colbert, et qui vient la tracasser. Un vieil employé des Archives des enfants assistés, qu'elle a rencontré lors de sa dernière visite et qui s'est décidé à parler, a inopinément suggéré une nouvelle piste. L'homme dit s'être souvenu d'une certaine dame Pia, nourrice à l'époque et liée à la famille Bouchet, et qui est elle-même venue s'enquérir du sort de cette petite fille dont elle avait eu la garde ; elle aurait voulu savoir ce qu'elle était devenue. *Les Bouchet ? Mes grands-parents maternels ont fréquenté les Bouchet leur vie durant ! Voilà de quoi intriguer…*

Qui pouvait bien être cette dame Pia ? Cette information allumait en elle un espoir nouveau, et véritable cette fois, de retracer son passé. Si Alice est issue de cette famille Bouchet, réputée pour sa générosité et son aisance, elle peut certainement s'attendre à ce qu'après tant d'années on accepte de la reconnaître ! Ce serait inespéré, tant du point de vue de sa position sociale que de son confort pécuniaire !

Ne pouvant reporter son départ tant attendu et si bien planifié, elle contacte Jeanne, sa tante, et lui révèle cette précieuse information.

— Poursuivez discrètement les recherches auprès des Bouchet. Tentez de voir si l'une des femmes de la famille n'aurait pas pu mener secrètement un enfant à terme. Tenez-moi au courant. Vous pourrez m'écrire à Boston…

20

Complices, souriantes et détendues, Alice et Annabelle Deusden, cinq ans bientôt, chaperonnées par la toujours fidèle Clara Colbert, s'embarquent, en cet été de l'an 1913, sur *La Lorraine*, un grand paquebot français, et s'engagent pour la traversée Le Havre-New York. Elles franchiront l'océan pour rejoindre ces terres d'Amérique où, dit-on, tout devient possible. Quelle merveilleuse équipée !

Pour l'occasion, les deux femmes décident d'abandonner leur corset contraignant pour se vêtir de cotonnades plus lâches et vaporeuses et de se couvrir d'un chapeau, mieux adapté lui aussi à l'aventure, plus aérien et dégagé. Liant la liberté du corps à celle de l'esprit, elles sourient et rient beaucoup toutes les trois, enivrées par le vent du large.

Encore sonnée par la facilité avec laquelle elle a pu justifier son escapade adultère, Alice a tout quitté, sans aucun regret, trop heureuse d'échapper à un ennui insensé pour voguer vers les Amériques, où l'attend son amour. Pendant des mois, elle a craint que quelque imprévu ne vienne tout compromettre et annule ses projets fous. Ce n'est qu'une fois les amarres larguées et la terre ferme à des kilomètres qu'elle a pu enfin s'abandonner. Ses nerfs enfin relâchés, elle s'est permis de dormir pendant presque toute la durée du voyage. Épuisée par des mois de feintes et de mensonges, elle a repris des forces.

Lorsqu'elle a avoué à Clara les vrais motifs de son voyage, sa grande complice ne s'est pas montrée surprise, seulement un peu désolée.

— L'avenir ne peut que s'annoncer difficile. Il y aura bien des obstacles à surmonter. Georges Deusden n'est pas un homme commode. Orgueilleux comme quatre, il ne pardonnera pas cette énorme trahison.

— C'est pourquoi j'aurai besoin de votre appui, chère Clara.

— Tu l'auras, n'en doute pas.

Ces paroles réconfortent la jeune femme. Elle prend doucement la main de sa protectrice comme naguère lorsque, enfant, elle se sentait tellement seule au monde et qu'elle trouvait réconfort auprès de sa bienveillante aînée. Son cœur se gonfle de courage.

À New York, l'accueil glacial de la richissime famille Christian était à prévoir. Sans son mari, qui trouve toujours quelque façon d'engager la conversation, Alice n'offre pas grand intérêt. Vu sa timidité quasi maladive, qu'on prend la plupart du temps pour du mépris, elle est souvent muette quand on la questionne, ce qui multiplie les malaises. De toute façon, la jeune femme ne souhaite pas rester longtemps chez ses hôtes, avec lesquels elle n'a rien en commun. Elle n'a que faire de la gêne qu'elle provoque chez eux. Elle n'a qu'une idée en tête : rejoindre Claudio, se blottir dans ses bras, faire l'amour avec lui. Avec assurance, insensible aux regards torves et accusateurs du maître de maison, elle annonce rapidement qu'elle projette de s'installer à Boston, au cœur de la ville, où elle pourra recevoir les soins que nécessite sa condition de santé. Les Christian, quoique soulagés d'échapper à la compagnie de cette effrontée originale, feignent d'être désolés et tentent de convaincre leur visiteuse de changer ses plans. En vain. Ils n'insistent pas longtemps. D'autant plus que Georges Deusden ne semble pas les désapprouver, étant en vérité trop occupé à Bâle. Le congrès de l'Internationale socialiste a eu en effet des répercussions sensibles sur le milieu des affaires. Ayant fort à faire pour colmater les brèches de la forteresse capitaliste, Georges multiplie rencontres et déclarations. Rétablir une certaine stabilité sur les marchés boursiers, en ces temps incertains où court le bruit d'une éventuelle guerre généralisée, provoque un vent de panique qui balaie l'Europe. Deusden a bien d'autres chats à fouetter cet été-là que de contrôler les déplacements, pourtant si mal justifiés, de son épouse. Alice, de son côté, à l'abri des tribulations de son époux et des bouleversements sociaux qui secouent la Suisse, ne peut que se réjouir de ces circonstances favorables.

C'est donc sans trop de problèmes que Mme Deusden fait faux bond à la famille Christian et quitte New York, accompagnée de Clara et d'Annabelle. Elles sont encore abasourdies par la quantité incroyable d'immigrants vivant dans cette métropole. Un *melting-pot* bigarré de Polonais, de

Hongrois, d'Italiens, d'Irlandais et de Russes, sans compter ces gens à la peau foncée qu'elles ont entraperçus au hasard des quartiers plus pauvres. Ces visages, complètement noirs, les ont, sur le coup, effrayées. C'est sans chagrin qu'elles s'en éloignent.

Une fois libérées de leurs attaches, elles montent dans le premier train en direction de la Nouvelle-Angleterre. Trois cents kilomètres plus au nord, un autre monde les attend. Parvenues à Boston, séduites par le chic de la ville, sa propreté, le raffinement des habitants, l'élégance architecturale et l'omniprésence des arts, elles se sentent bienvenues.

Renseignées par des connaissances rencontrées au cours du voyage, elles dénichent une maison cossue et charmante dans cette cité étonnante, qui n'a rien à envier à New York, ni même à Paris ou à Bâle, tant sur le plan de la vie artistique que sur celui de sa modernité. Boston a tout pour leur plaire.

Toutefois, l'argument ultime et tenu secret depuis des mois par la jeune femme, c'est qu'ici se trouve l'Opéra de Boston, où chante un baryton qui lui manque plus que tout au monde. Pressée de se libérer de ses obligations maternelles pour retrouver son amoureux et soucieuse de ne pas les imposer à Clara, elle pose quelques annonces dans le quartier, cherchant à embaucher une gouvernante pour prendre soin de sa fille. Quelques intéressées se présentent. *Pour une fois*, pense la mère, *c'est ma fille qui choisira*. La gamine ne met pas longtemps à se décider : elle jette son dévolu sur la plus jeune, la plus fanfaronne et la plus coquine : une adolescente bostonienne, qui ne connaît pas un traître mot de français, mais qu'Annabelle adopte instantanément à cause d'une incisive manquante dans un sourire ravageur et d'une chique mâchée avec conviction.

Jamie, seize ans, un peu ronde et forte d'épaules, la bonne humeur perpétuellement accrochée à son visage parsemé de taches de rousseur et bordé de mèches orange tourbillonnantes, transforme rapidement la vie de sa pupille en partie de plaisir. Seule fille d'une famille de cinq garçons totalement passionnés de baseball, elle ne parle que des Red Sox, qui font un malheur dans la région cette année-là. Avec feu, elle explique les rudiments du sport à Annabelle, l'invite à assister à des matches, auxquels même Madame Coco finit par s'intéresser. Les Red Sox en viennent vite à faire partie de la famille !

Happée par l'intensité des retrouvailles avec Claudio et par son travail de répétitrice repris auprès de lui, Alice se réjouit de la gaieté générale transmise par la nouvelle gouvernante. Elle ne prête pas attention à l'influence que cette adolescente aux allures bourrues a sur sa fille. Elle ne voit que ce qui lui semble le plus important : l'enthousiasme de son enfant à se lever, matin après matin, ses gloussements de plaisir, son empressement à rejoindre celle qu'elle considère comme sa grande sœur, la facilité avec laquelle elle apprend l'anglais américain et s'entoure d'enfants du quartier, riches autant que pauvres, de toute nationalité, rigolant et blaguant comme des gavroches heureux.

Le temps passe trop vite pour les amants réunis, gavés d'amour et abrités par l'anonymat bostonien. S'offrant le luxe d'une vie sans la crainte des qu'en-dira-t-on, une vie comblée par une activité musicale intense, répétition après répétition, ils approfondissent leur connaissance l'un de l'autre, renforcent cette complicité qui les a liés dès le premier jour. Unis dans la vie comme dans leur art, ils jouissent de leurs retrouvailles, se rejoignant à tout moment, au gré de leurs envies.

Depuis qu'il a intégré les rangs de la troupe, Claudio a créé de solides liens avec ses collègues. Ils vont et viennent, avant ou après le travail, dans un restaurant sympathique en face de l'Opéra. L'atmosphère, amicale et ouverte, porte à la fraternité et à l'entraide, car la plupart se perçoivent comme des immigrants, des exilés. Au début, Claudio peinait à parler cet anglais des Amériques, assez différent de celui qu'il avait appris au contact de ses amitiés britanniques. Avec le soutien et les encouragements de ses compagnons qui l'ont aidé sans hésiter, il a pu apprendre rapidement et maîtriser les accents. Ses progrès se sont faits dans un contexte de camaraderie à l'opposé de ce qu'il avait connu dans la capitale parisienne, où chaque place devait être gagnée puis défendue. Ses amis ont accepté Alice aussi, sans poser de questions, reconnaissant ses talents de pianiste et accueillant le couple de la même façon qu'ils l'auraient fait s'il avait été composé de gens formellement mariés.

— Profiter de tout. Maintenant…

Voilà ce que Claudio et Alice se répètent souvent. Ils s'emballent, gagnés par cet enthousiasme omniprésent sur cette terre d'Amérique. Dans tous les secteurs d'activité : partout on rêve, on dresse des plans pour bâtir et entreprendre. Rien ne paraît impossible. Le travail ne manque pas, et chacun croit en ses chances de réussite. La ville affiche ses richesses. Les commerces pullulent et semblent florissants. Les gens viennent du monde entier pour s'y établir, et ce quels que soient leur rang social, leur pays d'origine, leurs moyens. Ici, on peut partir de zéro, d'où qu'on vienne. Le rêve d'accéder à la fortune est permis à tous !

De plus, comme un bonheur se présente rarement seul, Claudio connaît avec l'orchestre un véritable coup de foudre. Chaque ensemble a ses particularités. Celui de Boston se caractérise par les rapports plus égalitaires entre ses membres, offrant par là un fort contraste avec ce qui a cours en Europe, où une tradition de hiérarchie sclérosante mine trop fréquemment l'expressivité et la diversité. Ici, à l'inverse, il est admis qu'un chanteur, une fois au faîte de son art, puisse se permettre de prendre certaines libertés dans l'interprétation. Cette latitude s'avère tout à fait stimulante. D'autant que chaque artiste, jugé à sa juste valeur pour son talent, n'a pas à craindre que ses origines modestes lui soient constamment lancées au visage, comme un reproche, une invitation à se contenir dans ses élans.

Claudio ne se sent plus comme un imposteur, ni comme un Rital ni comme le fils du maçon. Il renaît au sein de cet Opéra de Boston bouillonnant qui, sous l'impulsion d'André Clapet, met l'opéra français à l'honneur et où l'on joue à guichets fermés soir après soir. Les mélomanes américains ne manquent pas et viennent de partout pour entendre chanter les talents européens. Cette attirance pour les artistes de l'Hexagone profite à celui que la presse désigne comme un baryton doué et instinctif. On ne tarit pas d'éloges sur son talent, vantant sa maturité vocale, son jeu sensible et intelligent, une tessiture de voix sans égale.

Poussée par les succès de son amoureux, Alice, en retrait, prend son travail de répétitrice encore plus au sérieux, travaillant les partitions, assistant avec assiduité à toutes les répétitions de l'orchestre. Elle conseille son alter ego, l'aidant à raffiner son interprétation, confondant son ombre à la sienne, leur existence se déclinant en un formidable duo musical. Plus qu'utile, elle se sent essentielle et complémentaire.

Alors qu'elle devrait s'occuper de son divorce avec Georges et régler leur entente pendant son éloignement, elle ne pense qu'aux répétitions et aux concerts, repoussant sans cesse cette pénible réalité. Pourquoi faire aujourd'hui ce qui nous contrarie, nous plonge dans le chagrin et nous ramène au passé ? Sa fille semble avoir adopté la même philosophie ; elle babille sans arrêt et se réjouit d'un rien, ravie de passer ses soirées en compagnie de cette maman épanouie et souriante, alors que Claudio chante sur scène. Et d'autant plus que, désormais épuisée par les activités physiques exécutées toute la journée avec Jamie, Annabelle ne rechigne plus, ne bouge plus sans arrêt et obéit avec facilité.

— On peut aller voir les Red Sox demain ?

— D'accord, depuis le temps que tu me le demandes. Allons-y.

— Je t'aime, *mommy* !

Les larmes lui viennent aux yeux tandis qu'en un mouvement d'affection spontané sa fille lui saute au cou et l'embrasse sur les joues. Maladroite, mais décidée, elle saisit sa petite, la porte jusqu'à elle, contre son buste, et la maintient ainsi. Quelle joie ! Elle est donc capable de lui transmettre autre chose que des règles de conduite, des bonnes manières, des chemins tracés d'avance, vides de sentiments et de gestes vrais.

— Mon Annabelle. Je t'aime aussi. Je voudrais parvenir à te le dire plus souvent, car tu es mon enfant chérie et ma plus précieuse richesse en ce monde.

Pendant qu'elle berce sa petite, toute chaude et molle sur son ventre, à un océan de là, Georges Deusden s'apprête lui aussi à réveiller son attachement paternel. Exceptionnellement, il néglige les pages financières du *Times*. Les nouvelles courantes ne l'étonnent pas. Alors qu'il replace les pages du journal, un entrefilet attire son attention. On y souligne les succès de Claudio Calvino, dont son associé vient précisément de lui parler.

— Boston célèbre le rossignol chantant… Vous êtes bien certain de ce que vous avancez ? Mon épouse s'afficherait en sa compagnie ?

— Plusieurs peuvent en témoigner : on les a vus plus d'une fois ensemble. Ils ne se cachent même pas… ça n'a plus rien d'un ragot.

— Eh bien. Puisque c'est ainsi…

Perdu dans ses pensées, il ne termine pas sa

phrase. La douleur l'étreint, mais ne persiste pas. Bientôt, la rage s'impose et prend toute la place. Blessé dans son amour-propre, fouetté par l'humiliation, il élabore les plans les plus diaboliques. Alice mène donc une double vie ! Au vu et au su de tous ! Et voilà que, rétrospectivement, tout s'explique : ces maux étranges, ces consultations médicales aussi coûteuses qu'infructueuses. Puis, ce départ en Amérique… Qu'il a été naïf !

Dans la plus parfaite insouciance de la fureur déclenchée contre elle, Alice décachette une enveloppe, heureuse de reconnaître l'écriture fine de sa tante Jeanne, qui lui donne des nouvelles de sa santé et, surtout, de la famille Bouchet, en réponse à la mission que la jeune femme lui a confiée.

Mes recherches se sont révélées infructueuses. Au cours d'une longue discussion avec Marguerite, une grande amie de notre famille qui m'a assurée de la plus totale discrétion, nous avons repassé toute la lignée pour en conclure qu'aucune femme en âge de procréer à l'époque n'a disparu pour un temps, ou n'aurait même permis quelque soupçon de grossesse illégitime. Je sais bien quels espoirs vous fondez sur cette quête d'indices, mais je ne puis que vous recommander de cesser de nourrir vos attentes, car elles ne peuvent que décevoir. Contentez-vous d'être là et bien vivante. Tout le reste ne vous apportera rien de plus. Et voyez dans le visage de votre fille celui qu'aurait pu avoir votre mère. N'en demandez pas plus, car vous possédez l'essentiel.

Contrariée et attristée, Alice interrompt sa lecture. Elle tend la missive à Clara Colbert, venue la rejoindre dans cette grande pièce ouverte et aérée, où elles se retrouvent régulièrement à la fin des journées.

— Serait-il possible que ta tante ait raison ? Que tu te gâches la vie dans une recherche inutile ?

— J'aimerais seulement connaître la véritable identité de celle qui m'a mise au monde. Est-ce donc tellement futile, selon vous ?

— Tu as plus urgent à régler, il me semble. D'ailleurs, si tu avais lu sa lettre jusqu'à la fin, tu saurais qu'elle n'annonce pas que de mauvaises nouvelles.

Attisée par la curiosité, elle reprend le papier et poursuit sa lecture là où elle l'avait abandonnée.

Pour me faire pardonner mon échec et vous rendre votre gaieté, je suis allée trouver un cousin, ami très proche et homme de loi, qui a accepté de mener à bien votre divorce. De plus, j'ai prétexté auprès de mon beau-père des besoins imprévus pour obtenir de la succession de mon époux un montant largement suffisant pour couvrir les frais de vos démarches. Si tout se passe sans trop de complications, vous devriez donc entamer les procédures qui vous permettront de recouvrer votre nom et votre liberté.

— Voilà un appui de taille.
— Chère tantine ! Elle ne m'a jamais oubliée. Sait-elle combien elle m'est précieuse...

Et comme Jeanne fait bien de la rappeler à la réalité ! Tant qu'elle délaisse ses affaires légales, tout peut survenir. Comment peut-elle l'oublier ! Elle doit, avant toute chose, mettre un terme à sa précédente union afin de pouvoir ensuite se consacrer pleinement à sa vie américaine. Tandis qu'elle réfléchit à ces sages résolutions, Clara Colbert poursuit, à sa demande, la lecture d'un document joint au message et qui indique la marche à suivre pour annuler son mariage. Elle doit commencer par rédiger une mise en demeure, dont un modèle est fourni. Par la suite, une fois approuvé par l'avocat, le document légal devra être acheminé à son mari, l'informant de son intention de demander le divorce. Il est entendu aussi que toute relation adultère devra être momentanément interrompue, sous peine de subir de lourdes pertes sur le plan financier…

— Je savais bien que ça ne pouvait pas durer.

— Le mot « momentanément » a été souligné, deux fois.

— Qu'ils emportent leur argent en enfer. Il n'est pas question que je cesse de m'afficher au bras de Claudio. Que Georges m'accuse de tous les maux, je m'en moque. Tout ce que je désire, c'est ne plus lui appartenir.

Entêtée, elle coupe court à la lecture. Clara Colbert n'insiste pas, sachant qu'elle perdrait son temps. Dès qu'il est question de son Claudio, Alice se montre souvent déraisonnable.

— À toi de prendre tes décisions et de vivre avec les conséquences. Quand on a trouvé son bonheur, il faut savoir le suivre.

— Parfaitement.

— En ce sens, je te comprends car j'ai, moi aussi, fait la rencontre d'une personne qui m'est devenue très chère.

Madame Coco avoue alors à sa complice ses amours tardives avec William Caron, un journaliste américain rencontré au prestigieux Boston Authors Club ! Réjouie par le récit détaillé de celle qui lui est plus qu'une amie, la jeune femme se laisse doucement porter par le flot continu de la confession, ponctuée d'éclats de rire, de pauses romantiques et d'élans de pudeur. Elle s'étonne d'entendre cette dame, rompue à la vie de célibataire, lui dire qu'elle souhaite l'amour mais refuse le mariage. Qu'elle a clairement signifié ses conditions à son amoureux et que, pour préserver l'harmonie et leur bonne entente, elle ne vivra jamais qu'en concubinage. Si quiconque se trouve choqué par cette prise de position, elle s'en désole mais entend tout de même la maintenir. En guise de réponse, tout en la regardant fixement, Alice saisit ses deux mains et les porte à sa bouche, posant un affectueux baiser sur chacune d'elles.

— Je me réjouis à l'idée qu'un homme vous traite comme vous le méritez... Vous avez devant vous une alliée, aussi inconditionnelle que vous l'avez toujours été envers moi.

Les deux amies profitent du calme, de la paix et de la sécurité qui s'offrent à elles. Dans un univers étranger où tout pourrait leur sembler différent et hostile, étrangement, elles se sentent plus en confiance, solides. Leur équipée les a soudées, et cet esprit rebelle qui les habite scelle leur complicité.

Sur la scène de l'Opéra de Boston, les représentations s'enchaînent et obtiennent un succès considérable. On joue à guichets fermés. Claudio, en particulier, récolte les ferveurs d'un auditoire qui apprécie sa voix aux couleurs latines, son assurance et son abandon. Les journalistes vantent sa beauté romantique, son port de tête fier et irrésistible, le savant alliage entre son côté français, maîtrisé, contrôlé, un peu distant, et ce fond populaire, simple, spontané, qui émerge tout de même pour donner une tonalité unique à son interprétation. Dans les journaux, en parlant de lui, on souligne avec justesse que, paradoxalement, le public préfère que ceux qu'il porte aux nues gardent une part d'accessibilité, ne renient pas leurs origines ni ne deviennent vaniteux. Le parcours de Calvino a tout pour plaire à ce peuple américain, qui aime croire que chacun dispose d'une chance égale et que même un tailleur de pierre peut devenir chanteur d'opéra.

Alice n'aime rien de plus qu'accompagner son bel amour à sa loge, les soirs de spectacle, avant que la troupe s'agite. Elle aime s'y installer avant l'arrivée des curieux qui viendront rôder en quête d'autographes ou d'entrevues exclusives. Elle reste le plus longtemps possible pendant l'heure du recueillement, quand il est encore tôt et que la bâtisse n'appartient qu'aux rares artistes venus se préparer mentalement, dans un rituel méthodique, en prévision de la représentation qu'ils donneront quelques heures plus tard. Discutant de choses et d'autres, le couple mange un repas frugal, des fruits, des fromages et un peu de pain. Le trac, peu à peu, s'installe. Alice aide Claudio à se dévêtir, effectuant toujours les mêmes gestes, la même routine, dans un ordre rigoureux. Une fois délesté de ses vêtements, il enfile sa robe de chambre, comme un boxeur avant le combat. Un temps de légèreté passe dans le silence. Elle masse son cou, ses épaules, son dos tandis qu'il s'emmure dans son monde, répétant son rôle en esprit et prenant la peau d'un autre. Avec méthode, elle dispose ses accessoires devant lui, alors qu'il s'assoit face au grand miroir. Elle lui tend les crèmes, le fond de teint, les pinceaux. Puis, il étend les couleurs sur son visage, dans un maquillage savamment élaboré, qu'il préfère poser lui-même. Dans un duel hors de la réalité, il s'efface tranquillement. Sa gestuelle se modifie au fil de la transformation de sorte que, lorsqu'il endosse son costume étincelant de dorures brodées qui accentue ses courbes et allonge sa taille, c'est un autre que lui qui a investi son corps. Cette métamorphose fascine autant qu'elle effraie Alice, qui éprouve chaque fois le même vertige. Qui est-il ? Voilà la question qui la laisse sans réponse. Une fois dans la peau de son personnage, il ne l'embrassera plus, ne la cajolera plus, ne lui lancera plus de regards tendres. Claudio a disparu. Il n'est plus avec elle.

Il pousse la porte de sa loge pour basculer dans un autre univers, où on cavale et se bouscule dans une effervescence palpable. Tous ces gens, costumés et maquillés à l'excès pour la scène, se préparent à affronter celle-ci. Ils crient d'un bout à l'autre du couloir, gesticulent, s'enlacent, rendus fébriles par la tension des derniers moments précédant le spectacle.

Si Alice sait qu'elle ne quittera plus son héros des yeux, qu'elle le suivra dans les coulisses, murmurera avec lui toutes ses répliques, suivra chaque déplacement, elle ne peut que se résigner au fait que son amour lui échappe, qu'il franchira sans elle la tragédie qui emporte son âme. *Me reviendra-t-il intact ?* Elle essaie de repousser cette sensation d'abandon, angoissante. Avec courage, elle endosse sa solitude.

Les draperies de velours s'ouvrent sur lui, magnifique dans ce rôle dont elle connaît chaque détail. Alice éprouve tant de fierté, tant d'amour que, souvent, elle en pleure…

Elle ne retrouve son souffle qu'une fois le rideau tombé, lorsque la scène lui rend son chanteur adoré, fourbu, vidé, mais victorieux et fier. L'heure qui vient ensuite impose la détente, les repas festifs qui s'éternisent en bonne compagnie. Les contacts sociaux qui l'agaçaient tant autrefois ne la rebutent plus. Ils lui apparaissent plutôt comme des plages de repos après un combat ardu et des occasions d'en apprendre sur cette ville de liberté, où le soleil entre à pleines portes, éloignant les ombres du passé. Boston déploie tous les efforts pour garder chez elle sa perle française, offrant un pont d'or au baryton à la voix ardente. Surfant sur la vague de sa popularité, le couple se croit tous les espoirs permis et ne se doute pas un instant de la chute abrupte qui le guette.

Par une fin de journée particulièrement occupée, Alice se détend après avoir disputé un match amical de baseball en compagnie de Jamie et d'Annabelle, portant chacune la casquette de travers et riant de bon cœur. Une livraison exprès la tire de ses pensées.

— À remettre en main propre...
— Dites que je me lave les mains et que j'arrive..., lance-t-elle en riant devant l'air inquiet de Clara.

L'ampleur de son inconscience lui saute au visage lorsque, prenant connaissance du contenu du document légal, elle mesure quel esprit de vengeance l'habite. Voilà que Georges Deusden revient dans sa vie par l'avenue royale avec un coup de théâtre aussi puissant que violent ! En des termes lapidaires, on lui annonce que, comme elle est femme adultère, elle a été répudiée en tant qu'épouse et mère. En conséquence, elle doit reconduire Annabelle Deusden à Bâle, où son père la réclame, dans les plus brefs délais, sans quoi elle s'expose à subir de lourdes peines pouvant aller jusqu'à l'emprisonnement pour enlèvement. Assommée, elle s'appuie sur le coin du secrétaire à l'entrée. La gravité de la situation lui coupe le souffle. Elle cherche à retrouver son calme tandis qu'elle perçoit au loin l'amusement des fillettes, désormais inséparables.

Le choc est tel qu'elle en perd la capacité de communiquer. Une plaie s'ouvre de nouveau en elle, comme un gouffre dans lequel elle est tentée de se laisser tomber, comme elle l'a fait souvent. Pourtant, aujourd'hui, il y a une différence majeure. Elle y trouve la force nécessaire qui la fera remonter à la surface. Cette différence, c'est Claudio, qui lui a permis de croire qu'elle mérite d'être heureuse et qui lui a appris qu'elle a droit à sa chance. Elle met quelques jours à se ressaisir. Cette fois, elle va devoir se battre et défendre cette enfant qu'elle a appris à aimer et dont elle refuse désormais de se séparer. Une fois ressaisie, elle s'empresse d'aller se confier à Claudio.

— J'irai d'abord à Paris trouver ma tante et consulter cet avocat qu'elle me recommande. Peu importe ce qu'il faudra payer, je me débrouillerai, mais je garderai ma fille.

— Je pars avec toi, déclare Claudio.

— Pas question ! Ta carrière décolle, ici ! On te veut partout ! Tu dois honorer tes engagements d'abord. Ce serait donner une trop grande joie à mon très cher époux que de lui montrer qu'en plus de détruire mon bonheur, il a brisé ton succès.

La justesse de son raisonnement ne fait aucun doute. Il doit rester à Boston, travailler et gagner le plus d'argent possible. Elle en aura certainement besoin.

Clara Colbert, révoltée par la situation, interpellée comme féministe et comme protectrice, se trouve elle aussi placée devant un choix difficile. Comment peut-elle, sous prétexte d'aimer un homme, se résigner à laisser partir celle qu'elle chérit comme sa propre enfant ? D'un autre côté, va-t-elle de nouveau tourner le dos à son bonheur, négliger cette union qui la comble, à un âge où ces rencontres se font rares ? Durant quelques jours, elle croit sincèrement qu'elle va rester, que Boston et son journaliste vont la retenir. Mais quand arrive le moment de l'annoncer à Alice, elle comprend qu'il lui sera impossible de tenir les promesses qu'elle s'est faites et qu'elle va abandonner sa félicité sur la rive du continent américain.

Elles repartent donc comme elles étaient venues, toutes les trois, appuyées sur la rambarde de l'immense bateau fendant la mer. Sur le quai, Claudio Calvino, le chanteur, et William Caron, le journaliste, échangent quelques mots sur la douleur des départs, tout en rêvant déjà du jour où leurs chéries leur reviendront. En retrait, accompagnée par toute sa famille de joueurs de baseball, la jeune Jamie pleure à chaudes larmes la disparition de sa grande complice, la meilleure frappeuse de l'équipe des filles, sans qui la vie ne sera plus la même.

La traversée, sans histoire et plutôt calme, n'est malheureusement pas à l'image de la suite des choses. À peine débarquée en sol français, Alice trouve sa tante sur le quai, affolée.

— Maître Laffite nous avait prévenues : en exposant ta liaison au grand jour et en ne prenant pas les devants sur le plan légal, tu t'es mise dans une position beaucoup plus délicate.

— Qu'est-ce que cela signifie ?

— Le pire, j'en ai bien peur. Ton époux a désormais tous les droits. La seule solution qu'il te reste, c'est d'aller le rejoindre à Bâle au plus vite et de tenter de t'entendre avec lui, d'arriver à un compromis.

Un étau se resserre sur Alice. Il va falloir affronter un vent de colère qu'elle a elle-même soulevé. Anxieuse, épuisée par le voyage, elle se sent prise d'un haut-le-cœur ; elle vomit de rage et d'impuissance sur le pavé. Puisqu'il le faut, elle se rendra à Bâle sans passer par Paris. Elle devra relever ses manches pour montrer les poings, petite lutteuse naïve et inexpérimentée, qui ne fait pas le poids, mais qui doit payer pour son ignorance de la loi, faite par les hommes et à leur avantage.

Ballottée comme une baudruche dans le train qui la conduit à Bâle, le front appuyé sur la vitre, Annabelle a perdu son regard d'enfant et retrouvé ses allures de tristesse. Même si personne ne lui a expliqué la situation, elle semble deviner très bien ce qui l'attend. Coincée au milieu des tirs d'un père et d'une mère en guerre, elle ne peut qu'accuser le coup. Lucide, elle pose peu de questions. Au fond d'elle, elle en veut à sa mère de lui avoir donné accès à une existence plus douce, plus tendre, à l'amitié franche, pour les lui enlever maintenant, une fois qu'elle y a pris goût.

Pour sa part, plus Alice se rapproche de la Suisse, plus les mauvais souvenirs l'assaillent. Elle peine à croire qu'elle revient sur ses pas, dans ces lieux où elle a été si malheureuse. Elle se sent abattue, vidée de ses forces, en proie à une panique qui lui vrille le ventre. À tel point que, une fois arrivée à destination, elle parvient tout juste à se lever et à faire quelques pas pour s'engager dans la rue qui mène vers la maison Deusden. Clara, voyant son teint livide, l'agrippe de justesse avant qu'elle s'évanouisse. Elle se réveille à l'hôpital, allongée sur une civière.

— Que s'est-il passé ? Où est ma fille ?

— Elle est là, tout à côté, avec la dame qui vous accompagnait. Vous avez eu un malaise. Il va falloir manger un peu plus, si vous voulez tenir le coup…

Devant l'air effaré d'Alice, l'infirmière sent le besoin de préciser, avec une certaine insistance :

— Allez, ne vous en faites pas, dans quelques mois, votre grande fille pourra jouer à la maman avec un vrai bébé…

— Un bébé ? Vous avez bien dit un bébé ? Vous êtes certaine ?

— Vous pouvez même annoncer la bonne nouvelle à l'heureux papa !

Enceinte ! Un mot magique, comme cet être qui vit en elle ! Pourtant le fruit d'une union passionnée, sa grossesse lui semble impossible, tout comme l'infinie absence de Claudio. Faut-il que ce soit absurde : elle est revenue à Bâle pour apprendre qu'elle portait l'enfant de son amant ! Voilà une raison de plus pour s'affranchir de Georges Deusden sans attendre.

Elle feint de se réjouir tandis que l'infirmière quitte la chambre et cède la place à Clara et à Annabelle, toutes deux secouées par sa spectaculaire perte de conscience. Les deux femmes, en un échange de regards, se sont comprises sur les causes de l'incident et sur l'urgence d'autant plus grande d'obtenir le divorce.

Mue par son désir de régler les choses, Alice quitte l'hôpital rapidement et se fait conduire vers la maison du malheur. Georges Deusden a orchestré minutieusement sa visite. Il a donné des consignes précises : elle et Clara peuvent franchir le hall jusqu'au seuil du salon des invités, mais ne peuvent en aucun cas s'avancer plus loin. Seule Annabelle, entraînée par le majordome, s'éloigne plus avant dans la demeure, tout heureuse de reconnaître son père, vers qui elle court en poussant des cris. L'homme embrasse l'enfant puis glisse quelques mots à son oreille.

— Un poney ? murmure Annabelle, l'air complètement surpris.

Folle de joie, elle disparaît vers l'arrière de la maison tandis que Georges, glacial, fait quelques pas vers celle qu'il a légalement répudiée. De son corps, il lui bloque l'accès au couloir, tandis qu'Alice cherche à appeler sa fille.

— Vous n'êtes plus chez vous ici. Aussi, je vous saurai gré de quitter cette maison immédiatement.

— Georges, je vous prie…

— Désormais, vous m'appellerez M. Deusden. Georges est un nom que vous ne pourrez plus utiliser, je vous le souligne. Voici. Tous les documents ont été préparés. Je vous autorise à prendre quelques jours pour les lire.

— Permettez-moi de vous expliquer. Si je vous ai causé du tort, je m'en excuse, ce n'était pas mon souhait.

— Suffit. Nous ne sommes pas ici pour discuter. Vous m'avez heurté déjà suffisamment.

— Laissez-moi Annabelle. Je vous en supplie.

— Pour qu'elle soit élevée comme une romanichelle, dans un pays sans foi ni loi ? Jamais. Il ne peut en être question.

— Et si je reste en France ? Chez ma tante ?

— Vous avez trahi ma confiance et m'avez humilié. Comment osez-vous quémander quelque faveur ?

Alors qu'elle tente de lui faire entendre raison, de lui faire admettre qu'il ne s'est jamais intéressé à leur fille et que s'il la garde c'est strictement par esprit de vengeance, il fait signe au majordome. Il quitte la pièce, laissant Alice démolie, en sanglots. Elle est reconduite *manu militari* par cet homme qui l'a servie pendant tant d'années et qu'elle a traité avec déférence. Aujourd'hui, voilà qu'il ne la reconnaît plus. Chacun doit survivre.

— Allons, ma chérie, ne restons pas ici.

Tandis qu'elle résiste mollement à celle qui l'entraîne et la soutient avec tendresse, elle perçoit au loin la voix cristalline de sa fille lui parvenant du jardin, probablement fleuri et odorant, à l'arrière de la demeure :

— Je peux le montrer à maman ?

— Non, ma chérie. Votre mère habite maintenant à l'hôtel.

— Sans moi ?

— Sans vous. C'est elle qui en a décidé ainsi.

Au ton pris par son mari, une image très précise s'impose à Alice. L'avenir lui réserve une fin sans pardon : pour Deusden, elle n'existe plus, elle est morte, enterrée, disparue. Il ne lui rendra jamais sa fille, son Annabelle, qu'elle a mis tant de temps à connaître et à aimer. Posant mécaniquement un pied devant l'autre, elle concentre toute son énergie pour reprendre ses esprits, pour retrouver une vision positive, pour garder espoir. Mais au fond de son cœur, elle se doute de l'âpreté du combat qui l'attend. Elle est la mieux placée, pour l'avoir vu à l'œuvre en affaires, pour savoir de quelle dureté l'homme qu'elle a épousé peut faire preuve. On est pour ou contre lui ; entre les deux, rien. Et les guerres n'existent à ses yeux que pour être remportées par les gagnants dont il est, et perdues par les autres.

Plutôt que de dormir dans un hôtel anonyme, Alice exige qu'on la conduise à la gare. Madame Coco, muette, plonge son regard dans les yeux de sa protégée, tentant de lui transmettre un peu de force et de courage. Alice maudit Bâle, la Suisse, et ne pense qu'à grimper dans le premier train pour Paris, y rejoindre Jeanne et maître Laffite afin de prendre les armes... Elle choisit deux billets en classe économique, la seule dont elle ait les moyens désormais. Toutes ses ressources, elle les investira dans la défense de sa cause et de son droit à récupérer sa propre enfant. Une fois installée dans le modeste compartiment, tandis que les kilomètres défilent sous les rails, elle rédige mentalement une longue lettre d'amour. Si Claudio était là, il lui dirait que les reproches ne servent à rien. Il faut qu'elle regarde en avant. Elle a tout perdu, mais elle relève quand même la tête.

21

Sur la scène de l'Opéra de Boston, ce soir-là, Claudio incarne Pelléas et joue la passion rendue interdite par un mari âgé, aigri et jaloux. Si le fait d'interpréter le premier rôle constitue une consécration pour le chanteur, cela lui cause en même temps une grande souffrance puisque c'est un peu sa propre histoire et ses sentiments qu'il revit, soir après soir. Comme Alice, dont il ignore toutefois la grossesse, il doit porter un rôle qui le réjouit autant qu'il l'attriste. Chaque soir, il meurt de chagrin.

Au fil du temps, une inquiétude grandissante l'envahit, car il est sans nouvelles de celle qui l'a quitté depuis plusieurs semaines déjà. William Caron, le tendre amoureux de Clara Colbert, n'a reçu aucun signe de vie non plus. Les deux amies l'avaient pourtant promis : elles écriraient...

Puis un soir, alors que, maquillé, Claudio s'apprête à revêtir son costume de scène, on vient le quérir à sa loge parce que c'est urgent, que l'interlocutrice dit être sa femme et qu'elle ne pourra pas appeler à un autre moment ; il se rend au téléphone. Avant même qu'il ait porté le combiné à son oreille, de gros sanglots lui parviennent et lui font prendre conscience plus encore de l'immense distance qui les sépare et de l'absolue impuissance à laquelle elle le condamne.

— Annabelle...

— Quoi, Annabelle ? Il lui est arrivé quelque chose ? Un accident ? Tu pleures...

— C'est plus douloureux que si elle était morte !

Il essaie de suivre la logique des événements, comprend que Georges s'est montré intraitable et cruel. Alice a eu beau se battre avec l'énergie d'une tigresse pour recouvrer et défendre ses droits de mère, les démarches avec maître Laffite ont piétiné. Mais jusque-là, certains espoirs étaient encore permis. Et puis, quelque chose est survenu, un élément nouveau. Elle devient confuse, ne répond pas à ses questions. Il ne saisit pas...

— Je lui ai dit... Il a bien fallu...

— Dit quoi ?

— J'ai décidé de ne rien lui cacher... C'était une erreur.

— Lui cacher... quoi ?

— L'enfant ! Celui que je porte ! Notre enfant ! Georges sait !

Ces mots planent dans sa tête, tel un vautour sur sa cible. Comme frappé par l'oiseau de proie, l'homme libre et insouciant vient de disparaître entre les griffes du destin. Alice porte un enfant... Il doit fournir un effort pour revenir à ce qu'elle lui raconte, la réaction de maître Laffite, les démarches interrompues et désormais inutiles.

— Annabelle a été envoyée dans un pensionnat ! Je ne peux plus la voir !

La peine de celle qui occupe ses pensées et son cœur le blesse plus encore que si c'était lui qui souffrait. Comme la scène l'attend, il doit se résigner à mettre fin à la conversation, sans avoir trouvé de mots pour l'apaiser, lui rendre un peu d'espérance. Son costume lui pèse plus que tout.

Ce soir-là, pour la première fois depuis qu'il exerce son métier de chanteur, il aurait donné cher pour se trouver ailleurs, pour ne pas avoir à feindre et pouvoir faire face à son désarroi. N'ayant pas le choix, il a défendu Pelléas, lui donnant une couleur de désespoir plus intense que jamais. Étrangement, son malheur fera son succès, car les critiques ne tariront pas de louanges sur cette soirée maudite pour lui, mais qui le sacrera grand chanteur. Alors qu'un rêve se concrétise, voilà qu'il devient insoutenable. En effet, il ne peut rester plus longtemps loin de celle qui a trop besoin de lui. Son rôle de père l'appelle avec plus de force que tous les autres.

Pour le chanteur, le temps presse d'autant plus que l'élection de Raymond Poincaré comme président de la Troisième République lui semble aller de pair avec tensions et relations difficiles en sol français. Dans un réflexe qui lui reste de son enfance d'immigrant, Claudio craint la fermeture des frontières. Celle-ci empêcherait l'entrée sur le vieux continent. Il doit agir vite et ne veut pas tarder à rentrer en Europe. Coûte que coûte, il souhaite se trouver aux côtés de son amante en une période si pénible. L'inquiétude le pousse plus que l'ivresse de la paternité. Il ne se donne pas d'autre choix que de partir, laissant derrière lui une carrière en plein essor, une série d'engagements brusquement interrompus, une troupe attristée, comme une famille, du départ d'un des siens, une ville qu'il adore et un public généreux et fidèle.

Il quitte Boston le cœur gros. Dans l'urgence.

Lorsqu'il débarque en France, il ne reconnaît pas le pays qu'il avait laissé. Les tensions palpables entre les forces socialistes et le pouvoir en place sont de mauvais augure. Le travail, pour de nombreux ouvriers, s'est raréfié, assombrissant leur existence et exacerbant les tensions. Les bourgeois ont perdu leur belle assurance ; ils ne sortent plus comme autrefois. L'atmosphère est lourde et chargée, comme lorsqu'un orage se prépare. Pour les artistes, les conditions se sont détériorées, la compétition s'est accrue.

Claudio a de la chance puisque à Paris, il reprend facilement contact avec ses anciens collègues, qui le mettent en relation avec un certain Vincent d'Indy, chef d'orchestre canadien, compositeur reconnu et professeur de grand renom. L'homme, voyageur aguerri, a eu quelques échos des succès du baryton à Boston. Il veut absolument encourager l'artiste nouvellement débarqué, soutenir sa carrière et son talent. Il recommande fortement au jeune homme de se présenter aux auditions du Conservatoire de Lyon, où il siège comme membre du jury. L'établissement a excellente réputation et est à la recherche d'un chanteur qu'il traitera bien pour le garder longtemps.

Le baryton se rend donc à Lyon, accompagnant son nouvel ami en qui il a parfaitement confiance. En cours de route, il lui parle d'Alice, laquelle se trouve pour quelque temps en Suisse, tentant de négocier avec son époux intraitable. En effet, en plus d'interdire les contacts entre la mère et la fille, Georges Deusden refuse désormais le divorce. De cette façon, il maintient l'épouse répudiée sous son joug. Claudio s'étonne de constater à quel point M. d'Indy connaît Bâle et même certains membres de la famille Deusden. Le sage professeur ne fait aucun commentaire sur le récit qu'il vient d'entendre, bien qu'il ait, sur un bout de papier, pris des notes qu'il a glissées dans sa poche. Une fois l'histoire bien comprise, il revient plutôt sur des considérations musicales et professionnelles, évoquant cette audition difficile pour laquelle Claudio n'a pas eu le temps de se préparer. Le chef l'invite à répéter et l'aide en ce sens. Par chance, le chanteur a déjà travaillé l'œuvre lorsqu'il était à Boston. Grâce aux encouragements du chef d'orchestre, la mémoire lui revient ainsi que la maîtrise de la partition. Une fois prêt, Claudio, plus en confiance, aborde d'autres sujets. Enrico Caruso, grande inspiration pour les deux hommes, s'impose comme sujet de conversation. L'artiste multiplie les enregistrements à un rythme effréné, dévoilant au plus grand nombre son talent. De plus, on le dit complètement remis de ses ennuis de santé et de cette opération aux cordes vocales qui l'avaient ralenti un temps. Les deux hommes se questionnent sur l'avenir de la musique, depuis l'invention du phonographe, cette technologie qui donne accès aux œuvres, mais qui risque de vider les salles de spectacle.

    C'est ensemble, discutant comme deux complices de toujours, qu'ils se présentent au Conservatoire de Lyon.

Rompu aux auditions, maîtrisant désormais l'extrait et les difficultés techniques, c'est un artiste concentré et expérimenté qui se révèle aux juges. Quelques mesures leur suffisent pour rendre une décision unanime. Le baryton est retenu. Il obtient, sans compétition ni contestation, le premier rôle. Cette réussite lui procure non seulement la satisfaction du devoir accompli et une passagère vanité personnelle, mais aussi l'assurance d'un travail régulier sur sa voix, lui permettant de préserver ses acquis. Et financièrement, cela lui offrira le luxe de gagner assez d'argent pour ne plus avoir à s'inquiéter. Fort de cette nouvelle, il espère qu'Alice ne sera plus longue à venir le rejoindre.

Au fil des jours, tandis qu'il attend sa douce, disposant d'un peu de répit avant que ne commencent les répétitions, il se prend à rêver de cet enfant à naître. Il lui tarde de voir Alice, de toucher son ventre plein... *Ce sera un garçon*, pense-t-il souvent, et *nous l'appellerons Enrico*. Il imagine déjà la maison qu'il vient de louer, et la chambre de ce fils qui emplira leur vie, qui atténuera les durs moments passés jusqu'à ce que le bonheur reprenne ses droits.

Quand Alice lui apparaît enfin, ronde et magnifique, il tremble de la sentir dans ses bras après tant de chemin parcouru.

— Georges Deusden m'a accordé le divorce. Finalement.

— Quelle joie ! Tu es libre !

— Non, je ne le serai jamais plus... J'ai dû renoncer à ma fille. Il a imposé cette condition, le monstre. Ma petite Annabelle m'a été arrachée.

Comment ai-je pu signer ces documents qui m'enlèvent celle que je chérissais ?

Que dire de plus ?... Il l'enserre le plus fort qu'il peut, tout contre lui. Elle sanglote doucement sur son épaule tandis qu'il caresse ses cheveux et pleure à son tour la dureté de certains êtres.

Peu après, ils rejoignent Clara Colbert, qui les attend dans leur nouvelle maison. Celle-ci plaît tout de suite à Alice. Simplement mais confortablement meublée, dotée d'un jardin florissant et déjà habitée par deux chats aussi sympathiques que bedonnants, la demeure est des plus réconfortantes. Épuisée par le voyage, émue de retrouver son homme, Alice redevenue Achard se dirige vers la chambre pour se reposer un moment. Alors qu'elle pousse la porte, elle ne peut retenir un cri, sciée par la surprise autant que par l'intensité de la douleur.

— Je crois que notre enfant s'apprête à faire son entrée dans le monde, dit-elle avec un sourire forcé.

Claudio Calvino, qui a interprété une quantité phénoménale de rôles dans des œuvres aux dénouements tous plus désastreux les uns que les autres, ne voit dans cette annonce que le prélude à une nouvelle tragédie. Le voilà donc, en quasi panique, qui appelle Clara à pleins poumons.

— Clara ! Alice a besoin d'aide ! Occupez-vous d'elle ! Je vais chercher la sage-femme. De ce pas.

Il invite sa chérie à s'allonger sur le lit, non sans nervosité, puis part en courant, croisant Clara et la nouvelle bonne, plutôt calmes. Amusées, celles-ci aident la future mère à desserrer son corsage, à s'installer plus confortablement et à se reposer en prévision des douleurs à venir.

À partir de ce moment, le temps s'égrène au rythme régulier des contractions, espacées au début, puis se rapprochant implacablement. Après douze heures de travail, les efforts concentrés d'Alice finissent par porter leurs fruits : l'enfant, fort bien bâti, passe ses épaules du côté de la vie, entrant dans l'existence avec un cri puissant. Enfin libérée, la maman se laisse retomber, à demi consciente, tandis que la sage-femme s'affaire à retirer le placenta chaud et que la bonne nettoie l'enfant en lui parlant doucement.

— Eh bien, madame, votre petit colosse est de sexe féminin...

— Ma petite chérie..., murmure Alice, en tendant les bras vers cette enfant robuste qui gigote et se débat avec force.

— Une fille ? Vous en êtes bien certaine ? demande Claudio, étonné, mais ravi.

Nous sommes le 28 juin 1914. Au même moment, des Serbes assassinent l'archiduc François-Ferdinand et mettent le feu aux poudres. La Première Guerre mondiale sera bientôt déclarée.

22

Une pluie fine tombe sur Paris comme autant de cœurs en deuil de leurs amours, de leurs pères, amis, frères et soupirants, morts à cette guerre qui s'achève, après tant de combats sanglants. Trois fillettes babillent, dégustant ce qu'elles appellent « leurs soldats », du pain cuit, tranché à la verticale, et trempé ensuite dans un bol de lait chaud, coupé à l'eau. Inconscientes des privations pour n'avoir pas connu autre chose, les petites s'amusent de constater que, même mouillé, le pain tient toujours debout...

Alice Achard suit de loin les gazouillis de ses enfants, sourit et répond aux questions incessantes. S'il lui arrive de baisser les yeux un instant vers la table où un bol menace de se renverser, ou de se pencher pour replacer la jambe potelée d'une des gamines, quand elle se redresse, c'est sa petite Annabelle qu'elle croit revoir. *Ah ! Ma chérie ! Tu es revenue ! Et comme tu m'as manqué !* Voilà ce qui lui vient au cours des quelques secondes où le réel lui échappe. Pourtant, il la rattrape aussitôt, puisqu'il y aura bientôt cinq ans qu'Annabelle Deusden lui a été enlevée pour disparaître complètement de son existence. Elle a dix ans, maintenant. Le lourd tribut qu'elle a dû payer pour sa liberté a laissé en elle une plaie brûlante et douloureuse en permanence.

— Sa mort serait moins difficile à accepter. De savoir qu'elle vit quelque part, c'est insupportable. J'ose à peine imaginer ce que Georges a pu lui dire à mon sujet. Elle doit croire que je l'ai oubliée.

— Cesse de te faire du mal. Tu as trois autres belles filles, maintenant. Elles ont trop besoin de toi pour que tu te rendes malade.

De sa voix rassurante, sa tante Jeanne essaie, au mieux, de la ramener à la raison. Toute révolte face à la situation est vaine, car Georges Deusden a pris les choses en main. Un retour en arrière est désormais exclu puisque, en raison de la guerre, il a trouvé le prétexte idéal pour éloigner l'enfant de Bâle et l'envoyer chez ses grands-parents paternels, en montagne, dans une région difficilement accessible. Ce faisant, il a rendu les communications, déjà très limitées, impossibles, et encore plus l'éventualité de retrouvailles. En dépit de tout cela, un parent ne parvient jamais complètement à faire le deuil d'un de ses enfants, se dit Alice, qui se garde bien de formuler cette objection à voix haute et s'occupe plutôt de nettoyer les bouches tachées de lait de ses filles attablées.

Donnant ses dernières directives à sa bienveillante parente, elle sera bientôt prête à partir pour l'hôpital.

— Ariane refusera la sieste, mais une histoire l'endormira. Il faudra réveiller Agathe, ma roupilleuse, et chanter pour Amélie.

Jeanne acquiesce aux consignes de sa nièce, qu'elle répète pour rassurer la jeune mère, tenant la menotte de l'une et la poupée de l'autre. Son existence a tant changé en quatre ans ! Deux de ses fils ont été tués à la guerre, ne lui en laissant qu'un, dont elle n'a aucune nouvelle depuis presque une année… Ses chagrins répétés l'ont rapprochée d'Alice, à qui elle rend désormais visite à Lyon régulièrement, tentant de se réchauffer au soleil de sa petite famille. Lors de la première naissance, celle d'Ariane, qui faisait d'elle une grand-mère, elle a failli tout dévoiler à Alice, puis s'est ravisée. Une faute suffit et, parfois, en voulant réparer, on en crée de plus grandes encore. De plus, en révélant cette liaison adultère avec le mari de sa propre sœur, elle craignait de perdre l'affection d'Alice. Elle ne pouvait envisager que celle-ci lui tourne le dos à jamais. Sa petite-fille venait de naître et lui offrait une nouvelle raison d'exister. Une fois de plus, elle a enfoui son secret dans les replis de son âme et assisté aux naissances, très rapprochées, de deux autres filles. Le bonheur, réjouissant en ces temps d'angoisse et de privations, d'un couple d'artistes nageant dans le ravissement d'une vie de parents heureuse la comblait. Après tant de difficultés, elle ne voulait pas risquer de briser l'harmonie.

Si Alice, en effet, avait sacrifié la chair de sa chair, Claudio, de son côté, avait dû reprendre à zéro une carrière dans des conditions rendues beaucoup plus difficiles par la guerre et ses retombées. Refusé au combat à cause de son âge et de son statut de père de famille, il avait néanmoins échappé au pire, répétait-il souvent, d'autant plus que ses rôles au Conservatoire et sa charge d'enseignant lui offraient de quoi vivre sans trop de peine. Il ne pouvait s'empêcher, toutefois, de garder une nostalgie des salles combles de l'Opéra de Boston et un souvenir inaltérable de cette période heureuse où tout était possible.

Touchée par son abnégation, Jeanne se montrait compatissante envers cet être si tendre avec sa chère Alice. Devenu père au milieu de sa vie, il devait faire l'apprentissage, pas toujours facile, des exigences et des contraintes qu'imposent de jeunes enfants. Il adorait sa vie de famille, au demeurant, et acceptait pour elle sans rechigner des rôles de second ordre qu'il aurait peut-être refusés en d'autres circonstances. Avec lui, Alice n'aurait rien à craindre, de cela Jeanne était absolument certaine. L'amour d'un homme, lorsque celui-ci nous va comme un gant, offre une assurance pour traverser les tempêtes. Et Claudio apportait cela à son aimée.

Laissant ses petites avec Jeanne, Alice sort de l'appartement. Elle a une pensée pour Claudio, qui doit s'apprêter à manger légèrement en prévision de son concert du soir. De son côté, elle se dirige d'un bon pas vers l'hôpital parisien où sa chère Clara se meurt depuis plusieurs semaines dans une agonie lente et cruelle qui l'attriste un peu plus à chaque visite. La pauvre a obtenu plus d'une médaille pour son inlassable dévouement auprès des malades contagieux ramenés du front, mais a elle-même contracté une mauvaise grippe au chevet de ceux qu'elle a tant aidés. Après avoir toussé pendant des mois et résisté de toutes ses forces à l'affaiblissement, elle s'est littéralement écroulée et n'a plus quitté le lit depuis, respirant péniblement et roulant des yeux comme quelqu'un qui se noie. *Aide-moi à partir*, semble-t-elle dire avec constance à son impuissante et désolée protégée.

— Je ne verrai pas les femmes obtenir le droit de vote en France. C'est mon plus grand regret...

— Aux États-Unis, Woodrow Wilson a appuyé devant le Sénat l'amendement qui doit l'octroyer...

— Ça devrait aboutir... J'aime ces Américains pour cela. Ici, nous serons bons derniers, tu verras...

La malade, au teint d'un vert cadavérique, laisse Alice lui humecter les lèvres et le front, avec la tendresse qu'une fille aurait pour sa mère. Autour des deux femmes, il n'y a que des gémissements et des pleurs ; les affres d'un peuple épuisé et blessé par la guerre se font entendre. Entre elles, le lien ne peut que se dénouer par la mort, qui met fin à tout sans discernement.

Clara semble particulièrement volubile, ce jour-là, relatant de sa voix basse et voilée des souvenirs épars, naviguant entre l'enfance et la vie de femme, de jeune fille et d'amante, entrecoupés de quintes aux fins sifflantes. Tenant sa main et la caressant, Alice répond, encourageant par un oui, par un non les confidences auxquelles elle ne comprend souvent pas grand-chose puisqu'elles font référence à des gens ou à des événements inconnus.

— Maurice, c'était tout un personnage...

À ces mots, le sang ne fait qu'un tour dans les veines de la jeune femme.

— Je peux te l'avouer maintenant : j'ai été la maîtresse de ton père, un très court moment d'égarement. Des femmes de passage comme moi, il en a eu plusieurs, tu sais, des jolies, des moins jolies, des grandes, des grasses... Il prétendait aimer Marianne, mais il avait le regard large... J'étais jolie, féministe, rebelle. Il me voyait comme un défi, un trophée qu'il se devait de conquérir. Et moi, je voulais lui prouver qu'une femme libre pouvait aussi être désirable.

Avec un sourire en coin teinté d'ironie, elle tousse de nouveau, crachant des filets rouges presque noirs, puis retombe lourdement sur le lit. Accablée, elle s'accroche à la main de sa pupille tant aimée et la force à se rapprocher tout contre elle.

— Un soir de fête bien arrosé, Maurice m'a confié quelque chose. Il m'a avoué avoir eu une liaison interdite avec une femme de son entourage. À l'ampleur de son malaise, j'ai compris que cette personne devait appartenir à la famille proche, et être beaucoup plus jeune que lui. Beaucoup trop jeune, avait-il confessé, surtout que cette gamine était tombée enceinte de lui. C'était de toi qu'il me parlait, j'en suis à peu près certaine. J'aimerais pouvoir t'en dire plus à propos de ta maman, mais c'est tout ce que je sais.

Cette révélation est suivie d'un long silence. Alice, bouleversée, n'ose bouger, comme si sa vie ne tenait plus que par un fil que tout mouvement maladroit pourrait rompre. Léonie n'avait donc rien inventé ! Maurice avait aimé une femme plus jeune, sa mère... Son cœur bat la chamade, couvrant le bruit de la respiration sifflante de la moribonde, pétrifiée et livide. Elle croit la fin venue jusqu'à ce qu'une nouvelle quinte, pire que toutes les autres, ne la surprenne. Elle pose doucement sa main à plat sur la poitrine de la mourante, afin de tenter de lui transmettre un peu de calme et de paix pour l'aider à faire face à la mort qui rôde.

— Promets-moi sur la tête de tes enfants que tu ne cesseras jamais de jouer…

— C'est juré. Je n'abandonnerai mon piano en aucun cas et pour aucune raison.

— Tu es une grande pianiste, un talent d'exception. Transmets à tes filles l'amour de la musique, comme je l'ai fait pour toi.

Elle se tait, comme endormie et pacifiée. Telle une athlète qui a fourni l'effort suprême, elle semble se détendre, ses mains se décrisper, son corps s'amollir.

Alice observe longuement le visage, transformé par la mort, de celle qui a fait germer en elle une passion qui l'a sauvée. Cette flamme qu'elle a allumée à jamais lui a offert un refuge contre les pires intempéries. Ainsi, un autre amour s'ajoutait à tout ce qu'elles avaient partagé, celui de Maurice Achard, banquier, séducteur, père absent, grand ensorceleur et magicien. Il lui avait fallu tout ce temps pour qu'elle lui dévoile ce secret et évoque l'existence de sa mère, qui aurait pu l'aider. Entre le terrible chagrin de perdre sa protectrice et la colère de comprendre ce qu'elle lui avait dissimulé, la jeune femme oscille. Elle ne ressent rien.

C'est seulement quelques jours plus tard, au milieu d'une foule en liesse, sa plus jeune dans les bras et les deux autres agrippées à ses jupes, toutes quatre portant fièrement une cocarde bleu, blanc, rouge à la boutonnière, qu'elle laisse enfin les larmes rouler sur ses joues. Les « Hourras » et les « Vive la France ! » de l'armistice l'émeuvent certes, mais ils lui offrent aussi l'occasion de pleurer celle qui n'est plus et que personne ne pourra jamais remplacer.

La masse humaine déferle de la Bastille à la Concorde, alors que l'espoir et l'allégresse soulèvent tout un peuple. La guerre, une des plus meurtrières de l'histoire de l'humanité, vient officiellement de prendre fin, et avec elle des années de privations et d'humiliation. Pour la France comme pour le monde entier, un nouveau chapitre va enfin commencer.

Dans cette mouvance de renouveau et de promesses, Alice décide de rentrer à Lyon, où son homme l'attend. La mort de Clara emporte son sentiment de sécurité. Alice, désormais mère de trois filles en bas âge, ne peut se laisser couler. Elle s'accroche à cette information nouvelle, transmise par sa mentor pianiste. Ainsi, elle doit se mettre sur la piste d'une femme de l'entourage de son père, mais beaucoup plus jeune que lui… Cela apporte un éclairage nouveau sur sa situation et l'oriente vers des chemins inexplorés. L'espoir de faire la lumière sur ses origines la tient en vie. Elle rentre chez Jeanne décidée. Elle n'a plus qu'une idée : emmener les filles et rejoindre Claudio à Lyon. Jeanne ne pose pas de questions. Les femmes s'embrassent, se promettent de se revoir bientôt. La mère et les filles prennent une voiture en direction de la gare.

Tandis que défile le paysage et que les trois sœurs, serrées les unes contre les autres, dorment à poings fermés, bercées par le roulis régulier du train, Alice repasse le fil de ses souvenirs. Elle cherche un indice quelconque qui lui permettrait d'identifier une femme qui, à l'époque de son enfance chez Marianne et Maurice, aurait été âgée entre vingt et trente ans... Mais ce ne sont que des instants furtifs qui lui apparaissent : des tables abondamment garnies, des convives à profusion, des lustres, l'éclat d'une bougie allumée reflétée dans le cristal, la douceur du satin sous ses doigts. Elle se rappelle sa mère adoptive, Marianne Achard, discutant avec l'un, avec l'autre, son sourire éclatant, ses yeux bruns et profonds. Puis, ses cheveux soyeux qu'il faisait bon caresser, le soir, quand enfin elle déliait son chignon. Son père, Maurice, lui revient aussi, avec sa bedaine qui la faisait rire, serrée sous le plastron, ses moustaches qui piquaient lorsqu'on les frôlait. Elle revisite cette vie tellement affairée, et pourtant légère et futile, pleine d'objets coûteux, de tissus somptueux et froufroutants, d'échanges plutôt joyeux et positifs.

Une jeune enfant est au milieu de ce mouvement continuel. Alice tente d'arrêter l'image sur un visage, une main. Elle essaie de déterminer qui pourrait être cette femme qui l'a mise au monde, sa mère, la vraie. Mais pas le moindre vestige ne refait surface. Quand le train entre en gare, elle ne tient rien de concret et se sent chavirée par son retour à ces années qu'elle croyait oubliées, enterrées.

Une voix la sort de sa torpeur, celle de Claudio, reconnaissable entre mille. Les trois fillettes veulent courir vers lui, alors que leur mère tente de contenir cette imprudente impulsion. Sans succès. Les trois paires de petites jambes partent d'elles-mêmes, leurs minuscules bottillons claquant sur le sol, précipitant les gamines dans les bras grands ouverts de leur papa. Les regards des parents se croisent, exprimant leur amour et la joie qu'ils éprouvent de se retrouver.

Côté travail, les nouvelles de la vie lyonnaise ne sont pas meilleures que celle de la capitale. Après les années de guerre et les rationnements, le théâtre et l'opéra sont devenus un luxe, même pour les classes plus aisées. La ville fourmille de blessés, de soldats qui transitent vers la Suisse. Si l'armistice éveille l'espoir, il faudra tout de même se montrer patient. Il ne fait pas bon être artiste en ces temps de fin de bataille et de blessures à guérir. À preuve, l'opéra fait relâche et ses chanteurs se trouvent au chômage.

— Claudio, dans quelques jours, ce sera Noël. Offrons de belles fêtes aux filles et nous verrons ensuite. Veux-tu ?

— Cette offre du Canada est une occasion incroyable ! Une tournée dans tout le pays. Pour chanter et enseigner surtout. Tu te rends compte !

— Combien de temps ?

— Une année complète. Leur proposition salariale est plus qu'alléchante. Nous aurions largement de quoi vivre. Alors qu'ici…

— Laisse-moi y réfléchir.

— D'accord pour une période de réflexion. Mais je dois donner ma réponse sous peu. Et je n'ai pas grand-chose à envisager, ici…

Aux cernes qui se sont dessinés sous ses yeux,

elle devine qu'il s'est fait du souci en son absence. Alors qu'elle n'en avait que pour sa chère Clara, elle ne s'est pas rendu compte de ce qui se passait dans sa propre maison. Il lui a fallu plusieurs semaines après son retour pour remarquer que certains biens de valeur avaient disparu. Sans doute ont-ils été vendus ou échangés en vue de payer les frais d'entretien. Tandis que les petites s'amusent dans leur chambre en gazouillant, Alice a le sentiment de reprendre contact avec une réalité délaissée le temps d'accompagner sa protectrice jusqu'à son dernier souffle. Comment fera-t-elle pour vivre sans Clara ? Un grand silence lui répond. Maintenant privée de sa confidente, elle tient encore plus à retrouver sa mère. En attendant, il lui faut reprendre le fil de la réalité.

De nouveau, le passé lui revient : l'arbre de Noël avec ses lumières scintillantes, les rubans de toutes les couleurs enroulés savamment, une robe de velours rouge fraise, aux boutons rouges aussi, et les jouets, à profusion, partout dans la salle familiale. Tout cela, pour elle. En contraste, la pièce où elle se trouve lui révèle à quel point les années de guerre les ont appauvris. Imperceptiblement, elle redresse le torse alors qu'une conviction s'impose : elle veut donner à ses enfants ce qu'elle a reçu, c'est-à-dire le sens de la fête et une provision de moments heureux dans laquelle puiser une fois adultes.

— Si tu acceptes, tu pourrais demander une avance ?

— Je crois bien, sans problème. Ils me l'ont déjà offert.

— Alors, c'est oui. Après le Nouvel An, nous partirons au Canada.

Alice ignore encore qu'elle est de nouveau enceinte. Et son état rendra la traversée plus compliquée et plus hasardeuse. Pour le moment, elle ne désire que se concentrer sur les réjouissances à organiser, se procurer ce qu'il faut pour gâter ses enfants et dépenser sans trop de soucis, sachant que l'argent ne manquera pas. Après trois grossesses successives, tant d'années de misère, un deuil difficile et la recherche infructueuse de sa mère biologique, elle veut oublier, s'étourdir. Elle entend profiter de chaque instant de bonheur familial.

Soulagé de célébrer la fin des hostilités, le peuple français enterre l'année 1918 avec optimisme. Les sourires reviennent sur les visages alors que, tranquillement, les commerces reprennent leurs activités.

Chez les Calvino, on fête avec d'autant plus d'entrain que l'on se prépare à un changement d'envergure. Entre la préparation des réjouissances, l'achat de vêtements et de présents, l'arrivée de tante Jeanne en visite pour quelques semaines et les réceptions chez les amis et les collègues du Conservatoire, Alice ne sait plus où donner de la tête. Elle court, du matin jusqu'au soir, à s'en donner le tournis. D'autant plus que, depuis quelques jours, des nausées matinales se sont manifestées, signe d'une nouvelle grossesse. Elle choisit de taire la nouvelle à son époux pour éviter de lui causer plus d'inquiétudes qu'il n'en a déjà.

Le couple a convenu, d'un commun accord, que

Claudio partirait d'abord, en éclaireur, pour repérer le meilleur endroit pour établir sa famille et que celle-ci suivrait. Plus le moment du départ approche, plus la tension s'accroît, à laquelle s'ajoute la fatigue due au réveillon et aux festivités, et aux malles à remplir de tout ce qui pourra s'avérer utile, là-bas, dans ce pays que l'on dit froid et immense.

Enivrée par le pépiement joyeux de ses fillettes et soutenue moralement par sa tante, Alice se surprend à accepter plutôt sereinement la séparation imminente. Son amoureux semble si heureux de ce changement, cette seconde carrière comme il dit, qu'il surmonte tous les désagréments. Aussi, Alice fait-elle un effort pour adhérer à son enthousiasme.

— Pour les rôles de jeunes premiers, je n'ai plus le physique de l'emploi. Alors que comme professeur, je suis encore tout vert !

Il rit en la caressant d'une main tendre posée sur la hanche. Sous l'apparente légèreté de ses propos, il y a quand même du vrai, puisque, à quarante ans bien sonnés, un chanteur doit savoir se retirer et se mettre au second plan. En ce sens, l'enseignement offre une voie respectable.

Pour éviter aux filles un bouleversement inutile, tante Jeanne propose de partir quelques jours avec elles en Suisse, là où Alice a déjà passé un si merveilleux été.

— Nous nous y étions retrouvées, cet été-là, après la mort de ta mère. Je n'y suis pas retournée depuis presque vingt ans…

Cette petite phrase lancée par Jeanne au détour

de la conversation aurait dû allumer une mèche dans l'esprit de son interlocutrice. Pourtant, personne ne soulève de questions ni ne fait de lien particulier.

Ariane, Agathe et Amélie embrassent leurs parents un mardi soir. Le surlendemain, le couple s'enlace sur le quai une dernière fois avant l'embarquement de Claudio pour l'Amérique. Ni l'un ni l'autre ne désire gâcher ces fragiles instants, sachant qu'ils précèdent de longues semaines de séparation. Ils font comme si c'était un jour ordinaire, comme si Claudio allait chanter, comme s'il allait rentrer au milieu de la nuit, et s'allonger contre le corps chaud de son amante. Au milieu du va-et-vient incessant, ils se tiennent par la main, soudés. Puis, quand arrive le moment du départ, il se détache d'elle, grimpe avec les autres sur le pont. Il garde son regard agrippé à celui d'Alice. Elle le salue longtemps et encore, jusqu'à ce qu'il disparaisse volontairement vers les cabines. Elle reste droite, pétrifiée, immobile. Difficile de croire à ce départ tant il semble contre nature à la jeune mère enceinte.

C'est seulement une fois l'énorme bateau bien engagé sur la mer qu'elle prend conscience de l'ampleur de l'aventure qui s'annonce pour elle et sa famille. Si elle connaît l'Amérique pour y avoir vécu quelques années plus tôt, elle se dit que si leur projet se concrétise, il s'agira alors de déplacer une maisonnée complète avec trois enfants en bas âge et un quatrième en route ; une équipée qui, par sa complexité, sera plus difficilement réversible. Et ce qu'elle a pris jusque-là plutôt à la légère lui semble tout à coup beaucoup plus sérieux et irrévocable.

Tourmentée, elle l'est doublement lorsque, en rentrant à Lyon, elle se heurte à la solitude comme à un mur. Pour s'occuper l'esprit, elle se dirige prestement vers sa chambre et sort les valises de l'immense placard de chêne. Elle les dispose sur le lit, comme les morceaux d'un casse-tête, et les remplit nerveusement pour se préparer à ce qui l'attend. Elle commence à départager le superflu de l'essentiel en vue de cette traversée qu'elle entreprendra à son tour.

Lorsque les filles reviennent de leur petit voyage en Suisse, elles s'amusent de ne pas reconnaître la maison qu'elles ont laissée quelques jours plus tôt ; leur maman en a rangé une grande partie dans les malles, les coffres, les caisses et les boîtes, comme si cela pouvait la rapprocher du jour des retrouvailles avec son amoureux.

Jeanne s'inquiète. Elle devine, à la silhouette d'Alice, une quatrième grossesse. Elle remarque que cette gestation ne semble pas aussi facile que les trois précédentes. Troubles fréquents et incommodants et fatigue plus prononcée, il arrive souvent à Alice d'interrompre subitement un jeu d'enfants ou une recette de quatre-quarts pour s'asseoir un instant et reprendre des forces. Elle reste là, quelques minutes, la main sur le bas du ventre, respirant à fond et fermant les yeux, se relevant ensuite avec prudence. Elle ne se plaint pas, mais de toute évidence, elle suit moins bien la cadence.

De plus, Claudio lui manque, elle le répète constamment. Elle rêve du moment où elle le rejoindra en ce Canada merveilleux dont il ne cesse de vanter les beautés dans chacune des lettres qu'il rédige au fil de cette tournée dans le pays. *Pourra-t-elle traverser l'océan, seule, avec des enfants aussi jeunes ? Est-ce sage ?* se demande Jeanne. Une chose est certaine aux yeux de cette dernière : il vaut mieux accélérer les préparatifs du départ. Avec l'accord de sa nièce, elle fait changer les billets pour devancer la traversée. Elle assume les frais supplémentaires d'une cabine plus spacieuse et plus confortable.

— Vous êtes une mère pour moi. Comment vais-je faire là-bas sans vous, tantine chérie ?

Un instant, Jeanne est tentée de tout révéler. *Cette personne que tu recherches depuis si longtemps, elle se trouve devant toi.* Cela lui brûle les lèvres. Elle pourrait se libérer du poids de son secret. Mais ça risquerait de mettre en danger la vie de l'enfant à venir et celle de la mère du même coup. Non. Elle doit mettre de côté son bien-être pour le bonheur de son enfant. Avec son secret, Jeanne gardera la honte, qui la suit comme une ombre. Même après toutes ces années, elle endure toujours le vif sentiment de son déshonneur, le souvenir de sa mère posant sur elle un regard de dédain. Elle a commis la faute suprême, ce n'est pas facile de se l'avouer. Parviendra-t-elle un jour à se laver de son passé ? Prendra-t-elle un jour la place qui lui revient ? À cause des préparatifs, Alice a mis de côté sa quête, ce qui attriste Jeanne, elle doit le reconnaître. *Comme si j'avais disparu de son existence une seconde fois… et pour de bon.*

Sur le pont du bateau, Alice agite la main en direction de sa tante et invite les filles à faire de même. Elle refuse de se laisser aller au chagrin et se promet plutôt, une fois installée avec Claudio à Montréal, où un ami leur réserve un superbe appartement, d'inviter son aïeule à venir vivre dans ce pays avec eux. Voilà son espoir secret. Mais déjà les petites la distraient et la pressent d'aller installer leurs effets dans la cabine. Elle détourne le regard pour suivre sa marmaille échevelée, puis s'engage sur le pont tout en criant à Ariane de veiller sur ses cadettes. Sur ce bateau immense, le *Rochambeau*, transite sa vie de Bordeaux vers New York.

L'intervention de Jeanne offre aux quatre voyageuses un séjour beaucoup plus agréable et confortable : un service bienveillant et exemplaire, une cabine aérée, joliment meublée et impeccablement entretenue et l'accès à une salle à manger digne des grands restaurants parisiens. Tous ces éléments permettent à la jeune mère de se détendre pour profiter de ce temps d'arrêt, de se sentir comme en vacances, et à ses trois enfants de s'amuser avec plus d'insouciance. Les fillettes ont emprunté des piles de livres, et c'est l'aînée qui, après avoir assis ses sœurs par ordre de grandeur, leur raconte des histoires en y mettant toute l'énergie requise pour retenir leur attention.

— Tu es gentille, ma grande… Qu'est-ce que je ferais sans toi ?

Les paroles de la mère emplissent sa fille de joie

et de fierté. Ces responsabilités, dont elle s'accommode si bien, la distinguent. Elle peut rester des heures sans bouger, laissant sa sœur assoupie tout contre son épaule, jetant, de temps à autre, un regard vers le hublot, imaginant les poissons sous le navire, s'inventant des histoires de baleines amies qui ne mangent pas les petites filles. Cette enfant est trop sérieuse et trop sage pour son âge, pense parfois Alice, émue d'entendre la voix aiguë de sa fille s'élever dans la pièce pour fredonner des airs d'opéra que chante son père, son héros, son grand amour.

Ariane dérange rarement, n'exige jamais rien, aide sans maugréer. Son plaisir de la journée est d'aller rejoindre son ami Luigi, un garçon de son âge avec lequel elle joue sur le pont pendant la sieste des plus jeunes. Pleine, lourde et fatiguée, la mère accorde à sa fille ces moments d'une liberté un peu hasardeuse, qu'elle ne permettrait pas en d'autres circonstances.

Par un soir moins calme que les autres, la petite famille se rend à la salle à manger et s'installe à sa table habituelle. Dehors, le vent éveille la mer qui s'acharne sur la coque, la bouscule, la secoue avec violence. Ça tangue au point que les passagers les plus fragiles se relèvent, prêts à retourner à leur cabine.

Tout à coup, un homme armé fait irruption dans la pièce. Des dames, effrayées, étouffent un cri tandis qu'une horde de voyous menaçants surgissent derrière le premier. Les malfaiteurs sont montés de la cale, murmure-t-on, ce sont des Italiens. Avant que ceux-ci puissent agir, que les passagers n'aient eu le temps de comprendre, le capitaine du navire, en faction dans un coin de la salle, a fait signe à ses hommes, qui se sont précipités en direction des malfrats. L'alarme est déclenchée et les hommes en uniforme cernent les manifestants.

Dans la salle règne un silence de mort. Personne n'ose bouger. Ariane entoure ses sœurs de ses bras et les blottit contre leur mère, devant laquelle elle se place.

Si au début la situation semble maîtrisée, rapidement, les choses se gâtent. Les hommes de garde, en une masse compacte, parviennent à repousser les Italiens vers les portes pour les forcer à reculer. Une fois le dernier truand à l'extérieur, on referme prestement les portes, puis on les verrouille et les barricade. Les voyageurs se retrouvent emprisonnés pour leur propre protection. Des discussions musclées se font entendre à l'extérieur.

Alice sent le bas de son ventre qui se crispe. Une douleur intense la traverse ; elle reconnaît une contraction. Elle doit calmer sa peur, empêcher le déclenchement du travail. Elle ferme les yeux, imagine ses doigts posés sur le piano. Une sonate de Chopin s'impose, lente, romantique, contrastant avec la tempête qui a cours sur l'océan comme sur le bateau. Elle essaie de se concentrer sur cette musique céleste et tente d'apaiser son anxiété.

Un coup de feu résonne dehors. Puis le calme.

Une dame qui parle italien traduit des bribes des négociations qui ont repris sur un ton plus posé : les hommes exigent de l'eau propre et surtout de ne plus être enfermés dans la cale, ce qui les condamne, en cas de tempête, à la noyade. Ils ne veulent pas couler avec le navire. Les gens frémissent à cette évocation d'une fin possible au milieu de l'infini, dans les entrailles de la mer. Les discussions prennent fin. Des employés retirent les barricades, puis les deux battants de la porte s'ouvrent sur le capitaine qui s'avance, complètement trempé.

— La mutinerie est terminée. Regagnez vos cabines et restez-y jusqu'à demain. Interdiction absolue de sortir. C'est un ordre.

Alice Achard ne se le fait pas dire deux fois. Elle agrippe ses enfants sans attendre et se précipite vers son refuge. À cause du tangage du navire, le chemin n'est pas facile à parcourir. Personne ne dit un mot. C'est seulement une fois enfermées dans la cabine que les fillettes se soulagent et se mettent à pleurer sous les baisers rassurants de leur maman. Celle-ci trouvera difficilement le sommeil cette nuit-là, terrifiée par la colère de l'océan déchaîné, la pluie torrentielle et les vagues menaçantes s'acharnant sur le navire.

Le lendemain, comme pour effacer ces événements, la mer se révèle lisse comme un miroir. Appuyés sur le bastingage, certains voyageurs ont l'impression d'avoir rêvé et échangent avec légèreté, tandis que d'autres, au contraire, ont besoin de parler de l'inquiétante insurrection ainsi que de leur terrible nuit.

Quand les filles Calvino émergent enfin de leur cabine, elles sont vêtues de couleurs vives et pimpantes. Elles atteignent la salle à manger, où toutes traces des incidents de la veille ont été effacées : remplacées, les tables fracassées, et déployées, les nappes immaculées, garnies de bouquets fleuris et de couverts d'argent. Affamées, toutes mangent de bon appétit.

— Ariane ! Où te sauves-tu ?
— Je veux voir dehors, trouver Luigi !
— Ah, ce Luigi…

Elle se résigne à céder au désir de son aînée, qui s'est montrée tellement serviable et responsable depuis les douze dernières heures. Elle se lève, ne lâchant pas sa fille des yeux, tandis que celle-ci gambade devant, fière et se croyant « toute seule ». Quand elle repère son ami, un large sourire se dessine sur son visage, et les deux se mettent à courir vers l'avant du bateau. La mère, traînant ses deux plus jeunes, peine à les suivre. Lorsqu'elle les rejoint, une scène dérangeante s'offre à ses yeux : un corps, recouvert d'un drap de lin, a été étendu sur une planche placée au-dessus des flots bleus. On pourrait croire qu'il s'est endormi là, par une belle matinée de soleil chaud. Un attroupement s'est formé, des soldats, des curieux, des pauvres gens montés de la cale, vêtus de guenilles malodorantes. Au centre, le prêtre du navire marmonne ses prières et agite son encensoir au-dessus du cadavre. Des femmes, en noir de la tête aux pieds, se détachent du groupe et hurlent de chagrin. L'homme d'Église se tait pour laisser place à un silence immense. La planche bascule, faisant glisser le corps de dessous son linceul. Avant de plonger dans la mer, il reste à la verticale un instant, puis s'incline lentement et coule en angle. Alors qu'un cadavre se mêle aux eaux bleues et aux bancs de poissons, les pleurs hystériques d'une mère anéantie se font entendre, appelant son fils et suppliant pour qu'on la laisse le rejoindre. Alice arrive trop tard pour soustraire son enfant à ce tragique spectacle. Presque en colère, elle saisit la main de sa gamine encore bouche bée, la ramène à leur refuge. La fillette restera muette une partie de la journée, sonnée. La petite Ariane n'oubliera jamais ce dont elle vient d'être témoin et gardera de la mort, comme des voyages en mer, une impression très forte. Elle en rêvera pendant plusieurs nuits.

Le reste du trajet se déroule sans surprise jusqu'au port de New York, point de départ de tous les possibles pour tant d'immigrants venus de partout se donner une seconde chance. La famille parvient sans encombre à destination dix jours après avoir quitté Bordeaux. Alice et ses filles s'offrent une pause chez des amis français désormais installés dans cette ville fourmillante, foyer de l'activité économique et culturelle américaine.

— Mais vous portez un enfant, chère amie ! Votre époux ne m'en avait rien dit !

— Pour cause : il l'ignore lui-même ! Je voulais lui épargner des inquiétudes.

— S'il avait su, il serait certainement venu vous chercher lui-même ici. Pourrez-vous supporter le parcours en train jusqu'à Montréal ?

— N'ayez crainte : je me sens parfaitement bien ! J'ai l'habitude des équipées mouvementées, comme vous pouvez le constater…, ajoute-t-elle en souriant et montrant les trois gamines.

Pour éviter d'alerter ses amis tellement gentils et prévenants, elle préfère taire les multiples inconforts éprouvés depuis le début de cette grossesse, profitant plutôt de leur accueil pour se reposer et se refaire des forces avant cette dernière étape.

Avisé par téléphone de l'arrivée imminente de ses chéries, Claudio choisit, lui aussi, de dissimuler une part de la vérité. En effet, il devra mettre les bouchées doubles pour que leur maison s'apparente à la description un peu exagérée qu'il a faite de la magnifique demeure de la rue Saint-Hubert, au style anglo-saxon de plus en plus à la mode.

— Vous n'aurez qu'à accrocher vos vêtements ! vient-il tout juste de répéter.

Si le logis est spacieux et clair, il y manque encore la moitié des meubles : des lits pour les chambres des filles, une table à la cuisine, un service de couverts, des verres, des lampes, des couvertures, et surtout, un piano pour sa tendre bien-aimée qu'il lui tarde tant de revoir. Se démenant comme un diable, courant d'un commerce à un autre, le pauvre homme, mal organisé et ignorant de ce que peut exiger une famille de cinq personnes, tente de réussir ce qu'une femme préparée et au fait des travaux ménagers arriverait de justesse à accomplir. Plus le temps passe, plus il sent qu'il ne parviendra pas à atteindre son objectif. Et puis, par un après-midi tout semblable aux autres, une dame se présente à sa porte.

— Monsieur Calvino ? Je me nomme Marie-Ange des Moulins. Des amis à vous m'ont appelée de New York et m'envoient pour que je me charge de l'organisation de votre demeure avant l'arrivée de votre épouse.

Bien qu'il soit athée et peu enclin aux bigoteries, ce jour-là, Claudio croit sincèrement aux miracles. Sous des allures de fée candide se cache en fait une commandante d'armée, redoutable organisatrice. Mlle des Moulins, rompue à ce type d'installation de dernière minute, rédige, avec l'aide du maître de céans, une liste des objets manquants par ordre de priorité et en fonction des goûts et préférences de chacun des membres de la maisonnée. Puis, elle se met en chasse, tenant compte bien sûr du budget disponible, assez important car le chanteur a pris la précaution d'économiser la quasi-totalité de ce que la tournée lui a rapporté.

— Revenez dans trois jours, en même temps que madame. Vous aurez la surprise ensemble…

Il obéit aux ordres de cette dame, ravi de déléguer une tâche pour laquelle il se révélait aussi peu compétent, et se consacre plutôt à ses élèves de l'École normale de musique, où il enseigne depuis quelques semaines avec beaucoup de succès et de plaisir. En effet, rien ne lui plaît plus que de transmettre sa passion à ses étudiants, des jeunes artistes de talent avides d'apprendre.

Au début du mois d'avril se manifestent souvent les giboulées, ramenant l'hiver d'une seule tombée de rideau. Certains après-midi avaient pourtant laissé croire à un printemps hâtif, avec ses bourgeons gonflés au bout des branches, le chant des oiseaux revenus du Sud, des pointes de vert s'affichant sur un sol parsemé de perce-neige et de jonquilles. Cependant, le jour de l'arrivée des petites Calvino se déroule sur une scène totalement chamboulée. Une tempête s'est préparée au cours de la nuit pour éclater avec rage au petit matin en gros flocons lourds et mouillés, tombant au sol sans répit.

Claudio peine pour se rendre à la gare et doit même faire une partie du trajet à pied. La circulation étant complètement perturbée par le temps aussi surprenant que déchaîné, il arrive de justesse et a du mal à reconnaître celle qu'il attend depuis quatre mois.

— Monsieur Calvino ?
— Madame Achard ? Est-ce bien vous ?
— À un petit détail près, oui…

Comblé de bonheur, il s'esclaffe, saisit Alice par la taille, remarquant tout de suite le ventre gonflé, et l'embrasse langoureusement tandis que ses filles, ahuries d'avoir voyagé de nuit, inhabituellement silencieuses, semblent se demander si elles dorment encore en voyant disparaître leurs jolis bottillons dans la gadoue grise, épaisse et glacée.

Il faut beaucoup de détermination pour réussir à rentrer à la nouvelle maison, mais l'effort en vaut la chandelle. Mlle des Moulins a tenu parole : les flammes dansent dans la cheminée devant un élégant divan de style Renaissance, et sur la table de la salle à manger en chêne naturel, une soupière au ventre rond attend les nouvelles arrivantes. Le repas, joyeux, offre l'occasion à tous de mesurer à quel point la famille leur a manqué. Un papa, une maman, des enfants, une tablée vibrante, la musique de leurs rires : c'est l'image du bonheur enfin retrouvé. Chaudement remerciée pour cet accueil parfait, Melle des Moulins s'en retourne comme elle était venue, par magie.

23

Après des mois de solitude, où elle s'est efforcée de surmonter les malaises et désagréments de cette grossesse si peu semblable aux autres, Alice, une fois aux côtés de Claudio, s'abandonne à sa fatigue et fait part à son homme de cette douleur qu'elle ressent au bas du dos, plus intense chaque jour. À peine a-t-elle fini de se confier que Claudio, alerté et inquiet, réagit.

— Le médecin va venir t'ausculter. C'est le père d'un de mes élèves, et sa réputation ne fait aucun doute.

— Ce n'est pas la peine, je ne me sens pas malade...

Elle ment, et le médecin ne s'y trompe pas. Si elle veut mener cette grossesse à terme, il faudra qu'elle reste alitée et en fasse le moins possible jusqu'au jour de la délivrance. En catimini, l'homme de science est encore plus directif auprès de Claudio :

— Repos complet. Il y va de la vie de l'enfant et de celle de la mère...

Tant de tragédies jouées sur scène ont fait de Claudio un être toujours sur le qui-vive. À la suite de cette visite, il se montre intraitable. Quel que soit le prix à payer, il s'organisera pour que les consignes soient suivies à la lettre. Il rappelle

Mlle des Moulins pour que celle-ci veille sur Alice et sur la plus jeune des filles. Quant aux deux aînées, elles iront au pensionnat, dans l'une des magnifiques écoles privées où il donne des leçons, de plus en plus fréquemment d'ailleurs.

Ne sachant trop à quoi s'attendre, les filles réagissent plutôt bien à cette annonce.

— Il y aura une foule de petites amies avec qui vous pourrez vous amuser. Ça passera très vite, vous verrez…, assure leur mère avec conviction.

Comme Alice est alitée, c'est leur père qui va conduire les petites. Si elle avait été là, Alice aurait tout de suite lu l'angoisse qui se dessine sur le visage de sa plus grande lorsqu'elle aperçoit ces femmes toutes de gris vêtues, portant d'étranges coiffes sur la tête. Cependant, Claudio est trop occupé à remercier les religieuses, qui lui rendent si gentiment service en acceptant que la pension de ses filles leur soit payée en leçons de chant. Il ne devine donc rien des réticences d'Ariane et se montre enthousiaste après la visite de ces dortoirs étincelants, peuplés de fillettes aux bonnes manières. Les élèves portent toutes les cheveux nattés, tombant sur des chemisiers d'un blanc immaculé, sous leurs uniformes empesés aux plis impeccablement placés. Il sent ses enfants en sécurité.

Rassurée par les bonnes nouvelles et par cette paix offerte, la jeune maman profite de quelques semaines d'un repos régénérateur au cours duquel elle prend le pouls de ce pays où sa nouvelle vie va s'ancrer. Au fil des jours, elle constate à quel point Montréal diffère de Boston et combien la société canadienne-française est loin de ce qu'elle a connu aux États-Unis.

— Claudio, il vaudrait mieux éviter de révéler que nous ne sommes pas mariés. Cela pourrait nous causer des problèmes...

Dès les premiers jours de l'arrivée de la famille, le curé de la paroisse, en effet, s'est enquis de la situation matrimoniale auprès du chanteur, tout de suite après avoir demandé de quelle confession il était. Ne voulant pas risquer l'expulsion de ses filles du pensionnat pour une question qui n'avait rien à voir avec elles, Claudio a menti et affirmé au prêtre qu'il était catholique et marié, cachant l'appartenance d'Alice à l'Église protestante, son état de femme divorcée, et le fait que leur union n'ait pas encore été officialisée.

Si Alice a convenu avec Claudio qu'il valait mieux éviter de créer des remous, il reste qu'elle s'est sentie profondément agacée par ce qu'elle considère comme une ingérence des gens d'Église dans leur vie privée.

Elle n'a toutefois pas grand temps à consacrer à sa colère puisque des douleurs intenses se manifestent, annonçant la naissance. Le travail débute de façon abrupte, par des contractions soutenues, prolongées, et se maintient ainsi une bonne partie de la journée, épuisant rapidement la mère sans que le bébé semble progresser. Après une dizaine d'heures de souffrance survient une accalmie. Puis les spasmes reprennent, toujours inefficaces.

Le médecin, appelé sur l'insistance de Claudio, confirme les dires de l'accoucheuse : l'enfant se présente par le siège. Il faut essayer de le retourner.

Sans plus attendre, à deux mains, il prend le ventre de la patiente, et le pétrit avec ardeur. Un cri de souffrance déchire le silence.

— Ça y est, la manipulation a réussi. Notre bébé se présente dans le bon sens ! déclare-t-il avec satisfaction.

Exténuée, meurtrie de l'intérieur, Alice garde les yeux fermés, tentant de récupérer ses forces. Inspirant puis expirant courageusement, sans se révolter contre la douleur, sachant toute résistance inutile, elle broie la main de la sage-femme à chaque nouvelle contraction. De temps à autre, dans un souffle, elle se surprend à murmurer : « Maman », sur le ton d'une enfant qui appellerait la tendresse, la bienveillante protection maternelle.

Tandis que le travail reprend avec plus de vigueur, elle imagine cette femme inconnue, qui a aimé son père, il y a de cela bientôt trente ans, vivant peut-être quelque part en Europe. Elle espère que, où qu'elle se trouve, cette personne perçoit l'amour infini que sa fille ressent pour elle et le pardon inconditionnel qu'elle lui accorde, au moment précis de sa propre délivrance.

— Toutes mes félicitations, madame Calvino. Vous avez mis au monde une fille !

— Ce sera une petite Jeanne, si mon époux approuve.

Du regard, Claudio, rayonnant de soulagement et de fierté, acquiesce sans hésiter. Après les inquiétudes qu'il vient d'éprouver, s'entendre sur un prénom lui paraît plus qu'anodin. Il serre contre lui la minuscule fillette qu'on lui tend, emmaillotée et poudrée, et embrasse cette petite surprise, moins vigoureuse que les autres, mais tout de même bien vivante et déjà la plus belle des Jeanne du monde entier.

À peine le médecin a-t-il touché ses gages et refermé la porte derrière lui que Mlle des Moulins prend la maisonnée en main, s'assurant que monsieur ait un souper réconfortant sur sa table et que madame puisse reposer dans le calme, tout en veillant au coucher de la petite. Pour ce qui est de prévoir le confort des autres, cette perle a des antennes ; elle tire sa joie à choyer son entourage, ce qu'elle réussit à la perfection. En quelques jours s'est établie à la maison une routine rassurante.

Si jusque-là la jeune mère s'est toujours relevée de ses couches rapidement et sans en faire grand cas, dès les premières heures de vie de cette nouvelle enfant, le père devine que les relevailles connaîtront cette fois un tour différent. Alice, en effet, se laisse couler dans un sommeil profond, sans rêves, duquel elle ne paraît pas pressée de s'extirper. Elle peut dormir une journée entière, sans demander ni à manger ni à boire, et reste plutôt distante face au nouveau-né qu'on lui présente à l'heure des tétées.

— Il se peut que la précocité de la naissance ait chamboulé son organisme, déclare Mlle des Moulins. J'ai vu cela, parfois…

— Devrais-je laisser les filles au pensionnat plus longtemps pour lui donner le temps de récupérer ?

— Au contraire. Ramenez-les à la maison. Elles insuffleront un peu de bonheur à leur jolie maman.

— Mais pourrez-vous soutenir tout ce petit monde si je dois m'absenter pendant quatre longues semaines ?

— J'ai l'habitude de ces situations, monsieur, ne vous faites pas de souci. Reprenez votre tournée sans crainte.

Claudio rapatrie donc les filles, assuré qu'il pourra reprendre la route vers l'ouest du pays, où on l'attend pour une série de concerts. Mais c'était sans connaître l'état psychologique de ses deux plus grandes. Celles-ci sont complètement bouleversées par leur séjour au pensionnat, trop sévère et trop triste pour leur nature enjouée, et par leur adaptation difficile à un milieu où les enfants s'expriment dans une langue qu'elles comprennent à peine.

Constatant les dégâts du passage au pensionnat, le chanteur doit s'effacer et céder la place au père, trop alarmé pour quitter sa famille en plein désarroi. Au dernier moment, il se désiste de son engagement pour accepter plutôt le poste de professeur qu'on lui offre à plein temps, après une expérience ponctuelle très heureuse à l'École normale de musique. Relevant ses manches, il se met au travail dans le but de se faire un nom comme maître dans cette contrée où tout est encore à construire.

Espérant que, grâce aux bons soins de leur ange gardien, son épouse reprendra ses forces, il se consacre corps et âme à sa nouvelle vocation.

À l'École normale de musique, il fait la rencontre de la crème des musiciens de Montréal et de tout un réseau en formation de mélomanes avertis. Claudio se sent accueilli et apprécié auprès de ces gens avides de culture et au fait des nouveautés en provenance de l'Europe. Plusieurs ont voyagé sur le vieux continent et connaissent les compositeurs ou musiciens de réputation internationale, qu'on peut entendre en assistant à leurs concerts en Europe, en Amérique du Sud, aux États-Unis et, plus rarement, à Montréal.

Formé par les plus grandes voix de France, Calvino a tôt fait d'être intégré à la vie musicale montréalaise, y établissant des relations solides. Il se lie bientôt d'une affection sincère avec un ténor à la voix expressive, un dénommé Claude Barrault, qui a beaucoup chanté aux États-Unis. Son nouveau complice a voyagé, et voue à Caruso, qu'il a entendu lors de ses passages aux États-Unis et en France, une admiration sans bornes. De plus, comme Claudio, il partage sa vie avec une jeune femme de quinze ans sa cadette. Tant de caractéristiques communes entre ces deux êtres facilitent les échanges. Dès leur première rencontre, ils se sentent comme deux frères. Jusqu'ici, l'un comme l'autre ont été peu enclins aux grandes familiarités entre hommes. Mais voilà que l'amitié tombe à point nommé et les surprend en période tumultueuse, leur apportant le plus grand réconfort. Claudio, en effet, a du mal à reconnaître sa compagne, qui ne parvient pas à retrouver son allant d'autrefois. Il se sent seul, désemparé.

— Tout la bouleverse. Elle passe de la joie à la peine pour un rien. Elle enrage pour des broutilles, et ne semble plus aussi comblée qu'avant par la vie de famille. Les échanges physiques ne l'intéressent plus...

— Peut-être sommes-nous trop vieux ! Mon épouse se trouve dans le même état !

Les deux amis, espérant redonner à leurs

conjointes respectives la joie de vivre, multiplient les sorties musicales en couples, tantôt à Montréal, tantôt à Québec et tantôt à Joliette où, sous l'impulsion des institutions religieuses, l'intérêt pour la musique se développe non seulement entre les murs des collèges, mais aussi dans la population en général. Les musiciens, en effet, sont souvent invités à participer aux activités de la communauté de cette petite ville, proche de Montréal.

Si Alice résiste au début, elle finit par accepter les invitations. Alors que les hommes s'entendent comme larrons en foire, les femmes, de leur côté, n'ont qu'un point commun, mais il est fondamental, « le mal du pays ». Maggy Barrault, née Thomas, est une femme frivole, une enfant à qui l'argent brûle les doigts, qui consacre ses journées à sa beauté impressionnante et ne parle que chiffons, postiches, robes, souliers. De plus, habituée à ce qu'on la serve, elle se montre incapable de lever le petit doigt et évite la compagnie des enfants, qui l'agacent. En sa présence, Alice a souvent l'impression de revoir dame Léonie, cette belle-mère tant haïe, que rien ne satisfaisait jamais.

Malgré tout, Alice se reconnaît en cette femme qui a grandi en Angleterre, où se trouve toujours sa famille, et qui s'ennuie terriblement de son pays natal, de même que de l'art de vivre européen, auquel rien ne s'apparente ici. Jumelles sur ces quelques éléments, les deux compagnes font tous les compromis pour s'offrir le plaisir de partager leurs constatations désolées : le Canada est une terre en friche qui ne remplit pas les promesses auxquelles elles s'attendaient. Toutes deux vivent donc difficilement le divorce d'avec leur mère patrie et ne partagent pas l'enthousiasme de leurs époux pour leur pays d'adoption. Et même si Alice doit souvent faire un effort pour supporter Maggy, il reste qu'elle puise en ces moments de communion avec son amie la force de remonter vers l'espoir. Parfois, se plaindre à deux soulage, c'est du moins ce qui se produit pour la jeune femme.

Elle se remet à sortir, à s'habiller. Elle redécouvre les joies de la coquetterie et retrouve l'envie de séduire son amant délaissé. D'un concert à un autre, elle renoue avec la musique et reprend son cher piano, négligé depuis près d'une année. Après avoir touché le fond, elle respire de nouveau à la surface, plus forte et plus puissante, au grand bonheur de ses quatre filles, à qui leur maman a cruellement manqué.

Comme pour célébrer son retour à la vie, Alice revient sur une décision qu'elle avait prise et surprend son homme qui, après lui en avoir fait plus d'une fois la demande, n'espérait plus de réponse positive :

— Si notre mariage peut assurer une meilleure intégration de nos filles, alors je veux bien qu'on se marie. À la condition que nous fassions les choses à l'image de notre amour.

Maggy Barrault est la première à se réjouir de la nouvelle puisque, du moins est-ce ainsi qu'elle le voit, l'organisation du mariage de celle qu'elle appelle « sa sœur » l'occupera pendant des mois. Elle ne mesure pas à quel point elle fait fausse route.

Alice ne veut rien de tout ce que la célébration

conventionnelle d'une union exigerait. Elle n'invite que quelques amis proches, dont les Barrault. Maggy est stupéfaite d'assister à une cérémonie où l'on a réduit les dépenses au strict minimum. Comme Alice est protestante, la jeune femme ne rencontre pas les objections que l'Église catholique aurait certainement émises au fait d'unir un homme à une mère adultère et divorcée de surcroît... Alice devient donc légalement, et sous le regard radieux de leurs quatre fillettes, celle qu'elle était déjà au plus profond de son cœur : la femme de Claudio, pour le meilleur et pour le pire. Elle espère que cette officialisation facilitera leur acceptation auprès des autorités religieuses, incontournables pour quiconque veut travailler comme musicien au Canada français. Car on y apprend la musique dans les couvents et les collèges. Les récitals et les concerts se donnent dans les églises ou les grandes salles des institutions d'enseignement. Les hommes et les femmes d'Église sont ceux-là mêmes qui veillent à ce que la musique soit enseignée.

Refaisant graduellement surface chez les Calvino, la joie est à son comble un soir où Claude Barrault se présente chez ceux qu'il considère presque comme une seconde famille. Il tend quatre billets.

— Le 27 septembre, réservez votre soirée, mes amis ! Enrico Caruso chantera à Montréal. J'ai obtenu les meilleures places !

Cette annonce met le cœur de Claudio en fête. Il ne peut croire qu'il entendra de nouveau celui qui est devenu la référence pour tout chanteur d'opéra et dont il ne manque aucune des prestations retransmises à la radio. Il avait bien failli le rencontrer, plusieurs années plus tôt, mais leur rendez-vous avait été annulé à cause d'un malaise subit du grand chanteur. Ce soir-là, à l'aréna Mont-Royal, des soixante-dix-huit tours, récemment gravés pour RCA par l'artiste, seront vendus au public. Claudio ne contient plus son enthousiasme, car les disques de la vedette, enregistrés à un train d'enfer par le ténor et vendus partout dans le monde, restent difficiles à trouver à Montréal. Claudio pourra donc en faire provision. Après ces années arides, la solitude d'une tournée en pays inconnu, la traversée éprouvante de sa précieuse famille, la naissance prématurée de son quatrième enfant, l'abandon de ses concerts dans l'Ouest, l'abattement de sa bien-aimée, le retour à l'enseignement et tant de longues heures de travail, il a l'impression en renouant avec son idole de revenir à ce qu'il est : un être passionné de grande musique et de chant. Un Italien, un homme du peuple que rien ne prédestinait à une carrière d'interprète, mais qui est désormais parvenu à vivre de son art et à obtenir une reconnaissance.

L'aréna Mont-Royal fait piètre figure, comparativement aux somptueuses salles de concert de Londres ou de Paris, ne peut s'empêcher de remarquer Maggy, et Alice acquiesce. Néanmoins, et c'est la marque d'un grand artiste, lorsque le plus immense chanteur vivant de son époque fait son entrée sur une scène, celle-ci disparaît, absorbée par l'incomparable talent de celui qui est désormais la référence internationale incontestée dans le monde du chant. Quand le monstre sacré entonne l'extrait de la *Petite messe solennelle* de

Rossini, Claudio, comme bien des gens de l'auditoire ce soir-là, pleure à chaudes larmes. Et, à la fin du concert, il ne parvient pas à applaudir tellement la prestation l'a ému.

Alors que Claude Barrault a juré avoir obtenu une permission spéciale pour rencontrer l'idole, assurant qu'il ne s'agissait pas d'une blague, il doit s'avouer vaincu et rebrousser chemin devant la loge vide, puisque le chanteur, affaibli et épuisé, s'est empressé, le concert tout juste terminé, de retourner à son hôtel pour se reposer.

— Il ne se sent pas bien. Pas moyen de le voir. Je suis atrocement déçu.

— Il vaut peut-être mieux que ça soit ainsi, répond Claudio pour consoler son ami. Parfois, ceux qu'on admire nous déçoivent.

Bras dessus, bras dessous, les deux compères, entourés de leurs épouses, quittent la salle qui leur a donné un moment inoubliable de leur existence.

Le retour vers la maison se déroule dans le silence. Même cette chère Maggy ne trouve rien à redire. La musique emplit l'esprit de chacun, occupe toute la place. Les deux couples se saluent à la sauvette, comme pressés de repasser les souvenirs du récital, ceux qu'ils garderont à jamais gravés dans leur cœur.

M. et Mme Calvino, contrairement à leur habitude, parlent peu ce soir-là. Ils traversent le hall de leur demeure endormie, main dans la main, rangent distraitement manteau et pelisse et se dirigent vers leur chambre, à l'arrière de la maison, en retrait du va-et-vient continuel. Il referme la porte derrière lui tandis qu'elle se déshabille, le regardant droit dans les yeux. Une fois nue, elle reste debout, lui faisant face. Il s'approche d'elle tranquillement, admirant son corps et dévêtant le sien. Il avance sa main, la pose sur le galbe de son sein, caressant la peau et le mamelon. Elle porte la main sur son sexe, doux, en attente. Ne se quittant pas du regard, ils gardent leur position, le temps que le désir s'impose et fasse sa loi. Ils prendront leur temps et ne jouiront que tard dans la nuit. Cette fois, c'est elle qui pleurera…

— C'est de joie, je l'espère…

— En partie, car une chose m'attriste… J'ai fait un jour une promesse à Clara, cette femme que j'adorais, et je n'arrive pas à la tenir.

— Une promesse ?

— J'ai juré que jamais je n'abandonnerai mon piano. Mais avec les enfants, la vie qui me happe, je ne parviens plus à m'y mettre sérieusement.

— Nous en discuterons avec Mlle des Moulins…

Mais elle fait non de la tête.

— Ce soir, j'ai compris le sens profond de cet engagement… Je suis en train de perdre celle que j'ai été.

Il pourrait protester. Il se tait.

— Je veux redevenir ton accompagnatrice. Permets-moi de reprendre ma place à tes côtés.

24

Alice plonge la louche dans la soupe. Les deux chiens, sagement assis au fond de la pièce, se pourlèchent les babines, espérant des restes pour eux, répandus sur du pain sec avec, au milieu, un os ayant baigné dans le succulent liquide avec ses légumes. Alice pose la soupière au centre de la table, autour de laquelle on compte six petites têtes, tantôt très blondes, tantôt tirant sur le brun clair, penchées sur le potage aux odeurs de carottes, de choux, de betteraves, de pommes de terre et de ces épices mêlées dont elle a le secret, magnifiant la saveur des plats les plus fades. Alice a fini par s'habituer à ces hivers interminables, suivis de ces printemps où la nature exulte après tous ces mois de noirceur et de froid. En mai, on cuisine les dernières réserves en rêvant des nouvelles que l'été fera pousser. Présidant le repas, à chaque extrémité du long meuble de chêne, père et mère prennent place, telles deux colonnes rassurantes sur lesquelles la famille trouve appui. Elle met la main dans son épaisse chevelure, puis s'éponge le front, car les degrés montent vite dans cette maison difficile à aérer. Au liquide bouillant qui augmente la chaleur ambiante s'ajoutent les effets d'une belle saison qui s'amorce et s'annonce précoce. Enceinte d'un septième enfant qui lui prend l'énergie qu'il lui reste, elle affronte le mouvement continuel d'une smala grouillante de six diablesses. Ariane, son aînée de bientôt treize ans, porte secours à Annie, la plus jeune, l'aidant à maintenir sa cuillère bien droite dans sa menotte encore boursouflée d'enfant de dix-huit mois. Entre elles, quatre filles se racontent avec entrain les bons coups de la journée.

— Attention, Ninie, aide-moi à souffler.

Se peut-il que ce soit vraiment sa grande ? Que le temps ait passé à une vitesse telle qu'elle soit désormais capable de prendre en charge un autre être humain ? Digne et heureuse au milieu de sa tablée piailleuse, Alice s'assoit, tenant son bol, lance un sourire à celui qui lui fait face, puis à ses filles.

— Bon appétit, mes chéries.
— Merci, maman..., répond le chœur.

Chez elle, en dépit des recommandations répétées de Mlle des Moulins, cette personne au cœur d'or pour qui elle éprouve une grande affection et à qui elle confie les êtres les plus chers à son cœur, on ne récite pas de prière avant le repas.

— Je suis incapable de prier, mais si je le pouvais, je le ferais pour vous..., lui a-t-elle expliqué, sourire en coin.

D'un coup d'œil discret, elle observe le maître de maison, son homme, sur lequel le temps a passé et posé sa marque : ses cheveux tombent toujours sur ses épaules mais sont maintenant parsemés d'un gris argent. *Il porte ses cinquante et un ans avec panache, et il me plaît chaque jour un peu plus...* Il blague avec ses filles, relatant quelque remarque amusante à propos des dernières frasques de ses élèves les moins doués.

La province de Québec se remet alors des élections, les dix-septièmes, remportées par Louis-Alexandre Taschereau, qui a fait élire soixante-quatorze de ses députés. Pour la première fois depuis leur naturalisation, Claudio a pu voter, fier de remplir comme les autres son devoir de citoyen. Avant de se rendre aux urnes, il a discuté avec son épouse, histoire de se mettre d'accord et de lui montrer que son vote serait aussi un peu le sien. Elle n'ose se l'avouer mais, au fond d'elle, ce geste tout simple lui a procuré un grand bonheur, celui de se sentir ancrée quelque part et, par l'entremise de son époux, d'avoir la possibilité d'exercer un certain pouvoir. Huit ans après avoir débarqué, ils sont devenus des Canadiens français.

En l'absence de Mlle des Moulins, en repos pour quelques jours chez sa sœur, Alice s'occupe de tous les détails de la maisonnée avec plaisir. Comme elle sait que, dans quelques jours, elle suivra à titre d'accompagnatrice son époux dans la ville de Québec, où il enseigne l'art vocal dans plusieurs établissements d'enseignement, les tâches domestiques lui semblent moins pénibles. Elle s'y soumet avec plus de légèreté. Plusieurs fois par mois, ces petites escapades avec son chéri lui redonnent du courage et de la joie. Ils partent pour travailler, bien sûr, mais aussi pour se retrouver en amoureux, loin des tracas et du bouillonnement du quotidien.

Ces pauses leur permettent de maintenir la flamme et de garder éveillée leur passion pour la musique, sujet dont ils discutent des heures durant au cours de ces longs voyages en train qu'ils font régulièrement entre Montréal et Québec. Sans la présence calme et rassurante de Mlle des Moulins auprès de ses petites, elle ne serait peut-être pas partie aussi souvent. Sa bonne fée lui facilitant les choses, elle s'est permis ces courts séjours hors de la maison. Alice aime jouer, sentir son piano vibrer sous ses doigts, accompagner son homme et s'exprimer par sa musique.

Thérèse Casgrain, une militante pour l'obtention du droit de vote des femmes, répète souvent qu'une personne de sexe féminin jouit d'une existence propre. Comme elle, et comme sa chère Clara Colbert le défendait aussi, Alice pense qu'on peut, tout en s'occupant honorablement des tâches domestiques, nourrir son esprit, son jugement et avoir voix au chapitre dans d'autres secteurs d'activité. Elle se dit mère et pianiste, la seconde tâche supportant l'autre. La preuve : sans sa rémunération à titre d'accompagnatrice, la famille aurait beaucoup plus de difficultés à maintenir un niveau de vie acceptable.

Comme le souper se termine et que les fillettes s'apprêtent à sortir de table pour aller jouer avec les chatons dont la chatte a enfin accouché, Claudio déclare de sa voix de stentor qu'il a une nouvelle qui devrait intéresser pas mal de monde. Toutes se tournent vers lui. Les fillettes, curieuses et pleines d'admiration pour leur père, ne voient pas les rides qui s'ajoutent, année après année, au coin de ses yeux, les épaules qui se voûtent sous le poids des soucis, et la fatigue physique de cet homme de plus de cinquante ans, tombé amoureux d'une femme de près de quinze ans sa cadette. Il a commencé sa vie de papa bien tard. Il doit compter avec une carrière hasardeuse, celle d'artiste et de professeur, pour mettre trois repas par jour sur une table qui semble rétrécir au fil des ans.

— Que diriez-vous, mes belles, si cet été, nous le passions à la campagne ?

Les cris de bonheur fusent dans la pièce. Les aînées applaudissent, imitées par les plus jeunes, inconditionnelles admiratrices des grandes. Claudio attendait le bon moment pour faire son annonce. Il préparait sa surprise depuis un bout de temps.

— J'ai loué une maison à Sainte-Marguerite. Un ami m'a fait un prix. La fin des classes approche, nous partirions pour l'été. Ça te plairait, ma chérie ?

— Tu veux dire que tu cesserais de travailler ? Ai-je bien entendu ?

— Pas de cours pour tout l'été, nous pourrions nous le permettre. Ce serait nos premières vacances !

Claudio a en effet travaillé toutes les saisons chaudes auparavant, profitant souvent du congé des classes et de l'interruption estivale des leçons privées pour aller chanter aux États-Unis, ou encore pour offrir des classes de maître aux riches amateurs américains. Cette pause qu'il s'offre cette fois-ci avec sa famille signifie donc qu'il a atteint une certaine aisance et une sécurité quant à sa carrière dans l'enseignement. Cela constitue une bonne nouvelle dont toutes se réjouissent. À l'évocation des vacances, Alice songe au plaisir de ces étés passés à la chaleur de la Côte d'Azur, avec les cigales qui chantaient du matin jusqu'au soir leur ivresse d'habiter un pays de mer, de fleurs, de vignobles et de champs de lavande à perte de vue. Elle garde de ces vacances des souvenirs lumineux, dans lesquels elle puise encore, trente ans plus tard, dans ses moments de mélancolie.

— Nous nous installerons début juin. Si tu veux, tu resteras là-bas avec Amélie, Jeanne, Angèle et Annie. Et nous vous rejoindrons, Ariane, Agathe et moi, une fois l'année scolaire terminée.

La proposition est intéressante. Amélie, âgée de dix ans, pourra soigner cette mauvaise toux qu'elle traîne depuis des mois, Jeanne, huit ans, qui aime tant les animaux, trouvera de quoi s'occuper, et Angèle et Annie ne verront pas grand changement à part le fait de pouvoir courir à leur guise. Quant à Mlle des Moulins, elle pourra enfin rendre visite à sa famille gaspésienne, ce dont elle rêve depuis des années sans jamais oser abandonner sa maîtresse à ses trop lourdes tâches familiales.

Alice a souvent raconté les congés de son enfance et répété maintes fois à son époux à quel point elle aimerait offrir l'équivalent à ses filles. Voilà que cette occasion s'offre à elle. Elle se sent comblée !

Pour des raisons bien différentes, Ariane trépigne d'une joie exubérante qu'elle a de la difficulté à contenir. Tout ce qui peut la rapprocher de son père, qu'elle admire démesurément, la réjouit. Passer quelques semaines presque seule avec lui, c'est inespéré ! D'ordinaire plutôt réservée, voilà qu'elle jacasse sans cesse, se montre frivole, rit comme jamais et sautille d'excitation.

De tous les membres de la famille, celle que cet empressement frappe en plein cœur est la mère, blessée par ce qu'elle perçoit comme un rejet. Elle doit faire un effort pour éviter de montrer combien cette préférence de son aînée pour l'autre parent la heurte. L'orgueil la maintient droite, fière et souriante, alors qu'elle résiste à la tentation de faire des reproches à cette petite ingrate qu'elle a bercée, nourrie, changée, cajolée et aimée. *Mais*, pense-t-elle en se ressaisissant, *de quel droit en voudrais-je à cette enfant que je n'ai moi-même pas aimée autant que son aînée ?* Car, pour être honnête, il faut qu'elle ait le courage de l'admettre : elle en a toujours voulu à Ariane de n'être pas parvenue à remplacer Annabelle, à la personnalité tellement douce et câline. Cette enfant qu'on lui a arrachée et qui lui manque toujours aussi durement avait laissé un grand trouble à l'égard de celle qui viendrait après elle.

— Tu vas prendre soin de ton papa ? Je te le confie, ma grande…

— T'inquiète pas, je ferai tout comme il faut.

— Tu me montreras tes dessins, quand tu me rejoindras ?

La fillette acquiesce de la tête et promet de s'appliquer sans regimber. Elle qui a détesté le pensionnat, refusé les prières, tenu tête aux religieuses et tempêté sans cesse, est parvenue à une accalmie auprès des peintres et des sculpteurs des Beaux-Arts, où un des amis de la famille a usé de ses relations pour qu'elle soit admise, malgré son jeune âge. Ainsi s'est-elle trouvée parmi des gens tous plus vieux qu'elle. Rapidement, ceux-ci ont reconnu la précision de son coup de crayon et son sens de la couleur. Ils l'ont acceptée. Les doléances d'Ariane ont cessé et un sourire s'est redessiné sur ses lèvres tandis qu'elle s'est mise à ses fusains, ses aquarelles et ses huiles avec une aisance évidente.

— Notre grande deviendra peintre, avait décrété Claudio, satisfait et fier.

Beaucoup plus soumise que sa grande sœur, Agathe, elle, se plie facilement à l'autorité. Elle aurait préféré partir avec sa mère et ses sœurs. Elle se résigne toutefois à s'en séparer quelques semaines, le temps de terminer l'école, qu'elle adore d'ailleurs, et où elle a de nombreuses amies. Et puis, comme elle joue du piano depuis toujours, elle s'est inscrite à un concours prestigieux, qu'elle ne peut manquer. Elle consent à la proposition de son père, sans problème.

— Entendu, alors ! Nous irons à la campagne ! lance Alice sous les hourras et les cris emballés de sa fringante marmaille.

L'annonce de cette aventure illumine les rêves de la ribambelle tout au long du mois de mai déjà bien entamé. Bientôt, on ne parle plus que de ça, de ce qu'on apportera à la « maison bleue », ainsi dénommée à cause de sa toiture de tôle.

Alice adore cette fébrilité qui précède les grands déménagements. Elle ne s'en est pas privée d'ailleurs jusque-là puisqu'elle a changé de demeure au moins dix fois depuis son arrivée à Montréal. C'est son sport à elle, sa façon de rester en mouvement. Au bout de six, huit, douze mois quelque part, elle n'en peut plus, il faut qu'elle s'allège, qu'elle donne les surplus accumulés et qu'elle mette les voiles pour partir avec son barda, ses filles à ses jupes. Mais cette fois c'est différent puisqu'il s'agit de vacances prolongées, de repos, de farniente. C'est du plaisir que l'on planifie ! Pas question de se restreindre. Pour ce qui est de la nourriture, on doit emporter le plus possible de crainte de ne pas trouver dans ce coin perdu de quoi se nourrir convenablement. Alice fait donc une razzia chez l'épicier, y achetant des kilos de café en grains, ainsi que tout ce qu'elle trouve qui est « importé d'Europe » et qui peut se conserver pendant plusieurs mois. Légumes en conserve, fèves séchées, fruits confits, elle empile des caisses de réserves en vue de faire bombance.

Une nuit, une éclipse de lune plonge la province dans le noir le plus complet. Les Calvino y voient un présage des temps heureux qui les attendent. Dans les jours qui suivent, ils chargent un camion des gâteries, livres, jeux, poupées qu'ils ont amassés, sans compter les chiens, chats, poissons, oiseaux, et prennent la route qui mène vers ce nord mythique. Le trajet dure plus de quatre heures sur des routes souvent sinueuses et boueuses, dans un véhicule chargé de tout ce dont personne n'a voulu se passer. L'ensemble donne à ce groupe bruyant des airs de romanichels. Aventuriers et découvreurs de contrées perdues, les Calvino ont l'impression de faire partie de ces histoires qu'ils ont lues dans la plus pure délectation. Il leur tarde de voir le nord !

Tandis qu'il conduit, Claudio chante les chansons populaires que sa mère lui a apprises. Il sourit, faisant plaisir à voir. Ariane, détendue, tape des mains et accompagne son père, son héros.

Au bout du périple, la « maison bleue » leur apparaît pleine de charme et de simplicité, en haut d'une colline parsemée de conifères, entourée d'arbres à cerises miniatures, appelées communément des « snelles ». En dépit de leur apparence tentante, les fruits laissent dans la bouche un goût pâteux et désagréable. Coiffée d'un toit de tôle, couverte de planches en épicea, la maison leur réserve une surprise : à ses pieds coule la rivière du Nord, dont le débit est suffisamment puissant pour que les chiens, deux bergers noirs de bonne taille, hésitent à s'y lancer pour parvenir à la nage sur l'autre rive. Sur le sable, une barque orange dort au soleil.

— Il va falloir faire traverser les bagages dans cette chaloupe ? demande Alice, les yeux ronds.

Pour toute réponse, Claudio éclate d'un rire en cascade, qu'il transmet aux filles, trop heureuses de découvrir dans quel château elles passeront la saison chaude. Les fillettes s'empressent de se déchausser pour laisser dans le sable l'empreinte de leurs pieds minuscules à côté des traces de leur papa. Dans l'eau froide, elles hurlent de plaisir.

Il leur faut la journée entière pour transporter les valises, la nourriture et les livres du camion à la chaloupe, de la chaloupe à l'autre rive, et de la plage à la maison. Le tout se déroule dans une atmosphère de joyeux désordre propre aux vacances, au rythme gai des chansons à répondre lancées par le père, et souvent terminées par l'une ou l'autre des gamines.

Totalement épuisées par une journée de travail et de découvertes, les filles s'allongent sur les lits, les unes contre les autres dans le dortoir du haut. Adultes et bambins dormiront ensemble, enlacés, comblés d'entendre la pluie, qui a eu la délicatesse d'attendre la fin du déménagement pour se manifester, martelant la toiture en un concert pacifiant.

Après une fin de semaine de mise en place, Claudio repart pour Montréal avec ses deux grandes, promettant de revenir le plus rapidement possible. Étrangement, Alice n'éprouve aucune peur de se trouver là, seule sur une île au milieu de flots glacés et agités par un fort courant. Elle se souvient des paroles de son époux.

— Les Pépin, une famille d'ici, habitent tout près. Ils ont été avisés de notre arrivée et savent que tu resteras avec les petites. Leur aînée te rendra visite tous les jours et exécutera les menus travaux de maison. En cas d'urgence, accroche un chiffon blanc sur la balustrade de la galerie. Ils viendront tout de suite ; je me suis entendu avec eux.

— Et pour les courses ? Le lait, le pain, le beurre ?

— Les commerçants de la région font leur tournée. Toutes les semaines pour le boulanger et le laitier, chaque mois pour les autres. Un vendeur distribue de la glace aussi pour remplir la glacière et conserver les viandes.

— Le reste fera trempette dans la rivière…

Debout, appuyée au poteau soutenant le toit, elle observe d'un œil distrait ses filles s'amusant avec deux rainettes emprisonnées sous une caisse de bois. Jamais elle ne s'est trouvée aussi isolée, à plusieurs kilomètres de toute activité humaine. Loin de s'en sentir effrayée, elle s'émerveille d'entendre le chant des insectes nocturnes qui s'éveillent avec la fin du jour. La nature lui transmet sa paix.

Elle met les petites au lit, leur raconte des

histoires, comme elle le fait tous les soirs depuis leur naissance. Affichant une bonne humeur rassurante, elle répète la routine du coucher, tout en percevant très bien les signes d'alerte que son corps lui envoie. Dans ses entrailles, la naissance se prépare... Elle sent germer dans son esprit l'idée folle de donner la vie seule, en la regardant bien en face.

Une fois les fillettes endormies, elle ranime le feu dans l'âtre, sachant qu'elle appréciera la chaleur, et repense non sans sourire aux paroles de son médecin. Celui-ci a répondu à ses inquiétudes quant à la date prévue de la naissance en l'assurant formellement qu'elle pouvait partir en paix à la campagne. Selon la position fœtale, l'enfant ne naîtrait qu'en juillet. L'homme de science s'est trompé, puisque les contractions s'imposent à un rythme rapide, régulier. Alice parvient à s'assoupir pendant plusieurs minutes. Il n'y a personne pour s'agiter autour d'elle, lui demander d'ouvrir les jambes, lui faire subir des examens, la presser de questions. La nuit noire et silencieuse l'enveloppe comme un châle. Pour la huitième fois, elle donnera la vie, la verra sortir d'elle, fripée, ensanglantée mais forte. Sauf que là, c'est seule qu'elle affrontera l'épreuve.

Comme synchronisée avec l'horaire de ses sœurs, Adeline voit le jour à l'aube, une heure avant le lever des autres, émergeant du corps de sa mère sans un pleur, causant à Alice un moment de grande panique. Elle lui tape les fesses avec vigueur pour parvenir à arracher un cri au nouveau-né, une costaude qui retombe rapidement dans son mutisme. Adeline sera une observatrice...

Avant de couper le cordon ombilical avec un couteau de cuisine, Alice prend soin de vérifier que la petite respire bien et qu'elle a tous ses membres. Habituée à ces gestes qu'elle a souvent vu faire par d'autres, elle trempe doucement le bébé dans une bassine en acier, posée tout près de l'âtre, et prend le temps d'admirer cette beauté qui repose. Pour une fois, nue et encore sanguinolente, elle peut se lever sans honte, sans avoir à se cacher, pour regarder à son aise, caresser, embrasser, saluer ce miracle qu'elle a mis au monde. Le chant des oiseaux s'éveillant à leur tour accompagne cet instant de grâce.

Comblée, Alice dépose sa petite dans le berceau. Puis, elle recouvre les flaques de son sang sur le plancher de grands chiffons de coton, ramasse son placenta, qu'elle enroule dans les guenilles. Écoutant son instinct, elle quitte sa maisonnée encore endormie pour se diriger vers l'eau. Elle lance les linges dans la rivière, les voit s'immerger. Elle pose de lourdes pierres pour les retenir et plonge à son tour dans les remous froids.

Lavée, réveillée, et forte du sentiment du devoir accompli, elle effectue quelques brasses vigoureuses, puis revient vers le bord. Dépouillée, elle avance d'un pas lent vers la maison, comme une bête vers sa portée, là où les petites piaillent déjà autour du berceau, sculpté à la main à même un énorme billot et abandonné dans un coin par quelque précédent locataire.

25

— Voici Adeline, votre nouvelle petite sœur…

Cherchant à embrasser le bébé, Angèle grimpe sur une chaise, risquant de la faire basculer, alors que la petite Jeanne repousse sa sœur en lui criant de faire attention. Annie, de loin, tend sa poupée de chiffon, prête à la partager, alors que Noiron, le chien, tente de gober la tête de la précieuse poupée. Au milieu du chaos, la nouvelle arrivée dort comme un ange et suce son pouce pour se rassasier. La vie reprend son cours.

Alice va au four, y glisse quelques bûches, coupe le pain et pose le fer sur le rond du poêle.

— Qui veut du pain écrasé avec de la confiture aux fraises ?

Sachant la proposition irrésistible, la mère voit toutes les têtes se tourner vers elle. Tandis qu'elle repasse ses tranches avec vigueur sur le rond du poêle et que ses filles se précipitent pour s'asseoir à la table, elle se dit que, si cette enfant était sa dernière, la vie serait bien faite. Après ce qu'elle vient de traverser, elle ne voit pas comment elle pourrait se rendre plus loin.

Ignorant qu'il est devenu père de nouveau, Claudio, dans sa cuisine de la rue Saint-Denis, s'extasie devant le gargantuesque déjeuner que lui ont concocté ses deux aînées. Tandis qu'elles jacassent et que se multiplient les fous rires, un sentiment d'inquiétude l'étreint : tout d'un coup, il prend conscience du temps passé, de son âge et de cette ribambelle de fillettes qu'il doit mener à bon port...

— Qu'est-ce que tu as ? Elles ne sont pas bonnes, mes crêpes ?

— Qui a dit ça ? Jamais je n'en ai mangé de meilleures !

Ariane, toujours anxieuse quant aux réactions de son père, accroche un sourire au milieu de son visage. Elle rayonne, ravie d'occuper la place de sa mère dans une maison en ordre et silencieuse. Extraordinairement responsable pour son âge, elle organise la vie avec aisance et autorité. Aînée d'une grosse famille, sa fille a l'habitude de prendre les choses en main. Mais ce qui étonne Claudio, c'est cette étrange impression de la sentir soulagée par le départ d'Alice, puisqu'elle peut enfin corriger tout ce qui, de son point de vue, ne fonctionne pas dans la maisonnée. Il lui arrivera souvent, durant ce séjour de transition, de la trouver devant quelque placard, vidé, nettoyé et réorganisé pour plus d'efficacité. Le plus amusant pour lui sera de constater, presque à tout coup, à quel point les améliorations apportées par la jeune fille s'avèrent judicieuses.

Sans dire qu'il la préfère, car il aime toutes ses enfants profondément et sincèrement, Claudio reconnaît combien sa première-née lui ressemble et à quel point il se sent proche d'elle. Qu'il s'agisse de son caractère, de ses traits physiques ou de ses intérêts, elle lui ressemble. Elle a un côté masculin et fort qui lui plaît.

À l'opposé, Agathe, la suivante, lui apparaît comme la copie conforme de sa mère : hypersensible, rêveuse, enflammée, mais déterminée et perfectionniste, douée pour le piano, ne s'attaquant qu'à une chose à la fois et dotée d'une mémoire aussi phénoménale que l'est sa beauté. Il a fréquemment l'impression qu'elle lui échappe, qu'elle glisse là où elle veut se rendre, sans qu'il puisse prévoir ses mouvements ; cette indépendance d'esprit le désarçonne et le séduit à la fois…

Ces quelques semaines d'intimité permettent au père comme aux deux filles de faire en quelque sorte connaissance. Jamais de toute leur existence ils n'ont vécu une telle proximité. Tous trois profitent aussi de cette solitude tellement rare lorsqu'on vit à huit pour s'adonner, sans risque de déranger, à leurs passions respectives : Ariane au dessin, Agathe au piano, Claudio au chant, donnant à la maison des allures de refuge d'artistes. Et ils ressentent un certain pincement au cœur lorsque la fin des classes vient mettre un terme à leur interlude.

Ils reprennent le camion et la route cahoteuse. Lorsqu'il aperçoit sa douce avec des langes dans les bras, en haut de la colline où il l'a quittée un mois plus tôt, Claudio imagine sans peine la tournure dramatique qu'aurait pu prendre cette naissance en plein bois. Le voile de la mort glisse devant ses yeux. Il frissonne en pensant à ce que serait sa vie sans son Alice. Enjambant la barque chargée de bagages, il rame avec ardeur jusqu'à l'autre rive.

L'été est marqué par des chaleurs soutenues le jour et des orages intenses la nuit.

Les Calvino s'offrent le luxe d'une liberté quasi

totale. Les enfants courent, jouent et se baignent des journées entières. Les parents s'amusent autant que leur progéniture et profitent de ces moments précieux. Ils accueillent fréquemment leurs amis de toujours, Claude et Maggy, qui ont loué une demeure à Estérel, à quelques kilomètres de là.

Alice ne met pas longtemps à deviner que quelque chose cloche au sein du couple Barrault. Maggy se présente plusieurs fois sans prévenir, criant de l'autre côté de la rive pour qu'on vienne la chercher. Elle semble contrariée d'être laissée si souvent seule durant ses vacances. Elle préfère se trouver au milieu des bousculades des fillettes, occupées à tenter de sauver une portée de bébés mulots orphelins, plutôt qu'aux prises avec un isolement pesant dans une habitation de campagne pourtant beaucoup plus luxueuse que la petite « maison bleue ». Après avoir remercié Ariane de l'avoir fait traverser, elle s'installe avec les enfants, participe à leurs activités et reprend peu à peu son air jovial. Au bout d'un moment, elle se relève, rassérénée, et rejoint Alice pour lui faire ses confidences :

— Si Claude a passé deux jours avec moi cette dernière semaine, c'est à la sauvette sous prétexte de quelque répétition à Joliette ou à Montréal. On jurerait qu'il m'a loué une maison toute proche de chez toi pour pouvoir me délaisser sans remords.

— Ton mari travaille sans arrêt. Il fait beaucoup pour la musique.

— Et pour moi, il fait quoi ? Plus grand-chose, si tu vois ce que je veux dire.

Dans un geste rageur, elle replace son chapeau à

large bord, agrippe son panier et invite l'une ou l'autre des filles à l'accompagner sur les berges de la rivière pour faire le tour de l'île à pied. Son insatisfaction s'accentue, et Alice se désole de sentir son amie de plus en plus malheureuse.

Un jour ou l'autre, l'orage finira par éclater.

— Claude n'a pas dormi à la maison. Il m'a abandonnée dans ce trou perdu, avec les loups ! Il s'est présenté à l'aube, frais comme une rose. Comment peut-il ? Ton homme est rentré quand ?

— Vers les 10 heures, il est parti tout de suite après le spectacle. Le temps de parcourir la route de l'église de Sainte-Adèle jusqu'ici, et il me rejoignait devant le feu.

— Claude me trompe. Il ne s'en cache même plus ! Il me prend pour qui ? Pour une idiote qui va gober ses histoires ? Non. Certainement pas. Il me connaît mal !

— Allons, Maggy, tu vois tout en noir !

— J'y vois bien clair, au contraire ! S'il pense que je vais rester à l'attendre, au milieu des fougères, des ours et des moustiques, il se goure royalement !

Maggy en profite pour dénigrer les Canadiens français, ces habitants veules et mal fagotés, aux dents pourries, sans manières. Ces gens qui savent tout juste écrire leur nom et compter jusqu'à trente ! Ils s'expriment à demi-mot dans une langue remodelée et comprise par eux seuls ! Pour critiquer son pays d'adoption, Maggy Barrault ne donne pas sa place. Elle qui a voyagé, qui maîtrise plusieurs langues et qui serait toujours à Londres si elle n'avait pas eu un coup de foudre pour Claude Barrault, le ténor canadien, se délecte. Dévaloriser ce pays perdu, où l'on disparaît littéralement pendant six mois sous la neige, où l'on ne trouve ni salle de théâtre ou de concert, ni musée, ni boutique digne de ce nom, constitue de loin son loisir préféré. Elle ne se gêne pas non plus pour souligner à quel point tous les gens, à Montréal comme à Québec ou dans les campagnes, vivent courbés, soit sous un crucifix en marmonnant des excuses au Bon Dieu, soit pour soutirer à leur terre des fruits malingres qui ont eu tout juste le temps de mûrir avant que l'automne n'efface les étés si courts. Pour démolir sa terre d'accueil, elle sait s'y prendre. À tel point qu'Alice s'en amuse parfois, ses propos étant tellement exagérés qu'ils en deviennent comiques.

— S'ils ne se lavaient jamais, les curés, ils sentiraient…, dit Alice.

— Pas sous leur tunique de bure ! Ils ont choisi le tissu pour ça, qu'est-ce que tu crois ! Ça n'a rien à voir avec l'humilité, mais bien plutôt avec les odeurs corporelles !

Et Maggy s'esclaffe, fière de son coup, son amie rigolant à son tour, toutes deux imaginant les fesses de ces hommes qui se disent les assistants du Seigneur.

Mais, ce matin-là, sa grande complice n'entend pas rire. Elle qui, d'habitude, retrouve sa bonne humeur dès qu'elle a extériorisé sa colère garde les yeux rivés sur sa tasse vide, réfléchissant tout en caressant l'anse du doigt.

— Je retourne chez moi, annonce-t-elle sur un ton calme et égal.

Alice comprend que la décision est irrévocable. Dès le premier jour où elle l'a vue, au bras de son

Claude, avec son port de reine, sa robe en taffetas d'un violet profond, sa coiffure impeccable, son accent anglais malgré sa maîtrise parfaite du français, elle a su qu'une femme pareille ne s'adapterait jamais à un pays aussi rude que le Canada. Elle s'était bien douté qu'un jour, irrémédiablement, cette amie, la seule qu'elle avait et avec qui elle avait connu tant de bons moments, repartirait comme elle était venue : sur un coup de tête et sans se retourner. Ce jour-là est arrivé. Alice a un vertige, elle se sent retomber dans le vide.

Il ne faut que quelques jours à Maggy pour vider sa magnifique maison d'Estérel.

— Ne dis rien à Barrault. Je veux qu'il me cherche.

— Maggy… ne pars pas ! Ne me laisse pas ! Tu vas tellement me manquer.

— Viens avec moi ! Avec les enfants, Claudio… Londres est magnifique, à ce moment de l'année ! Tu ne le regretteras pas. Allez…

— Mes filles vont à l'école…

— Elles n'y font que prier !

— Claudio a ses élèves, il n'acceptera jamais de se déraciner encore une fois.

— En Angleterre, il chanterait au lieu d'enseigner dans son bourg perdu…

Les mots de la jeune femme cognent comme des clous dans le cœur d'Alice.

Maggy Barrault s'enfuit des Laurentides comme une voleuse, ravie d'imaginer la tête de celui qui l'a humiliée lorsqu'il réalisera que sa douce est partie. À Montréal, elle laisse presque tout derrière elle et s'embarque quelques jours plus tard en direction de la capitale anglaise.

Alice tient promesse et évite le plus longtemps possible de croiser l'amant quitté, sachant qu'elle ne pourra pas, en se trouvant devant lui, mentir sciemment. Il finit par arriver à l'improviste, fou d'inquiétude.

— Sais-tu où elle est ? Je la cherche depuis des jours et ne la trouve nulle part.

— Quelque part en Angleterre, probablement.

— Pardon ?

— C'est ce qu'elle m'a appris l'autre jour. Elle a mentionné le nom de gens de sa famille, qu'elle allait rejoindre. Elle semblait tellement heureuse, j'étais certaine que tu voyagerais avec elle.

— Mais pas du tout ! Je n'étais pas au courant ! Je n'arrive pas à le croire.

— Maggy est un oiseau, Claude, un oiseau qui a besoin qu'on l'admire…

Le pauvre homme, transpercé par un éclair de lucidité, se laisse choir sur une chaise de bois, respirant avec difficulté, assommé.

— Elle est partie…

Ce constat s'abat sur lui comme une tonne de briques. Claude Barrault prend conscience de la légèreté, de l'amour passionné, de la beauté et des plaisirs fugaces que Maggy emporte avec elle. Lui qui croyait s'être lassé de sa maîtresse s'aperçoit un peu trop tard qu'il n'en était rien.

Si Claudio tente de soutenir son ami dans cette épreuve en essayant de le distraire et de le sortir de sa torpeur, Alice, de son côté, se désintéresse complètement de lui. Elle en veut à cet homme négligent. Par sa faute, elle a perdu sa confidente, sa complice, sa sœur, celle avec qui elle retrouvait son âme de jeune fille en feuilletant les revues de mode qu'elle reçoit de Paris. Par la faute de cet être infidèle, le fragile équilibre auquel elle était enfin parvenue depuis son installation à Montréal vient de se rompre. Elle ne le lui pardonne pas. Et son été, si bien commencé, se teinte de rancœur.

Inconscientes du venin qui empoisonne peu à peu l'existence de leur mère, les filles Calvino profitent à plein de cette saison d'indépendance qui leur est donnée : se lever aux aurores pour se plonger dans l'eau glacée, faire sa toilette dans la rivière, revenir en grelottant à la maisonnette, déjeuner d'une tranche de ces pains au lait, que certains appellent pains « de fesses », si savoureux et d'un café au lait, jouir de temps libres à profusion pour flâner avec un livre, peindre une écorce de bouleau, collectionner les pierres, pique-niquer sous un pin en quelque coin nouveau de l'île, puis faire la sieste sur des lits de mousse. Elles rentrent à la maison, les jambes marquées d'égratignures de ronces, de piqûres d'abeilles, et les pieds écorchés. Pour les plus jeunes, exténuées par tant d'aventures, un souper rapide vient clore la journée, tandis que pour les autres, il est suivi d'une veillée sous les étoiles devant un feu de camp. On y improvise des histoires tantôt romantiques, tantôt terrifiantes, pour finalement aller dormir sans hésitation ni regrets sur un matelas usé, aux odeurs boisées, dans le dortoir du haut, où les petites sœurs entassées par ordre de grandeur ronflent, bouche ouverte, à demi vêtues, profondément assoupies. Comme le bonheur passe toujours trop vite, l'été file à toute allure. Quand arrive le moment de remballer leurs affaires, certaines le prennent mal, dont Ariane, qui se met à traîner le plus possible, disparaissant souvent dans les bois pendant plusieurs heures.

L'attitude de l'aînée agace Alice. Elle refuse de participer aux tâches communes, s'oppose aux consignes et se montre de plus en plus taciturne à mesure que la date du retour de la famille à Montréal approche. Ariane lui demande une énergie dont elle ne dispose pas, d'autant plus que, par son exemple, elle incite les plus jeunes à l'imiter. Épuisée par sa petite dernière, qui a un appétit d'ogre et demande la tétée à toute heure du jour et de la nuit, Alice a l'impression de n'exister que pour remplir ses fonctions de mère nourricière. Elle n'a pas fait l'amour avec son époux depuis trop longtemps. Tout cela accentue son sentiment de tristesse et d'impatience. Le besoin de changement, qui l'avait laissée un peu en paix, revient au galop.

Elle ne veut plus avoir d'enfants. Elle refuse de prendre le risque d'une naissance de plus, de sentir la vie et la mort se frôler. Elle craint aussi d'affronter l'isolement abyssal de sa vie montréalaise sans Maggy. Avec un bébé qui l'a vidée de ses forces, et six autres enfants dans ses jupes, elle sent que même la présence de Mlle des Moulins ne suffira pas à lui remonter le moral. Elle qui, jusque-là, a toujours partagé ses angoisses avec son grand complice ne parvient pas cette fois à lui expliquer son sentiment de vide. Le fossé se creuse d'ailleurs davantage puisque, de son côté, Claudio traverse une période de travail intense, partageant son temps entre ses élèves des pensionnats de Québec, de Joliette et de Montréal, et son ami Claude, dont il s'est beaucoup rapproché depuis le départ de sa Maggy, dont il ne se remet pas. Alice veut partir. Quitter Montréal et respirer l'air de la France. Surtout depuis qu'elle sait que sa chère tante Jeanne est malade et affaiblie. Cela lui apparaît comme un remède à toutes ses langueurs. Cette idée folle se met à germer en elle. Les années passent, les étés, les hivers. L'espoir de retourner à Paris grandit.

Le krach de 1929 survient et plonge le monde dans la torpeur. La grande misère souffle sur l'Amérique et sur Montréal, rendant la vie insupportable, aux grosses familles particulièrement.

Quand l'existence lui semble impossible, dans les moments de grand découragement, Alice ne pense qu'à la Provence, aux fleurs qui y fleurissent à l'année, au soleil chaud. Du coup, la misère s'estompe un peu.

26

Du haut de ses quinze ans, Agathe a fait des progrès incroyables au piano. Comme si, au cours des trois dernières années, un feu, latent, s'était enflammé en elle. Encouragée à l'école et encadrée par de bons professeurs, la jeune fille a appris avec application, mais sans enthousiasme. Jusqu'à ce qu'elle tombe, par hasard, sur un encart placé dans la revue *Canada Musical*. Un concours d'interprétation était organisé. Elle a décidé de s'inscrire. On offrait des prix, et la jeune fille espérait gagner le premier. Elle s'est mise au travail avec une persévérance qu'on ne lui avait pas connue jusque-là. Assise au piano de sa mère, qui l'encourageait et la corrigeait, elle a joué sans répit. Six mois de répétitions acharnées lui ont permis de remporter la première place et tous les honneurs. À partir de là, une ardeur nouvelle l'habite.

Convaincue du talent exceptionnel et confirmé d'Agathe, sa mère a usé de toutes ses relations, a même prévenu Maggy à Londres, pour faire en sorte que sa fille puisse étudier dans l'une ou l'autre des grandes écoles parisiennes. Voilà qu'elle tenait enfin une raison valable et suffisante à ses yeux pour motiver le déménagement de toute la famille, sa fille étant une virtuose, rien de moins !

Alice refuse de voir la colère inscrite sur le visage de son aînée chaque fois qu'elle évoque la question d'un éventuel départ. Pour la mère, Ariane n'a rien fait d'exceptionnel aux Beaux-Arts pendant les années qu'elle y a étudié. Elle s'est ensuite trouvé de petits emplois sans intérêt à ses yeux. En Europe s'ouvriront à elle les portes d'un meilleur avenir, du moins le croit-elle.

Alice ne perçoit pas non plus les réticences de son époux, peinant à joindre les deux bouts, vieilli par les trop nombreuses heures de travail. Il a été tellement difficile de surmonter la crise économique qui s'est déclarée en 1929 et qui s'étire depuis… Plus que tout, Alice souhaite quitter le Canada, auquel elle ne s'est jamais vraiment adaptée. Elle désire tant partir qu'elle se sent prête, s'il le faut, à laisser Claudio à ses élèves et à son gagne-pain. Une séparation vaudrait mieux que l'ennui, et elle se met graduellement à préparer le terrain en ce sens.

— De toute façon, tu dois engager une accompagnatrice pour me remplacer. Adeline me demande trop, elle est inconsolable si je m'éloigne. Je ne peux plus travailler comme je l'ai fait toutes ces années.

— Comment feras-tu, à Paris ? Avec sept enfants ?

— Je m'organise bien ici ! Pourquoi n'y arriverais-je pas ailleurs ?

Puis elle enchaîne.

— Maggy m'a écrit. Elle s'est renseignée pour moi. Les trois plus grandes pourraient passer les auditions au Conservatoire national supérieur de musique et de danse. Il y a là d'excellents professeurs pour Agathe. Ariane pourrait auditionner en théâtre. Amélie en ballet.

— Eh bien, tu as avancé dans ton projet ! Sans me consulter, à ce que je constate.

Voulant éviter la confrontation, Alice fait preuve d'une certaine réserve. Comment lui expliquer que l'intervention de Maggy lui offre enfin l'opportunité tant attendue et espérée ? Elle ne sait pas exactement ce qui a causé son désenchantement, mais une chose est certaine, elle ne pourra plus tenir longtemps dans ce pays, que Claudio voit si grand et si plein de promesses, alors qu'elle y étouffe ! Comment lui dire qu'elle préférerait l'éloignement aux appels et aux tentations du corps ? En effet, elle ne peut plus supporter le risque de tomber enceinte de nouveau, et cela la soulage presque de penser qu'il serait possible de vivre sans le souci d'une nouvelle grossesse. En son for intérieur, sa décision est prise : elle va partir, quitter le Canada, refaire sa vie. Elle a quarante et un ans. Son rêve de s'établir en France est encore réalisable. C'est maintenant ou jamais.

Alice veut aussi reprendre ses recherches au sujet de sa mère. Elle souhaite renouer le contact avec Annabelle et assister Jeanne dans ses jours de maladie et de vieillesse. Du coup, son séjour en Amérique revêt un statut de sombre parenthèse. Après douze ans passés sur cette terre rude où la moitié de l'année se déroule dans la noirceur et le froid, elle retrouve espoir. Elle va reprendre le cours de sa vraie vie. Cela lui apparaît désormais non seulement comme une évidence, mais aussi comme une urgence. Elle doit s'embarquer, quitte à ce que son époux les rejoigne, un jour, plus tard, quand il aura réglé leurs affaires à Montréal. Déjà, elle s'affaire à classer les possessions en deux catégories distinctes : ce qui part et ce qui ne part pas...

Claudio est renversé par cette obsession qui, selon lui, s'apparente au caprice, voire à la folie, car quand on est une femme on ne prend pas la mer avec sept enfants âgés de quatre à dix-sept ans. Il pense ramener son épouse à la raison et feint d'ignorer ce projet impossible. Il évite d'aborder l'éventualité d'un départ. Il ne parle que de travail, veille à ce que les filles étudient à l'école tandis qu'Ariane travaille et semble s'épanouir. Alice, elle, déterminée, emplit discrètement les malles...

— Ton épouse se joue de toi. Attends un peu, et elle négociera une faveur en échange du renoncement à son départ.

Son ami Claude voit-il juste ? Sa complice de toujours le manipule-t-elle ? Qu'espère-t-elle obtenir ? Il ne voit pas... Il ne voit pas non plus comment il pourrait rompre tous ses engagements, annuler ses contrats d'enseignement pour recommencer à zéro, à cinquante-cinq ans, alors qu'ici tout lui sourit. Il attend, en l'espérant presque, cette joute où elle tentera de négocier. En vain. Elle n'exige rien, continuant de préparer son départ, qui se concrétise de jour en jour. Il ne comprend pas...

— Dans ce cas, c'est qu'elle a un amant, qu'elle va rejoindre là-bas.

— Ne confonds pas ton histoire avec la mienne, Claude. Alice n'a rien de Maggy.

— Ah bon ? Et quand elle est partie avec toi, n'avait-elle pas quitté son premier mari ?

Bien sûr ! Cela tombe sous le sens ! L'histoire se répète ! La seule évocation de sa bien-aimée dans les bras d'un autre le plonge dans un état de tristesse profonde dont il parvient difficilement à se libérer. Il se reproche sa prétention, sa naïveté d'avoir pu croire qu'une jeune femme de près de quinze ans sa cadette ne se lasserait jamais de lui. S'il fallait qu'il en soit ainsi, et si elle ne l'aimait plus, alors sa vie cesserait de lui importer.

Entre le soin des enfants, l'entretien de la maison et la mise en place de son projet, Alice court d'une activité à une autre, ignorant tout du drame qu'imagine son époux. Énergisée par l'approche de ce grand changement, après toutes ces années d'isolement parmi des gens auxquels, elle se l'avoue maintenant, elle n'est pas parvenue à s'intégrer, elle n'a plus que le retour à ses racines en tête et au cœur.

Ariane, à l'inverse, ne voit que Claudio, ses airs chagrins, ses absences fréquentes, même dans son travail, qui ne le comble plus comme autrefois. Elle met du temps à s'y résoudre, soucieuse de ne trahir ni l'une ni l'autre des personnes qu'elle aime le plus au monde, mais après avoir bien pesé le pour et le contre, elle décide de parler à sa mère. Elle attend que son père soit à Québec pour ses cours, et va trouver Alice alors que celle-ci achève de tout éteindre dans la maison avant d'aller se coucher.

— Que fais-tu là ? Il est tard ! Au lit, jeune fille ! Tu travailles demain.

— Je ne veux pas dormir.

— Tu es malade ?

— Moi, non. Mais papa, si. Tu devrais t'en

inquiéter, lui lance-t-elle sur un ton lourd de reproches, en lui jetant un regard noir.

Il a ainsi fallu que son aînée sonne l'alerte et lui fasse des remontrances pour qu'Alice prenne conscience de la situation et aborde franchement la question avec son mari. L'abcès empoisonnant l'atmosphère chez les Calvino serait enfin crevé. Alice tombe des nues lorsqu'elle se rend compte des histoires que son homme a pu s'inventer à son sujet. Elle le rassure tout net, réitérant son amour, toujours aussi vif, mais lui précisant toutefois sa détermination de rentrer en France. Il lui répond qu'il ne peut pas envisager de se séparer d'elle.

— Mais qui parle de se séparer ? Puisqu'il en est ainsi, rejoins-moi là-bas ! Le plus vite sera le mieux ! Ils te reprendront à Lyon, j'en suis certaine.

Sur un coup de tête, et pour lui faire plaisir, il semble acquiescer à sa proposition. Il cache son total désaccord et l'impossibilité pour lui de quitter tout ce qu'il a mis tant d'énergie à construire. Il ne peut se résoudre à abandonner ce réseau de mélomanes passionnés, desservis par des tournées de concerts organisées, non sans peine, un peu partout dans la province. Il n'imagine pas non plus laisser tomber cette clientèle d'élèves de talent, buvant ses paroles, avides de s'ouvrir à un répertoire et des notions auxquels ils ont si peu accès, ici, loin de l'Europe. Jamais il ne pourra tourner le dos à cette carrière d'enseignant qui lui donne le sentiment de progresser, de s'épanouir, alors que la soixantaine approche, et qu'il a envie de récolter les fruits de son labeur plus que de tout recommencer. Ce départ va contre sa nature, contre tout ce qu'il a fait depuis les douze années passées au Canada. Cela n'a aucun sens. Comment Alice peut-elle sérieusement concevoir qu'il acceptera de la suivre ? Il se désole de la voir imiter sa grande amie anglaise et craint qu'elle ne cherche, au fond, qu'à recouvrer sa liberté en douce. Blessé, il coupe court à la discussion, espérant que la femme qu'il aime reviendra à la raison et stoppera la métamorphose amorcée.

Alice interprète aussitôt son silence comme un accord et, s'en réjouissant, reprend ses préparatifs, occupée par une histoire de passeports. Affairée, elle ne regarde pas à la dépense, règle ces frais inhabituels sans considérer qu'ils s'ajoutent aux autres.

Orgueilleux et fier, Claudio ne se résigne pas à s'ouvrir non plus sur les questions d'argent qui le ravagent. Il peine déjà à payer vêtements, souliers, nourriture et le train de vie normal d'une famille de neuf personnes ! Comment parviendra-t-il à soutenir financièrement les préparatifs, puis la traversée, puis les inévitables mois de chômage qu'une réintégration entraînera ? Il n'entrevoit pas de solution. Il en perd le sommeil et va souvent marcher, la nuit, pour trouver un peu d'apaisement. Un homme ne doit pas se montrer faible, soucieux ou abattu. Un homme, comme un capitaine, regarde droit devant et affronte la peur ou les tracas. Il reste donc seul avec ses appréhensions, tandis qu'elle le croit rassuré.

Certains écarts se creusent lentement, comme lorsque les vagues, dans un va-et-vient incessant, parviennent à modifier les paysages, alors que d'autres, telles les brèches s'ouvrant d'un seul trait au milieu du sol, ne mettent que quelques instants à tout transfigurer. Chez les Calvino, l'écartèlement se produit d'un coup, laissant Alice et Claudio emmurés, chacun de leur côté, dans leurs décisions respectives.

En ce beau samedi de septembre, la métropole entière respire l'automne : les feuilles flamboyantes se détachent des érables majestueux, sous un ciel dégagé d'un bleu éclatant. Le temps se met au frais, rougissant les joues et le nez. C'est par cette belle journée que les filles apprennent de la bouche de leurs parents que tout est en place pour le grand chambardement annoncé.

— Voici les billets. Nous quitterons Montréal à la fin du mois ! Vous allez, chacune, avoir une valise dans laquelle vous mettrez ce que vous choisirez d'emporter. Le reste, on ira le donner aux pauvres.

Foudroyée, Ariane repousse son bol, prise d'une crampe dans le bas-ventre. Elle se précipite dans sa chambre, pliée en deux. Le visage réjoui de sa mère accentue sa douleur. Elle refuse de partir, de quitter son travail et son bénévolat, qui la comblent tant. Personne ne lui a demandé son avis. C'est injuste, cruel, terrifiant. Elle a dix-sept ans et n'est plus une enfant qu'on peut déplacer sans avoir voix au chapitre ! Les études en art dramatique, ça ne lui dit rien. Or, on l'a inscrite aux auditions d'entrée, qu'elle devra préparer une fois dans le vieux pays.

Son père ne s'embarquera pas avec elles ; il les rejoindra plus tard, prétend-il. Entendre ses parents mentir sans sourciller, quelle désolation ! Quelle angoisse aussi ! Et puis, en l'absence de Claudio, ça sera à elle de soutenir leur mère et d'assumer les innombrables tâches familiales. De toute son âme, Ariane s'oppose à ce voyage, aspirant plutôt à s'ancrer dans cette vie auprès de ces Canadiens français qui l'attendrissent, l'amusent et l'interpellent. Si elle avait eu le choix, si on lui avait demandé son avis, elle serait restée avec Claudio. Impuissante, elle serre la mâchoire en se jurant qu'un jour elle aura son mot à dire. Des spasmes nerveux lui vrillent le ventre. Étendue sur son lit, elle pleure de désespoir.

Plus la date du départ approche, plus la fébrilité gagne les unes et l'inquiétude les autres. Alice fouette le moral de ses troupes, racontant, soir après soir, combien tout deviendra merveilleux une fois là-bas. Claudio s'efforce de ne pas saper son entreprise, sachant ce qu'il faut de courage pour se construire une vie sur une terre nouvelle et inconnue.

— Et si, ma chérie, il advenait que les événements ne se passent pas comme tu les imagines ?

— Est-ce vraiment le moment d'en parler, tu crois ?

— Nous n'avons jamais abordé cette possibilité. Il vaut mieux, justement, que nous en discutions avant qu'il soit trop tard.

— Tu n'approuves pas mon projet et tu tentes de me décourager. N'essaie pas, c'est déloyal de ta part.

— Si tu refuses de réfléchir à toutes les éventualités, alors moi, je le ferai pour nous deux. Nous avons sept enfants, Alice.

— Moi, j'en ai huit. Et je ne sais pas comment j'ai pu la renier aussi longtemps.

— Tu n'as rien renié. Et pour te dire les choses franchement, ton obstination à tout voir du bon côté m'inquiète. Tu n'es pas réaliste. Toutes les nouvelles que j'ai de France vont dans le même sens : la vie y est difficile, tout autant si ce n'est plus qu'elle l'est ici.

Un silence tombe entre eux. Pour une fois, leurs regards ne se croisent pas. Ils n'éclatent pas de rire après s'être affrontés, et ni l'un ni l'autre ne fait un pas ou un geste pour se rapprocher. Rien ne bouge. Les enfants, endormies, échappent heureusement à la scène.

— Même si tu fais une erreur grave, et j'en suis convaincu, je ne t'empêcherai pas de partir.

— Et comme tu l'avais décidé dès la première fois où nous en avons parlé, toi, tu resteras ici !

— Oui. Pour cette année, en tout cas. J'ai renouvelé tous mes contrats.

— Alors que tu prétendais faire exactement le contraire !

— Je n'avais pas d'autre choix, Alice. Avec mes avances, du moins ce qu'il en reste, tu auras de quoi t'installer car les frais pour la traversée en ont grugé une bonne part. Comme j'aurai peu de frais, une fois seul ici, on devrait pouvoir retrouver un équilibre. Si tout va bien.

— Tu ne m'as rien dit... Tu as tout décidé.

— Je t'enverrai ce que je gagne. Tu en auras

besoin. Et si jamais le vent tournait, tu pourrais rentrer sans trop de dommages.

Elle relève la tête, ne murmure qu'un douloureux :

— Claudio… Accompagne-moi. Je t'en supplie.

— J'ai cinquante-cinq ans, ma mie, je ne suis plus comme toi, capable de prendre tous les risques. Mais si tu le fais à ma place, je te tiendrai la main, de loin… Parce que je t'aime heureuse, libre, pour toujours et à jamais.

Sur son beau visage fatigué, voilà que tant de peine et de tendresse lui apparaissent ! Elle le revoit sur scène lorsque pour la première fois elle l'avait entendu. Si son corps a changé, sa voix est restée intacte, de même que son âme, sa noblesse, sa fierté. Triste d'avoir pu se méprendre sur lui au point de croire qu'il tentait de contrecarrer ses plans, elle se rend compte que, au contraire, tout ce temps, il a travaillé à les rendre possibles.

Ils éteignent les lumières.

Dans l'obscurité, ils avancent à tâtons jusqu'à leur chambre, se tenant du bout de la main. Si elle reconnaît les pulsions du désir, celui-ci semble s'être transformé, comme pour changer l'ordre établi entre les amants. Avec autorité, elle impose le rythme. Elle s'agrippe à ses épaules, puis s'arrête. Ce soir-là, elle ne se soumettra pas, elle suivra un vent nouveau.

— Ne bouge pas. Laisse-moi faire.

Elle détache sa chemise, caresse ses tétons, les pince et les titille du bout des doigts, comme il aime le faire avec les siens. Elle les embrasse, des lèvres seulement, puis avec la langue. Son corps lui paraît fou, comme échappé de sa coquille. Elle laisse ses mains parcourir sa peau jusqu'à son sexe, qu'elle fait durcir puis languir, pour ensuite le glisser dans sa bouche. Claudio, d'abord désarçonné par cette furie qu'il ne connaît pas, met quelques minutes à s'y abandonner. Puis, séduit et vaincu, il se laisse tomber sur le lit, la verge pointée vers le ciel. L'idée de s'y asseoir traverse l'esprit d'Alice, mais elle y résiste. Elle ne veut plus de sa semence en elle et courir le risque d'une nouvelle naissance. Elle se met plutôt à genoux pour mieux lui ouvrir les jambes et se délecter de ce qui s'y trouve, se montrant tantôt empressée, tantôt d'une lenteur extrême, en apprenant sur son propre plaisir autant que sur le sien. Quand, au milieu de la nuit, elle lui permet d'exulter enfin, dans un cri, Alice n'en a pas fini puisque, après un court répit, elle lui annonce :

— C'est à ton tour, maintenant.

Ravi de pouvoir lui rendre la pareille, il s'applique, l'amenant doucement au seuil de la jouissance, puis à celui de la souffrance. Jamais elle ne s'est abandonnée ainsi, oubliant son corps, sa pudeur, les interdits, les enfants même.

Cette nuit-là, ils renouvellent leurs vœux sur des bases différentes. Et s'ils se quittent le cœur raccommodé, Alice garde au fond d'elle la déception qu'il n'ait pas fait pour elle tout ce qu'elle avait fait pour lui.

27

Après un été particulièrement pluvieux qui a contrarié bon nombre de vacanciers, les Parisiens, de retour en ville, n'ont pas leur allant habituel. Incommodés par une humidité ambiante dont ils ne parviennent pas à se débarrasser, ils s'agitent, hurlent, se pressent, impatients et nerveux. On espère que l'automne 1931 s'avérera meilleur que le précédent.

Alice Calvino, chargée comme un mulet, entourée de ses filles, portant une valise dans chaque main, leur manteau fripé et leur chapeau écrabouillé glissés sous le bras, se sent totalement décontenancée devant le Paris tant rêvé, avec lequel elle renoue, douze ans après l'avoir quitté. Il y a tant de mouvement sous ses yeux, tant de gens qui vont et viennent en tous sens, tant de sons et de cris divers, tant d'affiches ! Elle ne sait plus où donner de la tête, ni quelles consignes imposer aux fillettes qui attendent, paralysées comme leur maman poule devant un spectacle aussi grouillant qu'assourdissant. Les tramways circulent à un rythme soutenu. Les autobus, lourds mastodontes, ajoutent au chaos. Sans parler des autos qui surgissent de la gauche ou vous surprennent en arrivant de la droite, leurs chauffeurs klaxonnant souvent avec agressivité. À ce flot incessant de véhicules se joint celui des vélos, nombreux et affairés, qui sillonnent en tous sens les rues aussi bien que les trottoirs, dans un désordre étourdissant. Pour un nouvel arrivant, le choc est brutal.

Adeline souffre d'un vilain rhume qu'elle traîne depuis Montréal et qui la rend maussade et pleurnicharde. Son état inquiète toute la famille. Une morve verte lui coule des narines et des quintes d'une toux sèche et douloureuse la laissent épuisée. Il devient urgent que les déplacements prennent fin, de sorte que la fillette ait une routine stable et puisse prendre du repos, dormir à heures fixes et récupérer. Les attentions des plus grandes pour leur sœurette malade se multiplient : l'une la berce, l'autre la redresse, lui essuyant le visage en un coup de mouchoir adroit, lui tapotant le dos avec une tendresse touchante. Âgée de quatre ans, la petite se sent alors rassurée, comme si elle puisait son courage dans celui de ses aînées, et retrouve le sourire pour quelques heures.

Alice cherche la rue Danton, où Jeanne habite désormais. Celle-ci les attend avec impatience depuis qu'elle a été avisée de leur traversée quelques mois auparavant. Jeanne a bataillé dur pour parvenir à louer un second logement dans l'immeuble où elle habite, et sur le même palier. Elle tenait à ce que sa nièce puisse loger dans l'appartement contigu au sien, avec les plus jeunes, alors que les grandes habiteront avec elle. Désorientée dans les rues de cette ville qui a trop changé, la voyageuse tente de se renseigner auprès de passants puisque l'immeuble devant lequel l'a déposée le chauffeur du taxi ne correspond pas à la description faite par sa tante. Après avoir payé une course effroyablement coûteuse, Alice se trouve sur le trottoir avec sa marmaille, ses bagages les plus indispensables et un bout de papier sur lequel elle a noté un numéro erroné. Alors que, de coutume, la vue d'une mère de famille nombreuse attire la sympathie, voilà qu'au contraire elle perçoit un agacement à peine voilé de la part des passants qu'elle croise et qui n'ont visiblement pas le temps de s'émouvoir.

— Jeanne Di Marco ? Non. J'connais pas.

Elle n'obtient rien de plus. Déroutée, elle remonte la rue d'un pas ralenti par la fatigue, au hasard. Un bon chef ne doit pas montrer sa peur à ses soldats. Elle redresse donc le torse et avance tout en invitant ses filles à admirer la beauté de l'architecture des bâtisses qui bordent la rue. Magnifiquement ouvragées, les fenêtres en enfilade en imposent, agrémentées de balcons aussi élégants que minuscules et de ferronnerie ourlée. Les enfants ne mettent pas longtemps à s'extasier de tout, encouragées par l'idée que la fin du voyage approche et qu'elles pourront enfin se poser quelque part. Alléchés par une odeur tentante, les membres du clan Calvino s'attardent devant la vitrine d'une charcuterie.

— Mmm... des saucissons ! Des pâtés ! Du fromage ! Du jambon !

— Allez, on s'arrête ici pour goûter !

— Des petits pains !

Jeanne, Angèle et Annie ne se le font pas dire deux fois. Elles poussent la porte en gloussant de joie. Ariane, épuisée, aurait préféré poursuivre, craignant de ne pas pouvoir reprendre la route si elles s'interrompent. Agathe et Amélie gardent le silence, vaguement angoissées par l'air préoccupé de leur mère depuis la gare. La gourmandise et une vitrine regorgeant de victuailles ne dissipent pas leurs inquiétudes.

Tandis que ses gamines montrent du doigt les délices qui leur font envie, Alice porte la main à son sac, vérifiant que son contenu est toujours là, puis lance un regard furtif par la fenêtre, vers le haut des immeubles face au commerce. Quelque chose de rouge vif attire son attention : probablement un foulard qui pendouille, accroché à la rambarde d'un ornement en fer forgé. Elle remet les quelques francs exigés par la vendeuse et prend le paquet que celle-ci lui tend. Une fois à l'extérieur, les petites affamées et salivant déjà de plaisir s'assoient à même le trottoir, comme pour pique-niquer. Incapable de les décevoir en reportant le goûter, Alice ouvre son paquet et offre à chacune de quoi se rassasier. Puis, un coup de vent fait alors claquer le bout de tissu accroché. Alice l'observe et remarque au milieu du tissu flottant momentanément au vent un motif de roses jaunes. Un déclic se produit dans son esprit : elle reconnaît ce fichu, pour l'avoir offert à sa tante le jour de son départ pour le Canada. Elle vient de retrouver sa chère tante Jeanne ! Du coup, elle saisit à son tour un saucisson sec et y mord à belles dents. Comme ce goût-là lui a manqué ! *Tout va bien, ne t'inquiète pas, nous sommes parvenues à bon port*, voudrait-elle dire à son homme.

Claudio, si loin, de l'autre côté de l'océan, s'est éveillé après une nuit agitée et beaucoup trop courte. Il a accompagné Barrault qui donnait, la veille, un récital impromptu sur la rue Sainte-Catherine. Il n'aurait pas dû y assister, mais pour ne pas rester seul, il s'était décidé à aller entendre son copain, qui l'avait ensuite emmené manger et boire jusqu'aux petites heures. S'il ne s'était pas enivré à outrance, en revanche, il s'était empiffré d'un ragoût de bœuf onctueux. Il était rentré l'estomac surchargé. Lui qui avait cru qu'il pourrait supporter la séparation et compenser l'ennui grâce à l'enseignement commence à mesurer l'énormité de son erreur. La solitude se comporte comme une maîtresse exigeante et jamais satisfaite, lui enlevant tout cœur à l'ouvrage et le poussant chaque fois qu'il le peut à sortir de la maison.

Alors que le soleil se lève sur Montréal, nimbant la ville d'une ouate rosée, il s'assoit à la table de la cuisine, dans ce deux-pièces de la rue Laval qu'il habite désormais, meublé et décoré par sa bien-aimée, et, secoué par un sanglot, se prend la tête à deux mains. Il revoit le spectacle de la veille, grandiose. Durant toute la représentation où son grand ami chantait, il n'a pas cessé une seconde de penser à elles, à celles qui vivent à Paris et qu'il ne reverra pas avant une année entière. Tel le chêne brisé, il doit faire face à l'évidence : sa force ne lui sert plus à rien.

28

C'est le dos voûté et avec lenteur que Jeanne vient ouvrir aux Calvino. En les voyant, elle passe en un instant de la méfiance à la gaieté, elle se met à hurler presque aussi fort que les fillettes, folles de joie d'apercevoir cette femme dont on leur parlait depuis des mois ! Jeanne les accueille, les bras chargés de sacs de bonbons colorés. Pour elle, à l'inverse de Claudio, un cycle d'isolement extrême s'achève.

Si la maladie le lui permet, car elle souffre de sautes d'humeur et de pertes de mémoire, elle compte profiter de celles qui, sans qu'elles le sachent, sont ses petites-filles. Le simple fait de les connaître, de mettre un visage sur ces noms mille fois prononcés la comble de bonheur. Et puis Alice, dont les traits se sont affermis en douze ans, lui ressemble à un point tel qu'elle s'en trouve toute chavirée.

Dès les premiers contacts avec son aïeule, Alice note deux éléments frappants : ses confusions intermittentes et son vieillissement accéléré pour une personne d'à peine cinquante-sept ans. De plus, tante Jeanne ne cesse d'ajouter « ma fille » à tout propos lorsqu'elle s'adresse à elle, avec une persistance presque incommodante. Elle exige des petites que celles-ci l'appellent « mamie » sous peine de leur refuser l'accès aux chambres aménagées à leur intention. Jeanne ne semble pas voir la saleté et le désordre régnant dans le logis où elle reçoit ses invitées, alors que même les plus jeunes le remarquent.

Les Calvino doivent se retrousser les manches, s'armer de balais, de guenilles et de seaux pour nettoyer les lieux, manifestement laissés à l'abandon. Gentiment, les enfants surmontent surprise et dégoût, et lavent les planchers sur lesquels elles craignent de marcher tant ils sont gris. Personne ne pose de question sur l'état psychologique chancelant de leur hôtesse, charmante et pleine d'une bonne volonté quasi enfantine.

En plus de sa bande grouillante de sept filles, dont elle assume seule la charge, Alice comprend qu'elle doit s'occuper de sa chère Jeanne, qui, par moments, semble retomber en enfance et s'amuser autant que sa progéniture aux jeux qui les distraient. Les inquiétudes qu'elle nourrissait ces dernières années se confirment. Pendant son absence, sa tante a non seulement vieilli, mais elle a aussi perdu une grosse partie de sa lucidité et de sa vive intelligence d'autrefois. Il faut désormais prendre soin d'elle et l'entourer. Un jour sur deux, elle oublie de manger, de se laver, de se changer. Si la journée est bonne, elle revient pimpante de ses balades ; si elle est mauvaise, elle rentre grincheuse et affolée par les bruits, les gens, les chiens, les chats. Orgueilleuse et fière, elle n'accepte d'aide que si elle est apportée avec gentillesse et patience.

Devant trop de responsabilités et de travail, Alice

n'a d'autre choix que d'embaucher une auxiliaire. Une jeune femme du nom de Paulette se présente sur la recommandation de la concierge et est engagée sur-le-champ pour s'occuper des repas et du ménage. La dépense, imprévue, s'ajoute aux autres, incessantes et trop nombreuses, car vivre dans une capitale européenne coûte cent fois plus cher qu'à Montréal. Les réserves accumulées par Claudio s'épuisent beaucoup plus rapidement que prévu. Tandis que l'argent lui glisse entre les doigts, Alice se répète pour s'encourager que la situation finira par se stabiliser.

Heureusement, la ville de Paris, encore plus magnifique lorsqu'elle se couvre de blanc en décembre, fait oublier les tracas. Mais pour comble d'ironie, un froid mordant surprend les habitants de la ville, suivi d'une averse de flocons assez importante pour rester au sol et pour qu'on soit forcé de porter des bottes chaudes. Alice ressort les quelques pèlerines et bottillons rapportés du Canada, permettant aux filles d'aller jouer dehors, d'organiser une bataille de boules de neige, dans le grand parc non loin de leur nouvelle demeure.

— La neige était collante !
— On a fait un fort ! Et on s'est lancé des boules !
— Comme à Montréal !

Voyant leurs joues rouges, leurs yeux pétillants de la joie d'avoir retrouvé le froid, leurs petits pieds glacés posés sur une brique chaude, comme naguère, avec un chocolat chaud onctueux sur les genoux, Alice sent la nostalgie et les doutes l'assaillir. Quelle idée saugrenue ! Pourquoi avoir tout quitté alors que la famille était bien établie depuis de nombreuses années ? Pourquoi est-elle incapable de se fixer quelque part ? Pourquoi avoir abandonné un époux aimant, une sécurité parfaite ? Elle ne trouve pas de réponses à ses questions, pour son plus grand désarroi. Avec huit personnes à sa charge, elle ne peut sombrer dans l'introspection trop longtemps. Elle doit se redresser, regarder vers demain, se répéter qu'on ne quitte pas un pays sans bonnes raisons, et qu'il est trop tard pour reculer.

Par amour pour ses filles, elle reprend courage. Elle choisit pour elles la meilleure école de la ville, voire du pays. En prévision des auditions d'entrée pour le prestigieux Conservatoire national supérieur de musique et de danse, où l'art dramatique est aussi enseigné, il faut dénicher des maîtres qui accepteront de préparer ses trois aînées pour ces épreuves d'admission. Il y a beaucoup d'appelés et peu d'élus. Agathe montre d'évidentes dispositions pour le piano et ne l'inquiète pas trop. Ariane a été préparée depuis l'enfance par son père à l'interprétation dramatique et a travaillé avec lui les grands classiques. L'aînée connaît le répertoire, maîtrise la pose de voix et la diction, mais semble beaucoup moins talentueuse. Amélie, elle, a étudié la danse à Montréal, et si elle manque de préparation, elle fait preuve d'une forte motivation. Il faut que les filles soient dirigées par des maîtres en fonction des examens spécifiques de l'établissement, selon les exigences et les courants à la mode. Alice sait très bien que, sans un professeur d'expérience qui préparera le terrain, si fertile soit-il, les portes de la prestigieuse école resteront closes. La mère ne fait ni une ni deux et se rend au Conservatoire pour demander à rencontrer le directeur. Quand il s'agit de sa progéniture, elle ne recule devant rien et ne craint personne.

— J'ai fait la connaissance de Mme Sarah Bernhardt, chez elle, lorsqu'elle vivait à Montréal, en 1917. Elle m'avait alors entretenue longuement de votre établissement, où elle a enseigné. Et c'est bien grâce à elle si je me trouve maintenant devant vous...

L'homme n'a pu retenir un sourire devant de tels arguments, lancés avec une assurance quasi disproportionnée.

— Je ne me souviens pas d'avoir rencontré Mme Bernhardt. Son passage chez nous a dû être de courte durée. Et comment se nomme votre mari, déjà ?

— Calvino... Il a chanté à Paris. Et formé ses filles à tous les arts.

Elle s'engage avec conviction dans la description détaillée du parcours de son Claudio, taisant ses origines plus que modestes et son enfance dans les rues à mendier, accentuant le prestige des scènes d'Europe et des États-Unis qui l'ont accueilli. Tandis qu'elle devise, son interlocuteur tente de se rappeler où et quand il a pu entendre ce Calvino, dont le nom lui semble familier. Le seul souvenir qui lui revient est celui de la gestuelle de l'interprète jouant le père de Violetta dans *La Traviata*, ça, il ne l'a pas oublié.

— Oui, en effet, je me rappelle avoir assisté à l'une de ses prestations, il y a plusieurs années.

Alice interrompt son envolée. Elle ne peut en

faire plus et ne trouve rien à ajouter. Elle attend le verdict.

— Si vos filles ont du sang italien et que, de plus, elles ont une mère pour faire avancer leur cause, elles pourront, à tout le moins, se défendre en audition…

Alice ne peut réprimer une exclamation de joie. Le directeur juge toutefois prudent de tempérer son emballement.

— Ce n'est qu'une première étape. Car si nos examens d'entrée sont courus, nos juges sont aussi très sélectifs.

— Justement, à ce propos…

Forte de sa première victoire, Alice pousse l'audace jusqu'à demander une recommandation pour l'embauche d'un maître.

— Soyons honnêtes, sans une préparation adéquate, mes filles n'auront aucune chance. Nous le savons très bien. Le problème, comme nous arrivons du Canada, c'est que je ne connais personne pour mener le travail préparatoire. J'ai vraiment besoin de votre secours. Nonobstant le talent de mes filles, il leur faut une aide pertinente et efficace.

La persistance d'Alice aurait pu nuire à sa cause. Mais son sourire charmant, sa vulnérabilité et son assurance ont l'effet inverse. La volonté de celle qui a tout à perdre achève de séduire l'homme, déjà bien disposé par la beauté indéniable de cette femme, qui se tient droite et soutient avec aplomb ses convictions.

— Vous savez, bien des gens entrent dans ce bureau pour me demander de l'aide. La plupart du temps, je dois refuser parce que plusieurs d'entre eux n'ont pas ce qu'il faut. Un artiste, c'est un funambule, et ce métier demande autant de talent, de travail, de persévérance que de courage. Votre discours avait de quoi convaincre. Et vous arrivez de loin, ce qui me touche aussi. Je vais vous aider.

29

Alice, épuisée mais victorieuse, rentre chez elle, ravie d'avoir obtenu le soutien de cet homme que, sans conteste, elle a su conquérir. Elle s'est assurée d'une avancée pour Ariane, Agathe et Amélie, qui profiteront désormais de mentors d'expérience, cautionnés par le Conservatoire. Ceux-ci seront à même de choisir et de faire répéter les morceaux les plus susceptibles de plaire au jury. Elle qui a vu tant de fois son mari intercéder auprès d'amis ou de collègues du métier pour obtenir tantôt une faveur, tantôt une information, tantôt une aide financière, elle a fait aussi bien que lui ! Elle aimerait lui raconter sa rencontre.

— Nous réservons une part des nouvelles admissions aux étudiants étrangers. En cela, vos filles bénéficient d'une chance supplémentaire.

La seule ombre au tableau se dessine au moment où elle s'apprête à partir, alors que le directeur aborde, comme une formalité, la question du dépôt exigé pour retenir les services d'un professeur en leçons privées ainsi que les frais pour l'inscription aux auditions. Elle ne bronche pas, seule une légère crispation au coin de sa bouche pourrait trahir son énervement. C'est avec beaucoup de calme qu'elle porte la main à son sac, en sort l'argent soigneusement compté la veille et le pose sur la table.

— Je vous saurais gré d'accepter cet acompte... Je pourrais vous remettre le reste en un ou deux versements d'ici les auditions.

— Entendu, madame Calvino, mais sachez qu'il n'est pas dans les habitudes de notre établissement de faire crédit.

Elle fait comme si elle n'avait pas entendu et dispose, en un joli éventail, les derniers francs de sa réserve.

— Vous ne le regretterez pas, je vous en donne ma parole.

Alice doit se rendre à l'évidence : il lui faut gagner de l'argent. Mais pour l'instant cette préoccupation ne pèse pas dans sa balance. Ses filles n'auront pas immigré en vain puisque, dans trois mois, elles se présenteront, préparées, pour passer leurs auditions dans l'une des plus prestigieuses écoles de France.

— Et M. Calvino, me serait-il possible de le rencontrer ?

— D'ici quelque temps, ce sera avec grand plaisir !

Elle a la présence d'esprit de ne pas lui faire savoir que, pour le moment, c'est sans homme qu'elle vit à Paris... Une femme seule doit se montrer doublement prudente.

Bientôt, chez les Calvino, d'un appartement à l'autre, il n'est plus question que de ces fameux examens d'entrée, de leur préparation, des leçons privées auxquelles les filles se rendent tous les jours, quittant la maison tout de suite après le petit déjeuner et ne revenant que tard en fin d'après-midi, une fois leurs travaux et leurs lectures terminés.

Si cette nouvelle routine comble leur mère de fierté, elle lui coûte cependant très cher. Pour payer les frais, Alice a l'idée d'offrir ses services d'accompagnatrice dans les écoles de musique et de chant de la ville. Il lui faut frapper à plusieurs portes pour arriver à remplir son agenda de manière à pouvoir rembourser son dû au Conservatoire et régler les leçons privées des filles. Son plus grand rêve serait de parvenir à couvrir seule toutes les dépenses, qu'elle pourrait alors cacher à Claudio. Car d'une lettre à une autre, il n'a de cesse de lui rappeler que si les choses vont mal elle peut rentrer, qu'il comprendra, qu'il les attend, qu'il a vu une maison, que la vie parisienne est inabordable, que les dettes s'accumulent... Elle saute généralement ces paragraphes et les laisse sans réponse.

Désirant plutôt profiter de son indépendance, Alice quitte souvent sa demeure après le petit déjeuner, en compagnie de ses aînées, abandonnant la maisonnée à Paulette. Et si ce n'est pas vers quelque chanteur à accompagner, c'est immanquablement vers les Archives de la ville qu'elle bifurque, comme on satisfait une vieille habitude, toujours dans l'espoir un peu illusoire de trouver un quelconque indice au sujet de sa naissance. Elle mène ses recherches sans conviction, comme par acquit de conscience, en profitant pour tâter le pouls de la ville et participer à ce mouvement auquel elle prend goût. Certains jours, il lui arrive d'emmener sa tante Jeanne avec elle, pour le plaisir de la voir sourire, le regard un peu flou. Si celle-ci croise par hasard une vieille connaissance, elle s'exclame parfois :

— C'est elle, vous savez... Ma petite. Oui, ma fille, ma petite Alice.

Pour éviter de lui causer du chagrin et d'amplifier sa confusion, déjà passablement importante, la petite en question se tait, acquiesçant gentiment, saluant la passante et entraînant sa tante vers le cœur de la ville, en la tenant par la main, comme une enfant. Au fond, après Clara Colbert, Jeanne a été la personne au monde dont les agissements se sont le plus rapprochés de ceux qu'aurait eus une mère, après qu'Alice a perdu la sienne. Et si elle se sent immensément redevable aux trois grandes figures maternelles de son existence, elle n'en éprouve pas moins un désir obsédant, qui remonte par intervalles, de savoir à quoi ressemble celle qui lui a donné la vie. Ce désir revient inévitablement la hanter chaque fois que la vie lui offre une pause. Elle n'a mis au monde que des filles, comme si par elles elle cherchait à reconstituer ce portrait fondamental, celui de cette femme qui manque à son tableau. En pure perte, pense-t-elle, retournant à ses recherches vaines, nourrissant néanmoins l'espoir fou qu'un jour un indice la mettra sur la bonne piste.

Alice elle-même a du mal à comprendre l'entêtement avec lequel elle reprend ses investigations, puisque chacune de ses infructueuses tentatives la plonge dans une tristesse difficile à surmonter. Dans ces moments de détresse, Claudio, son amour absolu, sa sagesse rassurante, son corps rassasiant, lui manquent terriblement. Et alors, Paris, ses Parisiens, les airs de jazz, l'Art déco, les boutiques dernier cri, tout ce dont elle raffolait et qui lui paraissait indispensable lui semble vide, futile. Même le brillant avenir de ses filles perd de son importance. Elle a l'impression de s'enliser dans un monumental échec. Et pourtant... Elle ne peut s'empêcher de revenir sur les traces de ce passé dont elle ne parvient pas à se libérer.

— Tu n'es bien nulle part ! Quand on est à Montréal, tu voudrais être ici, et quand on est ici, tu voudrais être là-bas ! lui lance un jour Ariane, excédée.

Si on ne pouvait lui donner tort sur le fond, la forme manquait nettement de respect de la part d'une jeune fille de dix-huit ans. Elle-même surprise par la virulence de sa réplique, émise en plein repas familial et en présence des plus jeunes, dont certaines éclatent en sanglots, l'aînée quitte la table sans attendre la permission. Elle traverse l'appartement pour s'enfermer dans sa chambre, chez Jeanne, sans se soucier du tintamarre causé par le claquement des portes. Paulette, la gouvernante, habituellement silencieuse, se risque à tenter de calmer sa patronne.

— Elle n'a pas eu une bonne journée. Ne vous en faites pas, madame.

— Comment, une mauvaise journée ? Que vous a-t-elle dit ?

Agathe, voyant Paulette coincée, s'empresse de répondre :

— M. Clavet l'a grondée. Elle ne travaille pas ses pièces. Il croit qu'elle ne pourra pas se présenter.

Clignant lentement des yeux, peinant à avaler sa bouchée, Alice pose les mains sur la serviette de lin, sur ses genoux. Elle qui a travaillé comme une folle, accompagnant des chanteurs au talent souvent plus que modeste pour parvenir à payer des leçons supplémentaires à son aînée, entend enfin ce que depuis le début sa fille a essayé de lui signifier : Ariane refuse les plans que sa mère a faits pour elle. Alice replie sa serviette, s'excuse et quitte la table.

— La soupe va refroidir. Poursuivez le repas sans moi.

Ariane, fermée comme une huître, s'est allongée dans son lit et feint de dormir. L'apercevant ainsi, momifiée dans ses draps, blanche de colère et de rage, le corps raidi, les poings fermés, Alice a envie de la saisir par les épaules, de la secouer, de lui faire mal, et c'est cette pulsion qui, précisément, l'arrête net. Elle revoit le fantôme de Léonie, la seconde épouse de son père, sa méchanceté, son impitoyable intransigeance. Elle s'en veut à mort.

— Très bien. Puisque c'est ainsi, tu feras comme tu veux. L'art dramatique se termine ce soir pour toi.

Un silence chagrin flotte dans la pièce. Alice, debout, droite comme un soldat, attend une réponse, un son, une réaction. Mais l'autre a la tête dure et du caractère. Elle garde les yeux clos, refusant de s'ouvrir, et de dévoiler son âme. La mère patiente un long moment, espérant un retournement plus positif. Puis, comme sa fille ne bouge pas d'un muscle, de guerre lasse, elle sort de la chambre, replaçant la poignée de verre tombée sur le sol.

Une fois seule, Ariane peut enfin pleurer tout son soûl, le visage enfoncé dans son oreiller. Elle s'endort épuisée, plus seule que jamais, et n'entend pas ses sœurs entrer pour se coucher à leur tour. Si elle a gagné une bataille, elle a l'impression d'avoir perdu la guerre.

Dans les jours qui suivent cette mémorable confrontation, la seule obligation qu'Alice impose à Ariane est celle de rédiger elle-même une missive à son père, lui annonçant qu'elle interrompt ses études de théâtre et ses études tout court. En dehors de ce devoir, elle peut faire ce qu'elle veut.

— Tant que ce ne sera pas fait, ton inscription aux auditions restera maintenue, lui dit sa mère.

Le temps passe et permet à Ariane de demeurer à la maison, de laisser retomber la poussière soulevée par son éclat. Alors que ses sœurs partent tantôt pour l'école, tantôt pour le Conservatoire, elle reste avec Paulette, les plus jeunes et tante Jeanne, qu'elle rejoint souvent dans son petit salon afin de lui lire à voix haute, page après page, et parfois à deux ou trois reprises, sa revue *Fémina*. Elle a tout le loisir de ruminer sa colère et son ennui, de raconter à sa grand-tante combien elle aime Montréal et la neige. Elle lui parle de ses études aux Beaux-Arts, de ses amis là-bas. Puis, elle décrit les emplois qu'elle a eus, le bénévolat qu'elle a tant aimé faire. Elle propose à Jeanne de lui dessiner son portrait, lui demande de poser et prend l'habitude de venir passer de longs moments avec la dame.

Entre la jeune femme et son ancêtre, un lien, tranquillement, se tisse. Bien que Jeanne ait perdu la mémoire des choses du quotidien, elle se souvient avec clarté d'événements lointains et se plaît à les relater à cette jeune femme dont le prénom lui échappe bien souvent, mais qui ne demande pas mieux que de dessiner au fusain, sans hâte ni tracas, tout en écoutant les histoires d'un passé heureux.

Plutôt que de s'interposer, Alice s'éclipse, convaincue des effets bénéfiques que peut avoir cette complicité inattendue. Abordant ensemble un sujet puis un autre, les deux amies en viennent à rigoler beaucoup et pour des riens, telles les galipettes du nouveau chaton, ou le visage d'Adeline couvert de purée de petits pois.

Qu'il fait bon savourer le temps présent, sans se soucier d'avenir ou d'argent ! Profiter aussi du confort d'un foyer, ne pas pour autant se demander si, bientôt, il faudra le quitter ! Telles sont les pensées de l'une comme de l'autre, réunies par l'innocence. Auprès de Jeanne, Ariane laisse tomber toutes ses défenses, elle s'autorise à être tout simplement avec une personne qui, pour une fois, ne lui demande pas de prendre soin d'une plus jeune, d'aider à couper des oignons, ou de laver la vaisselle, et qui ne nourrit pas à son égard l'espoir qu'elle devienne une artiste célèbre. À son grand étonnement, la jeune fille découvre un jour une facette inconnue de son aïeule, lorsque celle-ci se met à débiter, d'un seul trait et d'une voix grave, un extrait des *Femmes savantes*, de Molière, qui semble particulièrement l'amuser. Jouant Chrysale, elle déclame :

« Il n'est pas bien honnête, et pour beaucoup de causes,
Qu'une femme étudie et sache tant de choses.
Former aux bonnes mœurs l'esprit de ses enfants,
Faire aller son ménage, avoir l'œil sur ses gens,
Et régler la dépense avec économie,
Doit être son étude et sa philosophie.
Nos pères, sur ce point, étaient gens bien sensés,
Qui disaient qu'une femme en sait toujours assez. »

Ariane, médusée, se surprend à enchaîner, complétant une tirade qu'elle connaît par cœur pour l'avoir tant de fois entendu réciter. Les deux fofolles, emportées par leur jeu, se répondent l'une l'autre un bon moment, gesticulant et exagérant pour une plus grande drôlerie. Ariane pose ses crayons et se laisse aller. Jeanne déclame par bribes, mélangeant les répliques, confondant les extraits, piquant au hasard parmi la quantité phénoménale de ce qu'elle a mémorisé au cours de ses années de passion pour le théâtre. Par son humour bien involontaire, Jeanne redonne à l'aînée Calvino non seulement le goût de reprendre le chemin du Conservatoire, mais aussi le goût d'interpréter.

— Pas la peine que j'écrive à mon père, déclare Ariane ce soir-là à sa mère.

— C'est pourtant ma seule exigence.

— Je vais préparer mes auditions avec tante Jeanne.

Dans une entreprise un peu loufoque, la jeune fille tient parole, répétant avec acharnement, soutenue par une dame souvent inconsciente de son rôle, qui ne saisit pas la moitié des répliques qu'elle prononce, mais qui bat la mesure et tape des mains et des pieds, chante parfois, et applaudit avec une ferveur sincère la fin de chaque période de travail. Ariane met finalement en pratique les consignes de maître Clavet, stupéfait par le changement d'attitude qui s'est opéré chez son élève.

— Vous m'avez bien eu, ça, vous pouvez le dire...

Claudio s'esclaffe de bon cœur en lisant l'aventure, rapportée par sa chère épouse dans une missive où quelques passages des répétitions absurdes se trouvent détaillés. *Ma fille a de qui tenir*, se plaît-il à penser. Il se reconnaît en elle, dans sa façon de se braquer devant ce qui lui est imposé, de s'impatienter aussi face à une certaine insouciance dont Alice fait souvent preuve. Il n'ose pas se l'avouer mais, au fond, la clairvoyance de son aînée l'incite à pencher pour elle plus que pour Alice. Plus le temps passe, plus le fardeau s'alourdit, et plus il a la certitude que ce voyage en France ne pourra se prolonger bien longtemps sans conséquences financières désastreuses. D'autant que, les frais se multipliant, il devient évident qu'il ne pourra jamais abandonner ses affaires au Canada ni supporter les coûts et les incertitudes liés à un exil. S'il veut échapper à la faillite, il faudra bien mettre une fin à cette folle entreprise.

En attendant, pour régler les dettes contractées là-bas, il augmente les engagements et les contrats. Comme il ne parvient pas à couvrir totalement les dépenses, il emprunte à des amis, sans trop savoir comment il les remboursera. Voilà ce à quoi il ne peut s'empêcher de penser tandis qu'il continue de parcourir la missive, écrite de la main de celle qu'il aime, qu'il ne comprend pas, mais qui lui manque tant. À la fin de cette lettre, qui lui a paru tellement gaie qu'elle a réchauffé son âme, sa douce mentionne une nouvelle qui vient ternir d'un seul coup tout le soleil qu'elle y avait mis jusque-là : *J'ai appris d'une de ces dames bien nées qu'une dénommée Annabelle Deusden compterait épouser l'un des cousins éloignés de la famille Martin ! Un banquier, de surcroît, et fort bien nanti. Comme la vie fait bien les choses ! Je suis si heureuse que j'en tremble !* Quand il lit qu'Alice s'est mis en tête d'assister à ce mariage, il a peine à y croire, imaginant déjà les coûts qu'un tel événement ne manquera pas d'engendrer. Comme si elle avait pressenti ses réserves, sa femme a ajouté, au bas de la page, une note disant qu'il ne devait pas s'inquiéter sur le plan pécuniaire. Elle déclare avoir les moyens de payer tous les frais de son projet sans faire appel à lui. Au lieu de le rassurer, cette précision trouble Claudio : quelles intentions pouvait-elle bien avoir en tête ?

De fait, Alice a réfléchi longtemps avant de se décider. Si elle avait accepté de rester dans l'ombre et de céder aux menaces de Deusden, il ne pouvait être question qu'elle n'assiste pas au mariage de sa fille, annoncé pour l'année suivante. Et elle compte sur un allié pour lui assurer un appui contre son premier mari. Abordant fréquemment avec Jeanne la question de l'état de santé de son grand-père, Jean-Jacques, elle devine par bribes que ce dernier vit en ermite, dans leur immense maison familiale, quelque part en Provence. Alice entend trouver cet homme qu'elle a peu connu pour lui demander protection. L'opération s'avère des plus délicates, puisque Jeanne elle-même se montre pleine de réticences à l'idée de solliciter ce personnage qui, dans sa pauvre mémoire embrouillée, semble s'apparenter au diable…

Alice prépare patiemment son plan, revenant auprès de sa tante à intervalles réguliers pour tenter d'en savoir plus. En parallèle, elle doit aussi superviser les leçons préparatoires des trois grandes. Comme celles-ci n'étaient pas prêtes à l'automne, il a fallu reporter à l'hiver les auditions. Agathe a travaillé d'arrache-pied et avec passion, et est prête. Ariane s'est décidée sur le tard et peine toujours sur ses textes, qu'elle ne possède pas encore parfaitement. Quant à Amélie, elle danse avec conviction et a gagné beaucoup d'assurance grâce aux encouragements de son professeur. Les filles mettent les bouchées doubles. Jusqu'au moment où les tuteurs finissent enfin par décréter que les Calvino seront de calibre pour affronter le jury. Alice, tellement fière, en pleure de joie. Elle n'hésite pas à vêtir ses beautés de neuf, toutes les trois, misant le tout pour le tout. Mais les tenues chics ne pourront pas dissimuler complètement la maladresse et l'inconfort de ses filles, elles qui, depuis l'enfance, ont vécu plutôt repliées dans le giron familial, dans un pays où six mois d'un froid intense limitent beaucoup les sorties et la vie sociale.

Les jeunes filles, nerveuses à souhait, se présentent au concours tant attendu aux côtés de leur mère, le dos bien droit dans leurs nouvelles tenues. Elles sont coiffées de longues tresses, dans un style plutôt démodé. Tant bien que mal, elles affrontent la cohue de jeunes filles concurrentes, toutes plus jolies les unes que les autres, plus délurées, plus affirmées. Ne pensant qu'à la victoire, Alice incite ses filles au courage et à la concentration.

— Fermez les yeux et répétez vos pièces. Rien ne doit vous en détourner. Ne vous comparez à personne. Vous devez être admises. Il n'y a pas d'autre option.

Ariane, intimidée par tant de candidates alignées devant et derrière elle, peine à surmonter sa nervosité. Jetant des regards inquiets à gauche, à droite, elle a l'air d'une bête piégée.

Le hasard déterminant l'ordre des participants, Agathe est la première appelée. Dans un état second, sans adresser un regard ni à ses sœurs ni à sa mère, blanche comme un drap, elle se lève et s'engage vers la salle d'examens, prête à livrer bataille. Contre toute attente, la dizaine de minutes où elle joue son destin lui procure un plaisir intense, qui se termine avec une sensation de victoire. Elle a dominé sa peur, livré son âme, et donné tout ce qu'elle a. C'est extatique qu'elle émerge de la pièce, transformée par cette expérience. Elle met plusieurs minutes avant de recouvrer l'usage de la parole. Elle n'a pas les mots pour exprimer son soulagement, après tant de mois d'un travail exigeant.

— Ces gens du jury sont tous de grands artistes. Ayez confiance, dit enfin Agathe à ses sœurs pour les encourager.

Forte de cette recommandation, Amélie se dirige à son tour vers la salle des auditions. À peine en est-elle sortie qu'Ariane s'y engage, décidée elle aussi à défendre sa place et à rendre hommage à son père. C'est à lui qu'elle pensera en déclamant son texte. Par-dessus tout, elle souhaiterait qu'il soit là.

Cette journée fatidique allait déterminer l'orientation que prendra leur vie. Une acceptation pour l'une ou l'autre des aînées imposera une obligation de rester, alors qu'un refus entraînera une remise en question du séjour en France.

Incapable de supporter trop longtemps l'attente du verdict officiel, Alice Calvino tente de soutirer une quelconque information, confidentielle, cela va de soi, à maître Clavet.

— Vos filles ont été favorisées, voilà ce que je puis vous avouer. Les candidats étrangers se sont présentés en moins grand nombre, cette année, et mal préparés. Grâce à votre persévérance et à votre clairvoyance, vos souhaits devraient être exaucés, chère madame Calvino. Cela dit sous toutes réserves…

Au sourire qu'il lui lance, elle saisit que ses efforts seront récompensés ! Ainsi, elle pourra respirer tranquille : les filles Calvino entreront au Conservatoire. Elle doit se retenir et continuer d'afficher un air digne. La voyant proche de l'évanouissement, le maître doit l'aider à s'asseoir pour lui permettre de retrouver ses esprits.

— Tant d'efforts, maître Clavet… tant d'efforts ! La joie… Vous ne savez pas à quel point… Merci… Que ma confiance en vous me gratifie aujourd'hui !

— N'ébruitez pas la confidence que je vous ai faite. Les listes des candidats acceptés seront dévoilées sous peu.

Bien qu'ayant juré le contraire, Alice n'a pas la force de garder le secret. De toute façon, ses filles auraient tôt fait de le deviner en la voyant rentrer à la maison les bras chargés de victuailles, avec un bouquet de roses blanches pour chacune de ses chéries et une bonne bouteille de vin.

Au moment de se coucher, Alice, trop euphorique pour dormir, décide d'écrire à Claudio. Elle relate les scènes de sa journée avec force détails, laissant courir la plume sur la feuille blanche qui partira dès le lendemain vers Montréal. De fil en aiguille, elle en vient à rappeler à son homme toutes ces soirées où il incitait les petites, encore toutes jeunes, à cultiver l'amour et la maîtrise de tous les arts, pour lui faire voir à quel point il a eu raison de persévérer et combien ses enseignements se sont avérés utiles. Ariane, Agathe et Amélie ne le remercieront jamais assez pour les sacrifices faits pour elles. Emportée dans son élan, elle lui exprime à son tour sa reconnaissance pour l'avoir soutenue depuis qu'elle a quitté l'Amérique, six mois auparavant. Elle poursuit, abordant la question de ses projets et du jour de sa traversée, à lui. Elle lui décrit la vie qu'ils auront ensemble, la beauté du quartier, les spectacles auxquels ils assisteront, les amis qu'ils rencontreront. La nuit avance doucement.

Ce soir-là, si elle avait habité au Canada, elle se serait approchée de son poste de radio pour mieux saisir les subtilités de ce *Faust* qui était livré. Elle aurait prêté l'oreille et aurait vite distingué, dans le chœur, la voix grave et posée de son Claudio chéri. Elle aurait compris que, avec la radio qui offrait un nouvel espoir aux chanteurs, son homme, bien qu'absolument fier du succès de ses filles, avait trouvé un nouveau champ d'action lucratif et régulier qu'il ne pourrait pas délaisser.

Si leurs routes divergent, la passion entre Alice et Claudio brûle toujours. Séparés physiquement, c'est fréquemment dans le monde des rêves qu'ils se retrouvent, pour faire l'amour, pour se toucher et se caresser dans des échanges sans paroles, où l'essentiel est partagé. Alice s'éveille au matin avec cet émoi de l'avoir eu en elle, et prend quelques instants pour étirer encore un peu le plaisir de sa présence fantasmatique. Claudio nourrit les mêmes impressions, ayant, par flashs furtifs, l'image de son sourire, de sa main posée sur son torse ou caressant ses jambes, de sa nuque fragile dans un rai de lumière, de ses yeux comme des lacs sauvages, de son sexe, une gorge profonde aux parois chaudes. Tous deux se surprennent à penser qu'en dépit des apparences et des jugements que leur relation pourrait susciter, leur harmonie reste intacte, et leur couple, même s'il prend des chemins de traverse, demeure vivant et vigoureux.

Avec les plus jeunes à conduire à l'école, les plus vieilles à encourager et la petite Adeline, atteinte d'une bronchite, Alice ne dispose que de courts moments de liberté. Elle consacre l'énergie qu'il lui reste à rendre possible sa présence au mariage d'Annabelle.

— Vous vous souvenez de ce monsieur Jean-Jacques Martin ? demande-t-elle à Jeanne. J'ai pu trouver où il habite. Je lui ai écrit. Il nous convie à sa villa. Que diriez-vous d'accepter son invitation ?

— Jamais ! Je ne veux pas le voir ! Il est méchant !

— Vous m'avez parlé d'une maison qu'il louait autrefois. Il semble qu'il l'ait achetée depuis et il y vit. Vous devez très bien la connaître, a-t-il prétendu...

Invariablement, à chaque tentative d'Alice, Jeanne secoue la tête avec vigueur, niant fermement la moindre réminiscence de ces lieux où, au dire de son propre père, elle a vécu. Le refus catégorique de sa tante dès qu'Alice évoque l'éventualité d'une escapade en Provence, alors que sur toute autre question elle se montre plutôt souple et accommodante, finit par lui mettre la puce à l'oreille. Plus l'autre s'obstine, et plus Alice sent s'affirmer son envie de suivre son instinct et de se présenter à cet homme, ce grand-père que, pour des raisons qu'elle ignore, elle n'a pas connu. Elle l'entretiendra du mariage d'Annabelle. Elle entend lui demander un appui financier dans le but d'offrir à sa fille un cadeau substantiel. Elle veut aussi se procurer une tenue pour les noces, ainsi que pour ses filles. Peut-être M. Martin les accompagnera-t-il à la réception, vu ses liens avec les mariés. Elle retrouvera ainsi sa place auprès de sa fille, lui expliquera les raisons de son départ en Amérique, l'exclusion ignoble dont elle a été victime et le choix déchirant qu'elle a dû faire. Annabelle, devenue une femme de vingt-trois ans, amoureuse d'un homme à son tour, comprendra les circonstances de son abandon et accordera son pardon. L'évocation même de cette issue heureuse la soulage d'un poids énorme. Si elle n'a pas retrouvé sa mère, au moins parviendra-t-elle à rétablir la vérité auprès de sa fille. La seule perspective de la réussite de son projet la comble de bonheur. Son enthousiasme n'est pas partagé par sa tante, qui refuse obstinément de l'accompagner. À la seule évocation de Jean-Jacques Martin, elle se courrouce, s'assombrit, se met en rage.

— Tu iras sans moi rencontrer ce vilain homme.

Jeanne, butée, refuse de s'expliquer. Ne voyant là que caprices enfantins, Alice prend le train seule.

C'est un chauffeur en livrée qui se présente à la gare, attirant la curiosité des gens, impressionnés par le luxe de la voiture. Alice n'en revient pas de constater l'ampleur de la richesse de celui qu'elle s'en va rencontrer. Plutôt que de l'intimider, cette opulence l'intrigue. Il lui tarde de connaître ce personnage mystérieux qu'est son grand-père. Pourquoi sa mère, son père, sa tante semblent-ils avoir fait l'impossible pour qu'elle ne le croise jamais ? *Je vais bientôt le savoir*, se dit-elle, tandis que seule, puisque son aïeule a maintenu vertement son refus de l'accompagner, elle grimpe dans la pimpante Citroën six cylindres, décapotable, au moteur ronronnant. Elle n'a pas à toucher à la portière et prend place à l'arrière, comme une reine. Le bolide roule à bon régime et se dirige vers le sud. Confiante, Alice se laisse conduire, profitant d'un luxe extravagant. Elle contemple les paysages magnifiques, traversant les villes, s'arrêtant ici et là, selon un itinéraire déterminé par M. Martin lui-même. Si elle prend plaisir à la balade au début, elle en vient à imaginer qu'il s'agit peut-être d'un guet-apens, d'une embuscade où elle se trouvera dans de mauvais draps. Les frayeurs de tante Jeanne lui reviennent : Jean-Jacques Martin a quelque chose d'inquiétant. Comme elle n'a pas révélé l'existence d'Annabelle à ses autres enfants, elle ne leur a rien dit non plus de son escapade. Elle a manqué de la plus élémentaire prudence et s'en veut pour ça. Comme s'il percevait ses inquiétudes, le conducteur s'adresse à elle avec beaucoup de gentillesse. Au service de celle-ci depuis toujours, il semble en connaître beaucoup sur la famille Martin.

— Monsieur a eu une vie admirable. Il a fait fortune comme banquier puis comme propriétaire d'usines. Il a fourni du travail à beaucoup de gens. Moi-même, j'ai pu élever ma famille et donner une bonne maison à mes enfants.

— J'ai bien hâte de le rencontrer.

— Vous êtes une parente, je suppose...

— Sa petite-fille, en fait. La fille unique de Mme Marianne.

En entendant sa réponse, alors qu'il s'était montré guilleret jusque-là, le chauffeur s'assombrit d'un seul coup et coupe court à la conversation, fixant la route comme si elle s'était subitement transformée en un ruban mouvant. Il n'ajoute plus un mot, ne cherchant même pas à expliquer son étrange attitude. Celle-ci, en plus de ramener chez Alice ses appréhensions, vient ajouter la curiosité à son état. Quelque chose lui échappe depuis toujours dans sa propre histoire ; elle veut mettre le doigt dessus, crever l'abcès. Elle sent qu'elle est près du but. Plus rien ne la fera reculer.

Elle s'attend à rencontrer un homme dur, aigre, qui, comme tous les riches, fait passer ses besoins personnels avant ceux des autres. Plus elle approche de la villa, plus les signes d'opulence se multiplient. En longeant la côte qui borde la Méditerranée bleue et scintillante, elle songe au Paris festif, léger et libre qu'elle a quitté pour s'engager vers cette richesse difficile à imaginer. On dit de la Côte d'Azur qu'on y observe les plus belles propriétés d'Europe ; elle confirmera la rumeur. Tout ce qu'elle peut apercevoir respire la beauté, l'argent, le faste et le dernier cri. La jeune femme, oppressée par ces images, revoit son père, le château, Léonie... Comme un iceberg, refaisant surface.

La voiture grimpe dans la montagne, pendant de longs kilomètres. Puis elle s'immobilise devant des grilles imposantes. Le chauffeur, avec sa clé, ouvre les deux battants et s'avance dans une allée de cailloux blancs, roulant pendant plusieurs minutes. *Adeline aurait voulu collectionner ces roches, lumineuses comme des étoiles.* Bientôt, deux chiens, prêts pour le combat, accourent, reniflant les roues du bolide, aboyant avec force et s'agitant, tels deux gardes du corps enragés. *Agathe aurait su amadouer ces bêtes, elle a le don de communiquer avec les animaux.* Au détour du chemin, la villa apparaît, orangée, cuite par le soleil, pleine d'arches, de fenêtres et de balcons, bordée d'allées de roses rouges, flamboyantes, exhalant leur parfum capiteux. *De ses mains de magicienne, Angèle aurait composé des bouquets, tressé des lianes fleuries.* Amélie, Agathe et

Jeanne auraient couru à la piscine, sauté à l'eau et nagé autour de la fontaine centrale, où deux petits anges tiennent une urne inclinée laissant s'échapper une eau claire. Annie, la gourmande, aurait grimpé aux poiriers et se serait délectée. Quant à Ariane, elle m'aurait poussée un peu, m'incitant à avancer jusqu'à l'entrée et à faire face en regardant droit devant.

Quand le moteur se tait enfin, dans l'allée ornée d'arbustes parfaitement taillés, Alice, humant l'air salin, emplit son regard d'images que ses filles ne verront jamais.

Elle descend de la limousine, prête à faire face à son passé.

30

Lorsqu'il reçoit Alice ce jour-là, Jean-Jacques Martin l'attendait depuis fort longtemps. Une trentaine d'années. Il s'est vêtu pour l'occasion d'un pantalon noir, plutôt sport, d'une chemisette blanche, ajustée et estivale, et d'une veste d'un tweed délicat. La vieillesse l'a amaigri et a creusé des rides sur son visage. Pour ne pas effrayer son invitée, il a fait un effort particulier pour se présenter sous son meilleur aspect. Quand il l'aperçoit, la mine abasourdie par autant de faste, s'avançant avec la démarche élégante des Martin, assurée, le regard droit, il a l'impression de voir ses deux filles revivre en une seule et même personne.

— Alice...

La tendresse dans la voix de ce vieillard étonne complètement l'interlocutrice. Elle ne répond pas, attendant qu'en elle le calme revienne. Elle continue de marcher vers lui telle une communiante, naïve et incapable d'imaginer ce que la foi peut dissimuler de guerres et de fourberies. Un homme fatigué, courbé, mais souriant tend ses mains pour prendre les siennes.

— Savez-vous combien j'ai craint que ce jour ne vienne jamais ? Vous vous êtes enfin décidée à quitter le Canada ?

— J'y ai vécu plusieurs années, en effet. Je suis revenue à Paris pour assurer l'avenir de mes filles. Elles étudient au Conservatoire.

— Parlez-moi d'elles ! Comme vous avez bien fait de m'écrire ! La vie organise les rendez-vous parfois... juste au bon moment, juste comme il le faut.

Il lui offre à boire et à manger. Il l'invite à s'asseoir et à lui raconter... Claudio ne lui paraît pas du tout étranger, il l'a entendu chanter à Lyon, à Paris, et a suivi sa carrière européenne puis américaine. Au courant de l'existence des sept filles Calvino, il connaît même le prénom de certaines. Son écoute avide, ses questions pressantes sont rythmées par une respiration sifflante et difficile. Il n'en a plus pour longtemps, c'est écrit sur ce voile gris dans sa pupille.

Alice, tout de suite en confiance, parle sans censure ni interruption. Ce grand-père inconnu semble plutôt gentil et plein d'intérêt pour elle. Juxtaposant des souvenirs anodins aux événements plus graves, elle refait le chemin de sa vie, comme une confession, libérée de toute pudeur devant celui qui s'approche de la fin. Elle devise ainsi jusqu'à l'heure du souper. Puis, fatiguée, elle finit par s'arrêter. Son grand-père la regarde avec tendresse, puis il ajoute :

— C'est une belle histoire que vous venez de me raconter... C'est la vôtre, du moins en partie...

Il se tait, en attente, l'observant avec un sourire énigmatique.

— Laisseriez-vous entendre qu'il m'en manque des bouts ?

— Puisque vous posez la question, c'est que vous souhaitez une réponse. Le temps est enfin venu pour moi de vous donner la version complète des faits.

Jean-Jacques Martin prend quelques secondes pour se recentrer sur le fauteuil, replaçant consciencieusement son corps, vieux compagnon parvenu au terme de sa route. Il semble s'enfermer en lui-même, concentrant ses efforts. Alice attend la suite, pendue à ses lèvres.

— Il était une fois une princesse, née de l'amour tardif d'un homme dans la force de l'âge et d'une femme, sa seconde épouse, beaucoup plus jeune que lui. On la nomma Jeanne. Dès le premier instant où elle la vit, sa demi-sœur, Marianne, de seize ans son aînée, adora la nouvelle enfant et en prit soin comme une mère l'aurait fait pour sa propre fille.

Le récit, débité comme un conte de fées, parsemé de souvenirs et de détails anodins, coule en cascade, dévalant les creux et les tourbillons de l'existence. Projeté d'une voix faible mais joyeuse, il se poursuivait sous l'impulsion du conteur qui veut garder son auditoire en haleine. Jeanne possédait un poney de Shetland, Gonzo, un cheval miniature, ajusté à sa taille, blanc et brun, doux comme un agneau, qui la suivait partout, du jardin à la maison, comme un chien. Jeanne zozotait. Jeanne raffolait d'un certain chapeau bleu, assorti à une robe à volants ; un jour, elle a taché la robe et a eu l'idée de tacher le chapeau aussi. Les yeux de M. Martin s'emplissent de bonheur à l'évocation de ces moments. Jeanne adorait pique-niquer, elle aimait l'eau, le soleil, les biscuits au beurre. Mais, plus que tout, Jeanne aimait Marianne, qui le lui rendait absolument et passionnément. Si on cherchait l'une, on trouvait l'autre. En dépit de leur grande différence d'âge, elles dormaient dans la même chambre, partageaient bon nombre d'activités et étaient inséparables. Personne ne faisait obstruction à cette entente exceptionnelle, surtout pas la mère de Jeanne qui, plutôt dépourvue d'instinct maternel, se trouvait soulagée par le fait que la grande sœur ait usurpé son rôle et ses charges. Les années ont passé sans heurts. Jusqu'au jour où Marianne a atteint la vingtaine, l'âge de prendre mari. Si elle appréciait la gent masculine, aucun prétendant ne semblait arriver à la hauteur de ses attentes. Habilement, elle parvenait toujours à éviter l'engagement. Elle en a fait languir plus d'un, rompant inévitablement lorsque la relation devenait menaçante. Chaque fois, comme libérée, elle reprenait le cours de ses jours, sa petite sœur à ses côtés.

— Le nom de Maurice Achard vous dira certainement quelque chose...

— Bien sûr, c'est mon père !

— Maurice Achard ne cherchait pas à se marier au moment où j'ai fait sa connaissance. Fils d'une famille riche, il consacrait sa vie aux affaires. Nous nous entendions bien, et je le traitais comme un fils. Un jour, il est venu à la maison.

Jean-Jacques Martin parle sans s'interrompre. Les domestiques s'affairent à servir un repas auquel il touche à peine. Il évoque le jour où il a présenté Maurice et Marianne l'un à l'autre, constatant dès les premiers instants combien ces deux-là s'agençaient harmonieusement, lui brillant, tumultueux et impulsif, elle calme, raisonnable et pondérée. L'un comme l'autre étant intéressés par les affaires et au fait de l'économie, ils se rejoignaient. Maurice trouvait enfin une compagne capable de le seconder, aussi stratège en affaires que lui. Marianne voyait en Maurice l'occasion de se marier, sans pour autant devoir renoncer à sa complicité avec Jeanne. En effet, son fiancé, voyageant beaucoup en Europe, semblait accepter l'idée que sa future épouse ne reste pas esseulée et que sa jeune sœur vienne souvent lui tenir compagnie dans leur maison de Londres, ville où il avait ses affaires. Tout convenait parfaitement à toutes les parties concernées. D'une rencontre à une autre, on a scellé des fiançailles, qui ont été suivies de près par un mariage somptueux, où la crème de Paris a été conviée.

La nouvelle Mme Achard soutenait son époux avec ferveur, elle-même ayant été élevée par un banquier, un homme d'argent. Maurice, encouragé et appuyé par son épouse, a pris des risques, fait plusieurs bons coups et a connu des succès retentissants. Ils habitaient Londres, centre des affaires, où Marianne recevait souvent sa sœur Jeanne, qui songeait même à s'établir elle aussi dans la capitale britannique.

— Le conte de fées aurait dû s'achever ici…

Le vieillard fait une pause. Le silence tombe dans la pièce. Un souffle de vent entre, à peine perceptible. Les cigales chantent encore. Alice, tapie, ne bronche pas. Elle attend la suite.

Jean-Jacques reprend son récit.

— Je ne me suis douté de rien. Mais un jour,

Jeanne est venue me rejoindre dans mes bureaux, à Paris. Il lui était arrivé quelque chose de fâcheux.

Nouvel arrêt : il replace le pli de son pantalon, hésite, tourne autour du pot. Il a du mal à exprimer à voix haute que sa benjamine, âgée de seize ans à peine et qu'il adorait, avait été déshonorée par l'un des garçons du service. C'est du moins ce qu'elle avait alors prétendu. Jeanne voulait garder l'enfant, le reconnaître et l'élever, ce qui ajoutait au déshonneur. Il n'avait jamais pu dire non à sa plus jeune fille. Il avait acquiescé à sa demande. Il avait loué une villa dans le sud de la France, dans les environs de la ville de Gassin, pour y cacher sa benjamine, qui devait quitter la capitale. Au même moment, les relations entre les deux sœurs ont abruptement changé. Quand Jeanne s'est cloîtrée en Provence, elle a refusé que Marianne lui rende visite. Elle a demandé à Jean-Jacques de garder sa grossesse secrète. Totalement secrète. Il n'a rien révélé, ni à Marianne ni même à Élise, son épouse.

— Jeanne a vécu ici. Dans cette maison, que j'ai rachetée plus tard. Cette maison où vous êtes née, il y a de cela près de quarante-deux années.

Blanche comme neige, Alice ne sent plus ses jambes, ses mains, son corps. L'ampleur de la révélation lui a coupé la respiration.

— Quelques semaines après que Jeanne m'a appris la nouvelle, Maurice est venu se confesser. Il voulait m'avouer sa faute. S'il aimait Marianne comme une grande amie, il s'était pris de passion pour Jeanne et avait commis l'irréparable avec elle. Il voulait lui aussi que Marianne ne sache rien et promettait de ne plus revoir sa belle-sœur…

Jeanne croyait sincèrement qu'elle aurait la force de garder sous sa responsabilité le fruit de son péché. Mais des mois d'une solitude absolue ont eu raison de sa volonté. Elle a fini par se résigner à l'abandon, puis est rentrée à Paris les bras vides, son bébé ayant été confié aux bons soins d'une nourrice italienne. Vivifié par son récit, le vieil homme raconte comment il a choisi la meilleure des nourrices, celle qui n'en était pas à son premier petit bâtard, qui avait une bonne santé et qui garderait un silence absolu à propos de l'enfant.

Si à la même époque Jeanne reprenait peu à peu le cours de son existence, elle gardait un air triste, comme si la pluie s'était installée en elle en permanence.

— C'est elle qui a eu l'idée de votre adoption par sa sœur. Laquelle s'est empressée d'acquiescer, puisqu'elle était ravagée par le fait qu'elle n'arrivait pas à mener une grossesse à terme. Mais elle ignorait l'identité de la mère naturelle de la petite Alice qu'elle serrait contre elle. Ma fille vous a adorée en vous voyant !

Jean-Jacques explique candidement que, s'il a gardé le secret, c'est parce que Jeanne le lui avait demandé. Il évoque comment Marianne s'est jetée sur sa fille adoptive, qu'elle a cajolée et dorlotée comme un cadeau précieux.

— J'ai cru, tout comme mon gendre d'ailleurs, qu'elle n'y avait vu que du feu. Mais à sa mort, j'ai compris combien je m'étais trompé. Par testament, elle m'a fait parvenir une lettre dans laquelle elle me disait que, par égard pour sa sœur qui lui avait fait un don inestimable, elle tenait à ce que Jeanne ne sache jamais qu'elle avait deviné la vérité. Par le fait même, elle souhaitait que, tant que sa sœur cadette serait vivante, les faits ne soient pas révélés à celle qui resterait sa fille adoptive.

Des larmes coulent doucement sur les joues d'Alice. Apprendre que celle qu'elle a cherchée toute sa vie durant a toujours été là, tout à côté, la bouleverse. Elle se réjouit d'avoir pu apprendre la vérité mais se désole d'en deviner toute la souffrance.

— Jeanne n'est pas morte, mais je sais qu'elle n'a plus toute sa tête. Et, de mon côté, je ne pouvais quitter ce monde sans m'être libéré de ma dette envers vous. Aussi j'ai choisi de briser le sceau du secret de vos origines. Je tenais à vous léguer la vérité.

— Nos comptes sont réglés, donc.

— Pas encore, puisque vous êtes mon héritière et que, à ce titre, je tiens à vous soutenir dans vos projets.

Retrouvant son aisance grâce à ce sujet plus facile et plus familier, M. Martin se lève pour sortir des documents notariés, puis entreprend d'aligner les chiffres et les montants attribués, tandis qu'Alice, dans un sourire figé, tente de reprendre une contenance. Ses certitudes se sont largement affaissées.

— Vous souhaiteriez assister au mariage de votre fille, me disiez-vous ? Eh bien, plus rien ne vous en empêche. J'espère toutefois que vous savez qu'elle vous croit décédée. Votre premier époux s'est remarié et sa femme a adopté Annabelle comme son enfant légitime.

Alice quitte la demeure de son grand-père le lendemain, après une nuit blanche passée entre l'anéantissement et la délivrance.

Jusqu'où va-t-elle persister à s'enfoncer sur ce continent maudit où tout n'est que mensonge ? Comme une réponse, le visage de Claudio lui apparaît.

Épilogue

Paris, 15 juin 1933
Mon unique et très cher amour,
Les filles achèvent leurs derniers examens, les valises sont bouclées. Nous avons donné les chiens et les chats, rendu les clés à la concierge. Je suis passée à l'hospice pour faire mes adieux à Jeanne, ma mère, qui ne me reconnaît plus, qui parle seule et voit des fantômes dans sa chambre. Sur la tombe de mon père, j'ai déposé une gerbe de fleurs, la plus grosse que j'ai pu trouver. Marianne, ma mère, sera heureuse à ses côtés de le voir fier comme un paon et narguant les autres morts autour… J'ai fait en sorte qu'Annabelle touche sa part de ce que Jean-Jacques Martin lui a anonymement légué à sa mort. Je repars avec ce qu'il reste de l'argent de cet homme qui m'a ouvert les yeux et qui m'a fait comprendre à quel point toute vérité n'est pas bonne à dire. Annabelle s'est mariée, entourée de Georges et de sa femme, ignorant que j'étais là, moi, sa mère, bien vivante, tout au fond de l'église.

Nos filles vont bien. Certaines sont heureuses de s'embarquer pour le Canada et de quitter la France, alors que d'autres ont le cœur en miettes. Je pars en paix, remise de mes émotions, regardant vers l'Amérique et Montréal, où tu m'attends toujours, je l'espère de toutes mes forces.

Je traverserai l'océan encore une fois, mais ce sera la dernière. Je t'en fais la promesse solennelle. Bientôt, je serai de nouveau au piano, pour t'accompagner.
Tendrement,
Ton Alice

Remerciements

Sans l'appui indéfectible de certaines personnes, cet ouvrage n'aurait jamais vu le jour.

Merci à mes lecteurs de la première heure : ma fille, Gabrielle, qui a cru en mon projet dès le début ; mon frère Jacques, pour ses commentaires judicieux et ses encouragements ; mon amoureux, Bernard, pour son appui et pour ces discussions qui m'ont aidée à poursuivre mon histoire, à en démêler les nœuds et à la conduire à bon port. Mille mercis pour votre précieux soutien.

Je tiens à remercier Johanne Guay, vice-présidente Édition, qui a cru en mon récit et m'a ouvert la porte du Groupe Librex. Merci pour cette confiance, tellement essentielle.

Je veux remercier aussi Nadine Lauzon, directrice littéraire incomparable, de m'avoir prise sous son aile et encouragée à donner le meilleur de moi-même. Merci pour ta foi en mon travail et pour ta grande compétence. Faire équipe avec toi est un honneur, un privilège et une joie. Ce que tu as fait pour bonifier mon labeur n'a pas de prix.

Merci à tous les gens du Groupe Librex qui ont œuvré dans l'ombre. Je vous suis très reconnaissante.

Je veux remercier aussi tous ceux qui, de près ou

de loin, ont pu servir d'inspiration à mon récit. Ils se reconnaîtront, à un moment ou à un autre, transformés, transfigurés par l'imaginaire et la fiction. Merci.

Merci enfin à ma grand-mère, pour ces histoires qu'elle laisse derrière elle et pour celles qu'elle a pris le temps de me raconter. Merci, ma complice, tu me manqueras toujours.

Achevé d'imprimer par Druckerei C.H.Beck
à Nördlingen (Allemagne)
en mars 2016
pour le compte de France Loisirs,
Paris

N° d'éditeur : 84746
Dépôt légal : janvier 2016

Imprimé en Allemagne